Marilyne Héroux

LA RECHERCHE DOCUMENTAIRE EN DROIT

LA RECHERCHE DOCUMENTAIRE EN DROIT

2008

Denis Le May, avocat
Conseiller à la documentation en droit
Bibliothèque, Université Laval (1975-2006)
Chargé de cours à la Faculté de droit
Université Laval

Dominique Goubau, avocat
Professeur à la Faculté de droit
Université Laval

Marie-Louise Pelletier, avocate
Chargée de cours à la Faculté de droit
Université Laval

FILIALE DE QUEBECOR MÉDIA INC.
Wilson & Lafleur ltée
40, rue Notre-Dame Est
Montréal H2Y 1B9
(514) 875-6326
(sans frais) 1-800-363-2327

À jour au 30 juin 2008
Ouvrage tenu à jour sur le site de la Faculté de droit de
l'Université Laval [http://www.fd.ulaval.ca]

Catalogage avant publication de Bibliothèque et Archives nationales
du Québec et Bibliothèque et Archives Canada

LeMay, Denis, 1947-

   La recherche documentaire en droit

   6e éd.

   Éd. rév. de: La recherche documentaire juridique au Québec. 1988.
   «À jour au 30 juin 2008».
   Comprend des réf. bibliogr. et un index.

   ISBN 978-2-89127-869-0

   1. Droit - Recherche documentaire - Québec (Province). 2. Droit - Documentation -
Québec (Province). 3. Droit - Recherche documentaire - Canada. 4. Systèmes d'information - Droit (Science) - Québec (Province). 5. Droit - Recherche documentaire. I. Goubau,
Dominique, 1955- . II. Pelletier, Marie-Louise, 1979- . III. Titre. IV. Titre: La recherche documentaire juridique au Québec.

KEQ140.L45 2008   340.072'0714   C2008-941472-1

«Gouvernement du Québec - Programme de crédit d'impôt pour l'édition de livres -
Gestion SODEC»

Canadä

Nous reconnaissons l'aide financière du gouvernement du Canada par
l'entremise du Programme d'aide au développement de l'industrie de
l'édition (PADIÉ) pour nos activités d'édition.

Mise en pages: André Vallée – Atelier typo Jane
Conception de la page couverture: Martineau desing graphique

Dépôt légal – 3e trimestre 2008
Bibliothèque et Archives nationale du Québec
Bibliothèque nationale du Canada

ISBN 978-2-89127-869-0

PRÉFACE DE Me DANIEL BOYER[1]

Denis Le May et Dominique Goubau récidivent en nous offrant une sixième édition de *La recherche documentaire en droit*, ouvrage devenu au Québec un incontournable de la recherche juridique. La juriste Marie-Louise Pelletier s'est jointe au tandem Le May Goubau pour compléter l'équipe.

Denis Le May avait marqué sa première édition de 1974 de son unique doigté de bibliothécaire juriste. Les mystères de la documentation juridique allaient être déchiffrés et mis à la portée de tous. Au fil des éditions successives, l'ouvrage s'est progressivement enrichi de nouvelles dimensions, au chapitre desquelles il faut compter la théorie du droit ainsi qu'un reflet des différentes strates de l'informatique juridique en pleine évolution. Les droits complémentaires sont aussi présentés au chercheur, depuis le droit français et anglais, jusqu'au droit américain.

Cette sixième et nouvelle édition a maintenant atteint un niveau de perfectionnement qui permet d'utiliser l'ouvrage sur deux plans distincts. D'abord, dans sa fonction la plus utilitariste (qui est souvent la fonction la plus difficile à remplir), l'ouvrage est un vademecum impeccable. Le chercheur, l'avocat, l'étudiant bloqué ou perdu en quelque point de la documentation juridique, pourra, avec l'aide combinée de l'index et du plan détaillé retrouver en un tour de main

---

1. Bibliothécaire Wainwright. Bibliothèque de droit Nahum Gelber, Université McGill.

l'élément ou l'information qui lui permettra de se réorienter. L'organisation structurelle et visuelle de l'ouvrage est un exemple de clarté, au point où le juriste peut devenir victime de l'illusion qu'il pourra maintenir la même organisation une fois retourné dans le labyrinthe de la documentation juridique.

L'ouvrage nous offre une nouvelle section sur les principes généraux de la recherche et les étapes à suivre afin de qualifier un problème en droit québécois. Un tel exposé s'avère essentiel au vu de la double tradition civiliste et de *common law* du droit québécois, dont les sources s'expriment dans les deux langues, aussi bien sous la forme numérique qu'imprimée. Ces repères devraient faire l'objet d'un acquis de chaque juriste québécois.

L'ouvrage est aussi une mine étonnante de connaissances diverses sur le droit et la documentation juridique qui révèle la dimension théorique enfouie sous les aspects documentaires du droit. L'ouvrage est ainsi inspirant autant pour le chercheur chevronné et le professeur de carrière que pour l'avocat et l'étudiant

Ce double emploi est rendu possible par un schéma logique qui découle d'une vision de la recherche documentaire en droit axée sur le processus dynamique de la recherche. Les auteurs ont évité l'usage de la méthode de recherche dite bibliographique qui consiste à décrire chaque publication de façon isolée tout en ignorant les corrélations entre les différentes sources.

Le plan respecte la hiérarchie des sources de droit : législation, jurisprudence et doctrine. Le texte répond aux questions difficiles et clarifie les ambiguïtés inhérentes. Par exemple, le chapitre «Législation québécoise» explique et décrit les diverses commissions parlementaires, pendant que le chapitre portant sur la doctrine indique la marche à suivre pour repérer une thèse de droit, tout en pointant vers des sources exogènes riches d'informations de disciplines autres et de droit comme *J-Stor* et *Kluwer-on-Line*. Ces serveurs multidisciplinaires reflètent la nouvelle réalité de la recherche et du marché de l'information. Tout au long du texte, les formats documentaires sont abordés de façon systématique : l'imprimé, le serveur, et Internet.

Le chapitre intitulé «Droits complémentaires» décrit la documentation juridique française, anglaise, américaine ainsi que celle de l'Union européenne et du droit international. Les auteurs y prennent le temps de présenter les critères de partage entre le droit français ou anglais en droit québécois. Cette édition comporte maintenant un chapitre entier sur le droit international qui démystifie ce champ juridique fort complexe dont la documentation est légendairement rébarbative. Le fil d'Ariane tissé par l'ouvrage permet de mieux s'y retrouver en cette ère de mondialisation où aucun juriste ne peut échapper à la norme internationale.

En annexe, on trouve un exposé clair et concis sur les origines et les usages du mode de citation neutre. Loin des préceptes dogmatiques que l'on trouve dans le *Bluebook* ou le *Manuel canadien de la référence juridique*, les auteurs nous guident au travers de la logique du mode de citation neutre en nous exposant ses principes historiques. Les auteurs abordent les modes de citation non pas comme une fin en soi, mais bien dans sa dimension pragmatique afin de faciliter davantage le repérage documentaire.

Les auteurs ont apporté une solution originale à la problématique de la caducité des publications juridiques. Anticipant déjà sur la septième édition, les auteurs font une mise à jour constante de l'ouvrage, disponible sur Internet.

Les auteurs doivent être félicités pour leur tour de force. C'est déjà beaucoup de baliser les démarches nécessaires pour trouver le droit, mais cet ouvrage est bien plus. Ce guide permet aux juristes de cerner l'*opinio juris* pertinente à leur recherche et les encourage à sortir des sentiers battus.

Daniel Boyer

TABLE DES MATIÈRES[2]

2. On trouvera une table des matières détaillée au début de chaque chapitre.

OBJECTIF DU PRÉSENT OUVRAGE

Le présent ouvrage vise à donner aux juristes et aux futurs juristes un guide de repérage de la documentation juridique québécoise, fédérale, internationale et comparée. De l'étudiant au plaideur en passant par le juriste-conseil, tous sont amenés à consacrer une précieuse partie de leur temps à la recherche juridique et à travailler avec une masse documentaire sans cesse croissante de lois, règlements, décisions, traités, articles de doctrine.

La recherche juridique implique, bien entendu, plusieurs volets, dont l'application d'une méthodologie de travail spécifique au droit. Nous avons consacré un ouvrage distinct à la méthodologie générale du travail intellectuel[3]. Le présent livre, par contre, se concentre sur l'aspect documentaire de la recherche juridique, étant entendu que la documentation est une condition nécessaire de toute démarche de recherche, mais qu'elle n'en est pas la condition unique.

Comment constituer une documentation valable pour trouver la solution à un problème juridique donné? Voilà la question que l'on se pose. Le lecteur gardera à l'esprit que l'on vit en période d'inflation documentaire et que de nouveaux outils sont constamment créés pour lui faciliter (... en principe) la recherche. Il doit se rappeler que l'ouvrage qu'il a entre les mains est à jour au 30 juin 2008.

---

3. D. Le May, *Méthodologie du travail juridique*, Montréal, Wilson & Lafleur ltée, 1990, 127 p.

Afin de faciliter une utilisation rapide et efficace de ce livre, on y trouvera plusieurs clés. Outre la Table des matières qui permet un survol général de la matière, on trouve au début de chaque chapitre, une table détaillée du contenu de ce chapitre et la référence au numéro de paragraphe. L'Index, à la fin, permet de retrouver un passage précis. Les numéros de paragraphes sont systématiquement rappelés en haut de page.

POURQUOI UNE NOUVELLE ÉDITION?

Cette sixième édition, entièrement réécrite sur une nouvelle base appelle une justification et quelques explications. Plus de trente ans après la première édition de ce livre, il nous est apparu opportun de refléter les changements dans les comportements documentaires tout autant que dans l'offre de documentation elle-même. On observe deux pôles de ce changement.

Du côté des chercheurs

L'entrée de l'électron et l'arrivée d'une génération native numérique (*born digital*) élève d'un cran le niveau d'accès. Cette nouvelle clientèle est fille de l'urgence, comme si la vitesse de l'électron se transposait dans l'accès aux documents contenant des réponses, tout en les dispensant de la «patience du concept» (Hegel). Tout va plus vite.

La vitesse : trait typique des professions pragmatiques (dont le droit), la vitesse s'est démocratisée et tous s'attendent à une réponse immédiate, ignorant parfois des atouts nécessaires à une recherche bien menée : la culture, la patience, la maîtrise de certains concepts et la connaissance des outils généraux. La prise de conscience des autorités gouvernementales des avantages de l'électronique pour économiser du temps et des frais de publication a contribué à la disponibilité des textes. Des portails majeurs, graduellement établis, apportent au citoyen des masses énormes d'information brute ou à valeur ajoutée.

De la première catégorie, mentionnons le portail de CanLII, qui offre l'accès à la législation, à la réglementation et à la jurisprudence du fédéral, des provinces et des territoires. De la seconde, signalons Educaloi, un site d'information juridique vulgarisée, très bien conçu et de plus en plus complet.

Enfin, l'internationalisation nous invite à traiter du droit international dans un chapitre autonome entièrement revu.

Du côté de la documentation

Plusieurs intervenants importants du monde juridique – le Barreau et la Chambre des notaires – se sont dotés d'importantes infrastructures documentaires pour leurs membres, offrant un service clé en main de recherche et de documentation en plus de bibliothèques matérielles et virtuelles.

Pour refléter ces évolutions incontestées, la présente édition remanie complètement l'approche des questions en privilégiant d'abord les **ressources électroniques** dans la démarche.

Cette approche «pragmatique et fonctionnelle» s'illustre dans la présentation régulière et, toujours dans le même ordre, des ressources d'abord électroniques et ensuite sur papier, elles-mêmes sous-ordonnées en ressources gratuites et tarifées.

Nous n'avons nullement l'intention de sacrifier les outils traditionnels sur papier, même s'il existe un équivalent électronique : le chercheur ayant alors le choix. Nous aurons toujours soin de signaler la supériorité ou l'unicité de l'écrit le cas échéant. Exemple : le tableau des dates d'entrée en vigueur des lois québécoises. Nous suivrons dans cette voie les travaux excellents de deux auteures qui ont comparé méticuleusement les sources sur papier avec les moyens électroniques[4].

Comme conséquence de ce réaménagement, certaines descriptions détaillées des outils traditionnels se verront réduites au profit de leur homologue électronique. Comme corollaire, certaines notes historiques destinées à garder la trace de l'évolution des pratiques et des outils surgiront dans une graphie discrète et distincte.

En somme, dans la démarche nous privilégions la synthèse. Dans la description des outils, nous nous permettrons plus d'analyse et de critique.

---

4. S. PRATTE et L. LAUZIÈRE, «Les avantages comparatifs de la recherche documentaire et de la recherche automatisée dans les sources du droit», (2003) 37 *R.J.T.* 265-313.

L'informatique

Dans les éditions antérieures nous maintenions un chapitre distinct sur l'informatique; nous cessons cette approche. Pourquoi? Cela peut en effet sembler contradictoire avec la mise au premier rang des sources électroniques dans cette nouvelle édition.

Ne confondons pas trois choses :

- *l'informatique* est la science du traitement automatique de l'information : elle utilise principalement des ordinateurs;

- *le document électronique* est une forme de document dont le contenu est juridique (pour notre domaine) comme le papier qui y correspond;

- *l'Internet* est le réseau qui permet d'échanger des informations sous format électronique provenant d'ordinateurs situés n'importe où dans le monde.

Or, que cherchons-nous? De l'information, sous toutes formes (papier ou électronique) et de toute provenance. Il suit que si nous privilégions la source électronique, nous n'avons pas à construire d'ordinateurs! Il suit également qu'il suffit de montrer dans les grandes lignes l'apport de l'Internet à la recherche (chapitre 1) pour pouvoir poursuivre notre route méthodiquement.

Originalité de la présente édition

Cet ouvrage sera tenu régulièrement à jour sur le site Web de la Faculté de droit de l'Université Laval [http ://www.fd.ulaval.ca/]. Les lecteurs disposeront donc en tout temps d'une mise à jour constante et instantanée.

L'accueil enthousiaste et fidèle réservé aux diverses éditions de cet ouvrage depuis plus de 30 ans nous incite et nous encourage à poursuivre sans relâche dans la voie de l'amélioration, tant en quantité qu'en qualité.

On aurait pu croire, l'espace d'un moment, que la généralisation d'Internet et des sources électroniques allait rendre caduque la présentation théorique et systématique des étapes de recherche. Or il n'en est rien. Nous avons souvent constaté la difficulté pour les juristes et les futurs juristes de s'y retrouver dans le dédale des sources, malgré l'augmentation de l'offre des produits, moyens d'accès et publications.

Plus que jamais, les chercheurs d'information – novices, étudiants et professionnels – ont besoin d'une méthode claire et cohérente pour trouver rapidement l'essentiel et pour éviter les pièges.

Plus que jamais, en période de surinformation, la présence de filtres, de guides, de méthodes paraît nécessaire. Dans la continuité des éditions précédentes, nous offrons un guide pour trouver la documentation utile à un travail, une affaire, un problème.

Bonne recherche !

Denis Le May
Dominique Goubau
Marie-Louise Pelletier

1
CONTEXTE ET STRATÉGIES

1.0 <u>INTRODUCTION</u>

Beaucoup de praticiens ne font pas de recherche ou la délèguent entièrement, la considérant secondaire, ardue, inintéressante. Une étude de 1991 confirmait le peu de changement dans l'emploi du temps des avocats, sans toutefois mesurer le temps spécifique consacré à la recherche[5]. On peut penser que l'apprivoisement de l'informatique par les juristes et la montée fulgurante de l'Internet peuvent changer la donne, mais nous ne disposons pas pour l'instant d'enquêtes le confirmant.

Nous croyons important que le juriste comprenne le processus de la recherche : premièrement, il verra que cela n'est pas aussi complexe qu'il le pense et qu'il n'est donc pas toujours nécessaire de déléguer cette tâche ; il peut la faire lui-même et en tirer profit. Deuxièmement, même s'il ne fait pas lui-même de recherche, il est important qu'il sache comment elle se fait et quels sont les instruments disponibles, pour pouvoir aider ceux qui la feront.

Rappelons enfin qu'il est du devoir de l'avocat d'éclairer le tribunal au meilleur de sa connaissance et cela implique la recherche documentaire comme moyen d'y arriver. Les tribunaux sont de plus en plus sensibles à l'incompétence des procureurs et se montrent irrités le temps venu, de juger sur les frais. Témoins, les passages de l'arrêt *Gibb* c. *Jiwan*[6] où le juge Ferguson s'exprime ainsi aux paragraphes 25 et 26 :

---

5. E. MACKAAY, *Les avocats du Québec : Sondage général 1991*, Montréal, Université de Montréal, Centre de recherche en droit public, 1991, 129 p. et annexes.
6. [1996] O.J. No 1370.

«§25 I am quite aware of the unhappy state of legal indexing and the problems of doing legal research on Canadian law. I was concerned that I not unfairly criticize counsel for not finding cases on point so I researched the issue in this case myself. I made no reference to any computer service such as Quicklaw.

§26 Although my research did not reveal all the cases cited in these reasons, I had no difficulty finding Ontario cases directly on point by independent manual reference to basic reference books [See Note 22 below][7]. It appears that counsel made reference to none of these.»

L'avocat ne peut esquiver son obligation de faire la recherche que l'affaire demandait. Ici encore, le juge Ferguson l'établit clairement :

«The duty of counsel to research the law.
§34 Counsel cannot fulfil their duties to the client or the court unless they conduct reasonable research on points of law which are known in advance to be contentious. The court must rely on counsel to conduct reasonably complete research on points of law they raise. That is part of counsel's professional duty. It is desirable that counsel look up difficult or important points on Quicklaw but I can appreciate that this may not be economical in many cases. However, in my view it is not acceptable for any counsel or articling student to come to court intending to argue a contentious point of law without first researching the point at least to the extent of looking up the issue in basic reference books.»

---

7. Dans sa note 22 le juge donne une liste d'au moins quatre sources évidentes et faciles d'accès pouvant fournir une réponse. Nous ne reproduisons que les deux premières pour illustrer le ton et la pertinence : «Note 22 : Authorities directly on point came to light in each of the following searches :
1. By looking in the index to the volume on Executions in Carswell's *Canadian Abridgment*.
2. By looking in the section on Executions in Carswell's Canadian Encyclopaedic Digest».
3. […].

Il en va de même ailleurs, comme le démontre cette décision de droit anglais *Copeland* v. *Smith*[8], dans laquelle le juge considère qu'il est du devoir de l'avocat de se tenir au courant de la jurisprudence récente : «In these circumstances it is quite essential for advocates who hold themselves out as competent to practise in a particular field to bring and keep themselves up to date with recent authority in their field».

Citons également l'Honorable juge Le Dain de la Cour suprême : «Bien qu'un avocat ne soit pas tenu de connaître toutes les règles de droit, il doit généralement savoir où et comment trouver celles qui touchent aux questions qui relèvent de son domaine»[9]. Enfin, au Québec, la Cour supérieure dans l'affaire *Clermont* c. *Plante*[10] : «Le procureur aurait pu éviter une telle erreur en procédant à une recherche juridique appropriée».

L'habitude de se tenir à jour par l'examen constant des nouveautés contribue au dynamisme de la communauté juridique. La recherche documentaire fournit le moyen de s'en assurer.

1.1 DÉFINITION DE LA RECHERCHE DOCUMENTAIRE EN DROIT

Faire une recherche documentaire en droit, c'est rassembler le droit applicable à une situation en vue de donner une opinion juridique ou de prendre une décision. Ce droit applicable se trouve dans des textes écrits de lois, de règlements, de jurisprudence et de doctrine.

On peut envisager deux cas de figure pour toute recherche documentaire :

– soit on cherche un document connu (ex. la décision *Bérubé* c. *Turcotte*) et il s'agit simplement de trouver le texte ;

– soit on cherche le droit applicable à une situation donnée ; cette démarche est évidemment plus complexe et plus labo-

---

8. [2000] 1 All ER 457 (C.A.).

9. *Central Trust Co.* c. *Rafuse*, [1986] 2 R.C.S. 147, 208 [http ://csc.lexum.umontreal. ca/fr/1988/1988rcs1-1206/1988rcs1-1206.html].

10. 2005 QCCS 17424 (CanLII) [http ://www.jugements.qc.ca/php/decision.php?liste= 24743640&doc=5E59575503401E0B].

rieuse. Nous couvrons ces deux cas tout au long de la démarche que nous proposons.

On mesure d'emblée la différence avec une recherche scientifique ou expérimentale. Il y a recherche et recherche. La recherche documentaire en droit diffère de la recherche scientifique en général en ce qu'elle porte uniquement sur la documentation juridique. Il n'entre pas dans le cadre du présent ouvrage de définir ce que serait une recherche scientifique, fondamentale ou autre, en droit.

Puisque le droit s'exprime principalement par des écrits repérables, le juriste doit posséder une méthode pour les trouver ; il lui faut connaître la clé d'utilisation des documents, index, répertoires et compilations : sans méthode de recherche, un juriste ne peut prétendre à un travail sérieux. Celui qui ne compte que sur sa mémoire, sous-estime la nécessité de tenir à jour ses connaissances pour approfondir son analyse. Celui qui ne compte que sur l'intuition, sous-estime, en revanche, la nécessité de recourir à une base de connaissances pour vérifier son hypothèse.

Dans la recherche documentaire, on distingue deux pôles : il y a la recherche de type universitaire, doctoral et scientifique ; il y a la recherche ponctuelle, de détail, de vérification (par exemple sur l'entrée en vigueur d'une loi, sur la jurisprudence la plus récente au moment de plaider). Quelle que soit l'ampleur de la recherche, la démarche intellectuelle est la même, les outils sont les mêmes ; ce qui varie, c'est l'assiette documentaire sur laquelle on travaille et le temps qu'on va y consacrer.

Il n'y a donc pas de recherche noble et de recherche mineure ou dépréciée. Chacune a sa place et son importance dans l'activité juridique.

1.2 CRITÈRES DE RÉUSSITE D'UNE BONNE RECHERCHE

On demande parfois d'expliquer pourquoi une recherche aboutit ou pas. Distinguons deux plans, documentaire et de l'argumentation.

– *Le plan documentaire* : la recherche vise à s'assurer que nous avons exploité la masse disponible, nationale et internationale

(droit comparé). En législation, il faut être exhaustif; en jurisprudence, on doit être sélectif.

– Une bonne recherche doit pouvoir établir qu'il n'y a pas de
norme (loi) ou d'interprétation (jurisprudence) sur le sujet.
Cela clôt-il le débat? Nullement, car le droit doit trouver une
solution. Si elle n'existe pas toute faite (herméneutique des
textes), on l'inventera en argumentant (dialectique).

– *Le plan de l'argumentation* : la recherche d'une bonne argumentation relancera souvent la recherche documentaire, car
on cherchera l'analogie (fruit de l'arbre – fruit civil : dividende,
par exemple); on cherchera des exemples à l'étranger (argumentation par induction et par analogie); on cherchera, enfin,
des principes généraux du droit. Où? Dans les livres de droit.
Où? Dans les bibliothèques et dans les bases de données.

On distingue le repérage de l'analyse.

1.2.1 Repérage des sources

La recherche en droit implique en tout premier lieu de pouvoir
repérer les sources de droit applicables à une situation donnée.
Pour cela, il faudra savoir ce qu'on cherche (quelle source? Loi, règlement, etc.), dans quel instrument il convient de chercher et comment
l'utiliser.

Une difficulté de la recherche documentaire tient au fait qu'un
domaine ou une chose font l'objet de divers degrés de réglementation[11]. On passe en fait d'une extrême à l'autre : absence totale de
réglementation et hyper-réglementation. Entre ces deux pôles, la
réglementation d'un domaine peut être générale ou particulière. Une
disposition générale s'applique dans l'ensemble sans faire référence
à un cas particulier (ex. le Code civil qui vise tous les contrats), une
disposition particulière sera plus explicite (ex. *Loi sur les valeurs
mobilières*). Tout n'est pas encore dit, car la réglementation peut être
concentrée en un seul endroit ou, au contraire, répartie en plusieurs
textes très différents les uns des autres (plusieurs sources : loi,
règlement, jurisprudence; plusieurs ressorts : fédéral, provincial,

---

11. Le mot «réglementation» est employé ici comme terme générique pour désigner
l'ensemble des normes juridiques applicables.

étranger, international). Pour mener à bien la recherche elle-même, il faut tenir compte également des questions de fait qui peuvent conduire à différents résultats selon la qualification donnée. Exemple : le tracteur est un bien meuble en droit civil, un instrument agricole au sens de la *Loi sur les douanes*, un véhicule au sens de la législation routière et la cause d'un accident en responsabilité civile. Le travail de qualification juridique devient une condition préalable à toute démarche de recherche.

1.2.2 Analyse et application des sources

L'analyse et l'application des sources ne font pas partie du présent ouvrage, mais il est important de rappeler que cela constitue l'art du juriste que de pouvoir appliquer ces sources et d'imaginer des solutions : c'est le rôle même du spécialiste du droit. Autrement, il suffirait d'empiler des documents pour arriver à un résultat.

Une fois assemblés les matériaux de base, la démarche de recherche implique qu'on les analyse pour déterminer ce qui est pertinent et applicable, par rapport à ce qui est étranger à la question posée.

1.3 LIMITES DE LA RECHERCHE

Il serait assez simple de décomposer le temps consacré à la recherche d'après les subdivisions suivantes :

- La recherche occupe une partie du travail juridique de l'avocat.

- Ce temps se subdivise lui-même en temps pour trouver le droit et en temps pour interpréter et appliquer le droit.

La recherche documentaire ne prétend donc pas occuper tout le champ de la démarche juridique. Elle est limitée sur le plan géographique et quant à son efficacité.

1.3.1 Limites géographiques

À la différence d'une recherche scientifique valable dans le monde entier, la recherche documentaire en droit est tributaire du droit applicable sur un territoire donné.

La démarche expliquée ici vaut donc pour tout le droit applicable au Québec, ce qui comprend le droit d'origine fédérale. La recherche du droit étranger, comparé ou international prend toutefois de plus en plus d'importance. Elle devient obligatoire dans certains cas complexes ou pour lesquels on a peu de documentation en droit interne. Nous y consacrons deux chapitres particuliers : le chapitre 12, «Droits complémentaires» et le chapitre 13, «Droit international».

1.3.2 Limites d'efficacité

La recherche documentaire ne supporte pas à elle seule tout l'édifice de l'opinion juridique. En effet, la recherche d'une solution à un problème juridique comporte des étapes qui ne dépendent pas de la recherche documentaire; mentionnons le rassemblement des données, des faits, des pièces, etc. Sont influencées par la recherche mais réglées indépendamment, les décisions d'ordre stratégique : poursuivre, régler, prévenir, négocier, etc.

Le rapport entre la documentation et la solution d'un problème juridique varie selon les cas : parfois la documentation est primordiale, parfois elle est marginale. On ne peut donner de règle générale et absolue. Ce qui importe au juriste, c'est d'éviter la perte d'un droit, faute de recherche suffisante. On ne peut mettre sur le dos de la recherche, le fait d'avoir ou non «une bonne cause», ni le fait de perdre ou de gagner un procès.

Toute recherche n'est pas, non plus, toujours performante. Saluons au passage l'art du juriste : stratégie, rhétorique, finesse, art de plaider et de négocier, argumentation et imagination. Autant d'atouts pour la réussite, qui complètent la recherche mais n'en tiennent pas lieu.

1.4 CONTRAINTES DE LA RECHERCHE

Comme tout processus intellectuel ou toute procédure, la recherche documentaire doit subir des contraintes. Celles-ci sont dues au temps ou à la documentation.

1.4.1 Contraintes de temps

Certes, la plus fréquente et la plus frustrante des contraintes est celle du temps. Combien de fois aurait-on aimé disposer de plus de temps! Il y a des cas où on ne peut rien faire. Dans d'autres cas, il s'agit de ne pas attendre à la dernière minute pour débuter le processus de recherche, car les choses prennent toujours plus de temps qu'on ne prévoyait (loi de Murphy). La méthode et une bonne gestion aident à régler le problème. Disons tout de suite que la rapidité des moyens électroniques ne doit pas donner trop d'illusion sur ce plan, car même à la vitesse de la lumière, une recherche bien faite prend du temps. Rien de nouveau depuis le lièvre et la tortue...

S'il est compréhensible de ne pouvoir faire une bonne recherche faute de temps, il est inacceptable de se piéger soi-même en sous-estimant l'importance de la recherche. Cela peut jouer un mauvais tour et exposer au ridicule aussi bien le praticien qui se fait dire par la Cour d'appel ce qu'il aurait pu facilement découvrir par la lecture de deux décisions pertinentes, que l'étudiant qui entreprend une thèse sur une question devenue sans intérêt.

Ceci dit, dans certains domaines la recherche est plus nécessaire, plus difficile et plus longue.

1.4.2 Contraintes de documentation

On entend par documentation juridique l'ensemble des documents qui contiennent les sources de droit (loi, règlement, jurisprudence, doctrine), quelle que soit la forme du support (papier, micro-document, support électronique).

1.4.2.1 *Caractéristiques de la documentation juridique*

Cette documentation revêt plusieurs caractéristiques dont la somme entraîne une complexité de haut niveau :

La documentation juridique

	Caractérisques	Conséquences
a)	Extrêmement vaste et variée	Il est impossible et inutile de tout connaître
b)	Consiste essentiellement en une documentation de référence	On ne «lit» pas de la documentation juridique, il faut savoir trouver un point précis
c)	Suit la diversité et la hiérarchie des sources de droit	L'autorité d'une norme dépend de sa place dans la hiérarchie
d)	Conserve souvent sa valeur malgré son ancienneté	Il faut distinguer l'ancien du caduc, l'applicable de l'abrogé
e)	Principalement normative	Caractère obligatoire, et non facultatif

1.4.2.2 *Développement inégal de la documentation juridique*

Il s'est développé beaucoup de nouveaux instruments et il se publie beaucoup d'ouvrages de droit au Québec. Il reste, malgré tout, des lacunes importantes dans des domaines de base. La situation de la documentation varie en fonction des pôles extrêmes : d'une part, dans certains domaines il y a pléthore de documentation et on a peine à distinguer, par exemple, l'arrêt de principe et la 100ᵉ application ; d'autre part, il existe des sujets sur lesquels, pour diverses raisons, on ne peut rien trouver. Cela doit être porté au compte des aléas et rappelle le caractère dépendant de la démarche documentaire qui varie selon le degré de détail, la nouveauté du sujet, la complexité du domaine. Sans compter que, parfois, la documentation disponible est valable, mais par analogie seulement ou à titre supplétif. Toutes ces difficultés ont un impact sur la recherche ; mais dans tous les cas la documentation devrait être la plus complète, la plus à jour et la plus fiable possible.

1.4.2.3 *De l'ordre de présentation des sources*

Justification

Nous ne tenons pas compte du caractère officiel ou non de la collection où compilation, cette question relevant du droit de la preuve. L'important, pour nous, c'est de trouver rapidement et facilement les textes. Le temps venu, on pourra toujours y substituer une version officielle.

Caractère officiel vs versions non officielles

Plusieurs chercheurs et étudiants hésitent à utiliser des versions non officielles publiées par des éditeurs privés. Nous n'avons pas ce scrupule.

Il est vrai que les textes publiés par l'Éditeur officiel (ou au fédéral par l'Imprimeur de la Reine) sont officiels et font foi de leur contenu comme le précisent le Code civil, les lois de preuve ou d'autres lois. Là n'est pas la question. Dans une démarche de recherche qui se veut efficace, rapide, pragmatique, l'important c'est de repérer les textes éventuellement applicables afin de les interpréter. Le temps venu, on utilisera une version officielle, pour la déposer au tribunal, il s'agit d'une pure courtoisie car le tribunal est censé en prendre connaissance d'office.

Or, les éditeurs privés font souvent un excellent travail de compilation, d'annotations, de mise à jour qui rend l'utilisation de leurs textes intéressante, facile et rentable. Cela s'applique *a fortiori* aux produits électroniques où, à l'efficacité éditoriale s'ajoute la vitesse de l'informatique et de l'Internet.

Ici encore, la question du caractère officiel dépend du législateur. Les textes électroniques gagnent graduellement du terrain ; ainsi la *Gazette du Canada,* Parties II et III sont officielles dans leur version électronique en format pdf. Cette tendance va s'accélérer et c'est très bien. En attendant, ne soyons pas psychotiques de la preuve ; n'oublions pas que les juristes québécois n'ont pas disposé d'une version officielle du Code civil (alors du Bas-Canada) de 1866 à 1994 ! Il a fallu attendre que le *Code civil du Québec* fasse foi de son contenu dans une publication de l'Éditeur officiel du Québec, en l'occurrence le volume annuel des lois de 1991.

1.5 INTERNET ET LA DOCUMENTATION JURIDIQUE

L'informatique et Internet font maintenant partie intégrante du droit et de la documentation juridique comme de l'ensemble des secteurs de la connaissance et des activités. Une méthode de recherche documentaire moderne se doit d'en tenir compte.

Dans cet ouvrage, nous nous limitons toujours à l'aspect documentaire. Il n'entre pas dans ce cadre d'étudier le droit du cyberespace, ni les utilisations des nouvelles technologies à des fins de gestion ou de simulation par les juristes.

Compte tenu de la complexité et de l'évolution rapide de la technologie, ce livre évite d'entrer dans les considérations techniques ; celles-ci sont disponibles ailleurs et constituent un préalable et un présupposé. On appliquait la même réserve, implicitement, à la recherche traditionnelle : a-t-on déjà vu des remarques sur la qualité de l'encre dans un ouvrage sur la recherche ? *Mutatis mutandis*, les considérations archi techniques n'ont pas leur place ici.

Cela dit, on peut nous demander de situer l'apport de l'Internet à la recherche documentaire juridique. Selon nous, il faut distinguer deux critères différents, celui du temps, celui du contenu.

1.5.1 Quant au temps : le présent et le passé

On pourrait simplifier la réponse en distinguant le passé du présent.

Commençons par le présent. Le gain est énorme et inédit. Jamais auparavant il n'avait été possible d'obtenir les textes de base le jour même de leur production. Comme le télécopieur avait démocratisé l'urgence, Internet a banalisé la vitesse. Nous avons accès, le jour même, aux projets de loi ainsi qu'aux documents importants dont les médias font écho (ex. un rapport d'une Commission d'enquête ou un arrêt de la Cour suprême).

Concernant le passé, c'est nul ou presque. Comme pour les bases de données commerciales qui commencent toutes un jour «J», il y a peu de rétrospectif sur la toile. La plupart des grandes collections sont sur le Web à partir de 1995 environ. Avec le temps, certes, ces collections représenteront une immense bibliothèque, mais on est loin du compte si l'on songe à la centaine d'années et plus de documentation qu'il nous faut utiliser (ex. jugement de 1880, ou loi de 1849, etc.). Quelle que soit la connaissance et la puissance d'Internet que l'on atteigne aujourd'hui, disons-le clairement, c'est insuffisant. Il est même dangereux de laisser croire, comme certains le font, qu'on n'aura plus du tout besoin de bibliothèques traditionnelles. Ce qui n'est que myopie chez le technophile devient rapidement incompétence chez le juriste.

1.5.2 Quant au contenu : le degré primaire et le degré secondaire

Distinguons encore ici deux degrés : le primaire et le secondaire.

Le degré primaire est celui du texte de base, du «raw data», de l'information brute, sans annotations, livrée telle que produite par la source, législative ou jurisprudentielle. Ici Internet est roi, pour livrer en temps réel la loi, la décision de la Cour suprême, le Communiqué de presse du ministre, etc. Cela suffit-il au travail quotidien? Non.

Le degré secondaire est celui où le chercheur a besoin de comprendre, de prendre du recul, de mettre les choses en perspective, de faire l'historique, de savoir pourquoi. Tout cela, Internet ne l'offre pas actuellement, du moins en droit. Il faut encore avoir recours à des traités ou des monographies, à des articles de périodiques, à des thèses, à des actes de colloques et à des conférences pour comprendre, aller plus loin que le texte de base. Mais il est clair qu'avec le temps ce type de documentation pourra se retrouver sur le Web aussi (le mouvement est déjà amorcé).

En résumé, on peut dire que l'on trouve sur le Web les grands «acteurs» de l'information juridique :

- les institutions publiques (gouvernements, assemblées législatives, tribunaux)

- les éditeurs juridiques

- les associations professionnelles (Barreau, notariat, associations de juristes, etc.)

- les facultés de droit

- les groupes sociaux

En plus de l'information juridique, Internet fournit une foule d'informations en marge du droit, mais éventuellement très utiles dans le cadre d'une recherche juridique (statistiques, actualité, documents gouvernementaux, mémoires produits par des associations, etc.).

Internet est un outil de plus dans l'arsenal du juriste. Il ne remplace rien, il s'ajoute, il offre des possibilités inédites, il permet de faire des choses naguère impossibles ou difficiles, mais il ne remplace pas le travail de recherche et de réflexion que le juriste doit s'imposer pour faire parler le droit[12].

1.6 DEUX EXEMPLES DE RECHERCHE COMPLEXE

1.6.1 On demande les lois applicables à un projet spécifique de démarrage d'entreprise. Cette demande, bien formulée et en apparence anodine, exige un triple faisceau de normes juridiques pour y répondre.

Il faut d'abord identifier l'ensemble des lois et règlements fédéraux, québécois et internationaux susceptibles de s'appliquer. C'est en somme la réglementation spécifique du domaine (le poisson, la margarine, le transport).

Il faut ensuite tenir compte de la forme juridique de l'entreprise, question classique du droit des affaires : incorporée ou non. Au Québec ou au fédéral, à but lucratif ou non, publique ou privée, etc.

Enfin, il faut tenir compte des quelque 1500 lois fédérales ou québécoises d'application générale, susceptibles de toucher mon domaine d'opération d'une manière ou de l'autre.

1.6.2 Le statut juridique du soldat en droit canadien : ce n'est pas évident de prime abord, mais cette question en est une de droit constitutionnel. La défense étant un champ de compétence fédérale, il s'ensuit que les lois applicables proviendront du Parlement fédéral. Toutes ? Non, car c'est là la beauté du droit constitutionnel canadien : chaque Parlement étant souverain dans sa sphère d'autorité, les lois provinciales d'application générale s'appliqueront à notre soldat. D'où : le soldat peut-il voter aux élections provinciales ? OUI, s'il se conforme aux conditions requises (citoyenneté, résidence) ; d'où, encore, que l'adjudant de Sainte-Eulalie qui signe un bail sur la base militaire de Valcartier est régi par le *Code civil du Québec* (sauf règlement fédéral ancillaire à une loi fédérale valide et contraire à

---

12. D. LE MAY, « Culture et pratique des juristes dans le maelström de l'Internet et de l'hypertexte », dans *Actes de la XIIIe Conférence des juristes de l'État*, Cowansville, Les Éditions Yvon Blais inc., 1998, p. 117-126.

la loi québécoise). Le fédéral est alors dit prépondérant en cas de contrariété, etc.

1.7 QUESTIONNAIRE MÉTHODOLOGIQUE

En guise d'aide-mémoire, nous proposons ici une liste d'étapes méthodologiques que le chercheur est appelé généralement à franchir.

QM/1 - Par où commencer?
QM/2 - Aperçu général
QM/3 - Organisme ou ministère concerné
QM/4 - Lois et règlements du domaine
QM/5 - Loi principale du domaine
Les grandes lignes

QM/6 - Ressources documentaires complémentaires
QM/7 - Liens avec les autres branches du droit
QM/8 - Applicabilité du droit commun

QM/9 - Éléments d'extranéité
QM/10 - Applicabilité des autres lois
QM/11 - Caractéristiques du droit du domaine
QM/12 - Spécificités législatives ou réglementaires

QM/13 Tribunaux pertinents
QM/14 - Le temps et le droit
QM/15 - L'espace et le droit
QM/16 - Dimensions internationales

QM/17 - Questions spécifiques

Nous vous suggérons d'adapter et d'annoter cette liste en fonction de vos besoins particuliers de recherche et compte tenu de votre pratique.

1.8 SERVICES DE RECHERCHE

Ce livre s'adresse à tous ceux qui entreprennent une recherche et veulent la mener à terme. Il peut arriver que l'on ne dispose ni du temps, ni des ressources pour y arriver. Les grands cabinets et les contentieux gouvernementaux disposent de personnels (stagiaires, recherchistes, etc.). Ceux qui n'ont pas accès à ces ressources ont intérêt à connaître les services existants pour s'assurer de ne rien échapper. Notons qu'il s'agit de services réservés aux professionnels. Bref tour d'horizon des services clé en mains.

- **CAIJ (Centre d'accès à l'information juridique)** [http ://www.caij.qc.ca/pages/NosServices/recherche/service-de-recherche.aspx%20?lang=FR-CA]

Le service de recherche du CAIJ se caractérise principalement par son accessibilité ; il est présent dans diverses régions du Québec. À l'aide de plusieurs professionnels de la recherche, le CAIJ offre un service de recherche complet. En effet, de l'aide peut être fournie à plusieurs niveaux et pour l'ensemble des domaines du droit.

À titre de solution de rechange, les membres du CAIJ peuvent accéder à la base de connaissances TOPO, un sous-ensemble de la suite JuriBistro. Cette banque regroupe plus de 1000 questions déjà posées au service de recherche et fournit soit une piste de recherche, soit une réponse basée sur des recherches réelles faites.

- **ILLICO** [http ://www.illico.qc.ca/recherchiste.php]

Le slogan de ce service est «Votre temps est précieux... Avant d'entreprendre une recherche vérifiez si elle n'a pas déjà été faite». Ce service rend accessible diverses recherches effectuées dans plusieurs domaines juridique. Plus de 3250 recherches y sont répertoriées à ce jour.

- **Inforoute notariale** [http ://inforoute.notarius.net/security]

Le service de recherche de la Chambre des notaires est accessible aux notaires seulement via l'Inforoute notariale avec mot de passe.

1.9 JALONS POUR L'HISTOIRE DE LA DOCUMENTATION JURIDIQUE

Comme la documentation juridique est tributaire des travaux des organes de l'État et de la production des professeurs et chercheurs d'université, on ne se surprendra aucunement de constater que l'édition juridique québécoise et canadienne fut marginale et sous-développée jusqu'aux années 60. Sous le double impact de la modernisation de l'État et de l'avènement du professorat de carrière, la documentation juridique a pu sortir de sa léthargie.

Les grandes tendances :

– La renaissance de l'édition juridique privée au Québec.

– La multiplication des recueils spécialisés de jurisprudence.

– Une grande augmentation des publications juridiques de doctrine.

– La constitution de fonds d'études juridiques au Barreau et à la Chambre des notaires et l'intérêt de ces corporations pour la documentation et les bibliothèques.

– L'augmentation phénoménale du nombre de banques de lois et de jurisprudence.

– La production doctrinale québécoise augmente sans cesse. Le nombre de monographies nouvelles ne semble nullement affecté par le développement du Web.

– On trouve peu de nouveaux outils. Les façons de travailler sont en revanche modifiées par l'arrivée des nouvelles méthodes (ex. Citations électroniques jurisprudentielles permettant l'historique d'une décision en un tour de main).

Chronologie[13] :

– 1892-1974 : Publication des *Rapports judiciaires du Québec* en deux séries (Cour d'appel (appelée alors Cour du Banc du Roi et Cour supérieure).

– 1972 : Refonte non officielle des règlements du Québec.

– 1973 : Création du Conseil canadien de la documentation juridique (CCDJ) devenu ensuite le Centre canadien de l'information juridique (CCIJ).

– 1976 (1er avril) : Entrée en vigueur de la *Loi sur la Société québécoise d'information juridique* (SOQUIJ).

---

13. Cette chronologie emprunte certains éléments à l'article «Petite histoire de l'information juridique au Québec», L. BÉDARD, (2006) 9 *Journal du Barreau*.

- 1977 (octobre) : Lancement de *Jurisprudence Express*.

- 1977 : Date de compilation des *Lois refondues du Québec*. La refonte utilise l'informatique.

- 1981 : Première refonte officielle des règlements de l'histoire du Québec.

- 1984 : Date de tombée des *Lois révisées du Canada*.

- 1985 : SOQUIJ est contrainte d'assurer son autofinancement.

- 1986 : *Loi sur les règlements*.

- 1989 : Sondage de SOQUIJ sur les besoins documentaires des avocats.

- 1992 (30 avril) : cessation des activités du Centre canadien de l'information juridique.

- 1994 : Diffusion par LexUM (Université de Montréal) des décisions de la Cour suprême du Canada.

- 1994 : Décollage mondial du WWW (World Wide Web).

- 1997 : Lancement du *Répertoire électronique de jurisprudence du Barreau* (REJB).

- 1999 : Création de l'Institut d'information juridique canadien (CanLII). Sous l'égide de la Fédération des ordres professionnels de juristes du Canada, en partenariat avec le laboratoire LexUM – Université de Montréal, cet institut développe un contenu juridique accessible à tous : la législation fédérale des provinces et des territoires et jurisprudence de toutes les Cours. À compter de 2007, CanLII devient le seul acronyme utilisé (Canadian Legal Information Institute).

Notons que les quelque 70 000 membres de la profession juridique au Canada contribuent au financement de CanLII par le biais d'une cotisation annuelle. Au Québec, c'est le CAIJ qui assume cette contribution au nom du Barreau.

- 2000 : Début de la disponibilité sur le Web des décisions des tribunaux québécois, suite à la décision de la Cour d'appel dans l'affaire Wilson et Lafleur du 17 avril 2000[14].

- 2001 : Création par le Barreau du Québec du CAIJ (Centre d'accès à l'information juridique). Le CAIJ rend accessible, en priorité aux membres du Barreau du Québec et de la magistrature, l'information juridique disponible, assure que l'accès sera le même, quel que soit l'emplacement géographique, et ce, peu importe l'environnement de travail. Le CAIJ est la synthèse finale d'un long processus débuté en 1981 par la création de réseaux de bibliothèques. En avril 2001, le Barreau de Montréal, le Barreau de Québec, l'Association des avocats et avocates de province, le Réseau de l'Information juridique du Québec (RIJQ) et le Barreau du Québec signent un protocole visant à fusionner leurs 37 bibliothèques de droit. Les Barreau de Montréal et de Québec versent leurs actifs dans une nouvelle entité, le Centre d'accès à l'information juridique (CAIJ), qui fusionne lui-même avec le RIJQ, en décembre 2001.

---

14. *Wilson & Lafleur Ltée* c. *Société québécoise d'information juridique*, 2001 CanLII 9612 (QC C.A.) [http ://www.canlii.org/fr/qc/qcca/doc/2001/2001canlii9612/2001canlii9612.html].

2
LÉGISLATION : GÉNÉRALITÉS

2.0 LÉGISLATION : GÉNÉRALITÉS

Ce deuxième chapitre lance de façon concrète le processus de recherche documentaire proprement dit en abordant la loi. Rappelons que :

- la loi est la source la plus importante de droit dans notre système juridique;

- faute de loi particulière sur un sujet donné, une loi plus générale peut s'appliquer.

Après un bref rappel de la situation constitutionnelle nous décrirons brièvement le processus d'adoption des lois.

2.1 PARTAGE DES COMPÉTENCES LÉGISLATIVES

Le fédéralisme canadien opère un partage des compétences législatives. Ce partage n'est pas modifié par la *Loi constitutionnelle de 1982*, 1982, c. 11 (R.-U.)[15] sauf par l'adjonction d'un nouvel article 92A quant aux ressources naturelles. Il faut donc toujours se reporter à la *Loi constitutionnelle de 1867*, 1867, c. 3 (R.-U.), 30-31 Vict;

---

15. La loi constitutionnelle de 1982 est entrée en vigueur le 17 avril 1982 alors que son art. 15 entrait en vigueur le 17 avril 1985. On peut en trouver le texte officiel dans le volume *Appendices des Lois révisées du Canada de 1985*. Voir également la version sur la page d'accueil du site Web du ministère de la Justice du Canada.

L.R.C. (1985), App.[16] à titre de guide pour savoir si une compétence est fédérale ou provinciale; on consulte surtout les articles 91, 92, 92A, 93, 94A et 95.

Voici un index des articles applicables au partage des pouvoirs. Cet index permet de retracer plus facilement le législateur compétent. Les abréviations «Q» et «F» signifient Québec ou fédéral; les numéros sont ceux des articles et des paragraphes de la *Loi constitutionnelle de 1867* tels qu'ils apparaissent dans le texte. L'énumération des pouvoirs dans cet index n'est pas complète, le partage constitutionnel étant incertain et délicat d'interprétation. Il convient dès lors de le compléter et de l'interpréter à la lumière des nombreuses décisions judiciaires en la matière. Nous renvoyons en bloc aux ouvrages de droit constitutionnel[17].

– A –

administration de la justice : Q 92(14)

agriculture : Q et F 95

amarques : F 91(9) F 92(10)a

amende : Q 92(15)

application des lois (amendes, etc.) : Q 92(15)

armée : F 91(7) Q 92(7)

asiles : Q 92(7)

assurance-chômage : F 91(2A)

aubains : F 91(25)

avantage général du Canada (travaux) : F 92(10)c

– B –

baseroute : F 91(21)

bases : F 91(15)

bateaux à vapeur ou autres bâtiments (s'étendant au-delà des limites de la province) : F 92(10)a

bâtiments (maritime) : F 91(10)

billets promissoires : F 91(18)

bois et forêts : Q 92(5)

bouées : F 91(9)

brevets d'invention : F 91(22)

– C –

caisses d'épargne : F 91(16)

canaux (s'étendant au-delà des limites de la province) : F 92(10)a

célébration du mariage : Q 92(12)

charges provinciales : Q 92(4)

charité (institutions et hospices) : Q 92(7)

---

16. Antérieurement à 1982, cette loi était désignée sous le titre d'*Acte de l'Amérique du Nord britannique, 1867*, 1867, c. 3 (R.U.), 30-31 Vict.; L.R.C. (1985), App.

17. Voir, entre autres, les ouvrages suivants :
H. BRUN, G. TREMBLAY et E. BROUILLET, *Droit constitutionnel*, 5ᵉ éd., Cowansville, Les Éditions Yvon Blais inc., 2008;
G.A. BEAUDOUIN et P. THIBAULT, *Le fédéralisme au Canada : les institutions, le partage des pouvoirs*, Montréal, Wilson & Lafleur ltée, 2000;
P.W. HOGG, *Constitutionnal law of Canada*, 3ᵉ éd., Toronto, Carswell (éd. à feuilles mobiles).

chemins de fer (s'étendant au-delà des limites de la province) : F 92(10)a)
chèques : F 91(18)
cités et villes : Q 92(8)
citoyenneté : F 91(25)
civile (tribunaux de juridiction) : Q 92(14)
commerce [international et inter-provincial] : F 91(2)
compagnies (incorporation) : Q 92(11)
copyright : F 91(23)
cours monétaire : F 91(14)
criminelle (tribunaux de juridic-tion) : Q 92(14)

– D –

déclaration d'avantage général pour le Canada : F 92(10)c)
défense : F 91(7)
dette publique : F 91(1A)
divorce : F 91(26)
droit civil : Q 92(13)
droit criminel : F 91(27)
droits civils : Q 92(13)
droits d'auteur : F 91(23)

– E –

éducation : Q 93
électricité : Q 92A
emprisonnement : Q 92(15)
emprunt de deniers sur le crédit public : F 91(4)
emprunt de deniers (sur le crédit provincial) : Q 92(3)
énergie électrique : Q 92A
entreprises d'une nature locale : Q 92(10)
épargne (caisses d'épargne) : F 91(16)
étrangers : F 91(25)
exécution des lois (amendes, etc.) : Q 92(15)

– F –

faillite : F 91(21)
fonction publique : Q 92(4)
fonctionnaires : Q 92(4)
fonctionnaires provinciaux : F 91(8)
forêts : Q 92(5)

– H –

hôpitaux : Q 92(7)
hôpitaux de marine : F 91(11)
hospices de charité : Q 92(7)

– I –

Île de Sable : F 91(9)
immigration : Q et F 95
impôt (taxation directe) : Q 92(2)
impôt (taxation directe et indi-recte) : F 91(3)
incorporation de compagnies : Q 92(11)
Indiens : F 91(24)
institutions de charité : Q 92(7)
institutions municipales : Q 92(8)
intérêt de l'argent : F 91(19)
invention (brevets) : F 91(22)

– J –

juridiction civile (tribunaux) : Q 92(14)
juridiction criminelle (tribunaux) : Q 92(14)
justice (administration de la) : Q 92(14)

– L –

lettres de change : F 91(18)
lignes de bateaux (s'étendant au-delà des limites de la province) : F 92(10)a)
lignes de bateaux à vapeur (entre une province et un pays étran-ger) : F 92(10)b)

tribunaux de juridiction criminelle :
Q 92(14)
tribunaux de justice : Q 92(14)

– V –

vieillesse (pensions) : F 94A
villes : Q 92(8)

Il est possible de trouver, sur un sujet donné, des lois fédérales et provinciales concurrentes, connexes ou complémentaires, toutes valides. L'étude des interrelations de ces lois relève du droit constitutionnel. Sur le plan de la recherche toutefois, on ne doit jamais escamoter l'étape constitutionnelle, car une multitude de lois peuvent réglementer une question particulière. Même si, en apparence, on est résolument en matière fédérale ou provinciale, il peut y avoir des lois de l'autre niveau intervenant sur l'un ou l'autre aspect de la question.

2.2 PRINCIPALES ÉTAPES DU PROCESSUS PARLEMENTAIRE

QUÉBEC	FÉDÉRAL
Présentation • Dépôt du projet de loi[18] (désigné par un numéro qui correspond à l'ordre de son impression au cours de la session) et vote (sans débat)	**Première lecture** • Dépôt du projet de loi devant la Chambre des Communes (désigné par un numéro précédé de la lettre «C») ou devant le Sénat (désigné par un numéro précédé de la lettre «S») • Lecture du titre et distribution du texte imprimé aux parlementaires
Possibilité d'audiences publiques en commission parlementaire (consultation générale permettant à la population de se faire entendre et de déposer des mémoires)	
Adoption du principe Débat sur le principe même du projet et envoi en commission	**Première lecture** Débat sur le principe même du projet et renvoi devant le comité compétent

18. Depuis 1972, le Règlement de l'Assemblée nationale utilise le terme «Projet de loi», alors qu'avant cela on utilisait le terme «Bill». Dans certains cas, le gouvernement abroge un avant-projet de loi, qui est en réalité un texte destiné à consultation en commission pour devenir éventuellement un véritable projet de loi. L'avant-projet de loi se présente généralement sous la forme d'un projet de loi.

Étude détaillée en commission[19] —Étude et vote, article par article en commission parlementaire et dépôt du rapport. **Prise en considération du rapport par l'Assemblée** (amendement et vote)	– Étude et vote, article par article en commission parlementaire, dépôt du rapport et vote sur d'éventuels nouveaux amendements en Chambre.
Adoption Adoption de l'ensemble du projet après débat	**Troisième lecture** Adoption de l'ensemble du projet
	Dépôt devant l'autre Chambre qui reprend le processus *ab initio*
Sanction[20] (Entrée en vigueur après 30 jours à moins que le texte ne prévoie un processus de proclamation)	Sanction (Entrée en vigueur le jour même à moins que le texte ne prévoie un processus de proclamation)
Publication En feuilles (Éditeur officiel) *Gazette officielle du Québec, Partie 2* *Recueil annuel des lois* *Lois refondues du Québec*	**Publication** En feuilles (Imprimeur de la Reine) *Gazette du Canada, Partie III* *Recueil annuel des lois* *Lois révisées du Canada*

19. Le Règlement de l'Assemblée nationale (art. 118) crée un certain nombre de commissions permanentes : « <u>Outre la commission de l'Assemblée nationale et la Commission de l'administration publique, il y a neuf commissions permanentes de l'Assemblée.</u> Leur dénomination et leurs compétences sont les suivantes :
    1° Commission des institutions : Présidence du Conseil exécutif, justice, sécurité publique, relations intergouvernementales et constitution ;
    2° Commission des finances publiques : Finances, budget, comptes publics, administration du gouvernement, fonction publique, services et approvisionnement ;
    3° Commission des affaires sociales : Famille, santé, services sociaux et communautaires, condition féminine et sécurité du revenu ;
    4° Commission de l'économie et du travail : Industrie, commerce, tourisme, travail, science, technologie, énergie et ressources et main-d'œuvre ;
    5° Commission de l'agriculture, des pêcheries et de l'alimentation : Agriculture, pêcheries et alimentation ;
    6° Commission de l'aménagement du territoire : Collectivités locales, aménagement, habitation et loisirs ;
    7° Commission de l'éducation : Éducation, formation professionnelle et protection du consommateur ;
    8° Commission de la culture : Culture, communication, communautés culturelles, immigration et relations avec les citoyens ;
    9° Commission des transports et de l'environnement : Transport, travaux, environnement et faune. »
20. <u>Rappelons que c'est par la sanction que le projet de loi se métamorphose en loi.</u> Cette formalité ne doit pas être confondue avec l'entrée en vigueur. À noter, toutefois, qu'avant l'entrée en vigueur d'une loi, l'administration pourrait prendre et publier les règlements d'application. Pour des développements sur ces questions, voir R. TREMBLAY, *L'entrée en vigueur des lois. Principes et techniques*, Cowansville, Les Éditions Yvon Blais inc., 1997

Sur cette question, consulter avec profit, les ouvrages de Me Luc Gagné :

- *Le processus législatif et réglementaire au* Québec, Cowansville, Les Éditions Yvon Blais inc., 1997.

- *Le processus législatif et réglementaire* fédéral, Cowansville, Les Éditions Yvon Blais inc., 1999. Notions de base du processus législatif et réglementaire fédéral canadien.

- Voir également l'ouvrage *La procédure parlementaire au* Québec, DUCHESNE (dir.), Québec : Assemblée nationale, 2000, 493 p.

Sur le plan juridique, une loi sanctionnée mais non en vigueur, n'a aucun effet. Il convient donc, dans une nouvelle étape, de vérifier le mode et le moment de l'entrée en vigueur de la loi. Finalement, il convient de vérifier si ce texte législatif a fait l'objet de modification. C'est l'étape de la mise à jour de la recherche législative.

[handwritten in margin: de mise à jour de la recherche]

LEGISinfo [http ://www.parl.gc.ca/LEGISINFO/index.asp?Lang=F] : est un nouveau site (2003) sur les projets de loi examinés par le Parlement fédéral. Il donne accès à tous les renseignements nécessaires à une bonne intelligence du contexte et du cheminement des projets :

- les textes des projets de loi aux diverses étapes du processus d'adoption

- les Communiqués de presse et les Documents d'information du gouvernement (s'il y a lieu)

- les Résumés législatifs, lorsqu'ils existent

- les interventions importantes à l'étape de la deuxième lecture ;

- les votes ;

- les entrées en vigueur.

LEGISinfo offre de nombreuses informations documentaires et juridiques générales sur la législation qui permettent d'éclaircir ou d'approfondir certaines notions. En voici une liste partielle :

Comment un projet de loi devient-il loi ? — Projet de loi émanant du gouvernement — Projet de loi d'initiative parlementaire —

Entrée en vigueur — Sanction royale — Hansard — Débats — Journaux — Législature — Session

2.3 ENTRÉE EN VIGUEUR DES LOIS

2.3.1 Définition de l'entrée en vigueur

L'entrée en vigueur est la détermination du moment où la loi commence à s'appliquer. C'est la dernière étape du processus de création de la loi.

2.3.2 Importance de l'entrée en vigueur

L'existence, l'impression et la publication d'une loi ne signifient nullement que la loi est entrée en vigueur. Une loi non en vigueur ne produit pas d'effet juridique. Une loi peut être sanctionnée, et donc parfaitement valide, sans pour autant produire d'effet parce que le temps de son entrée en vigueur n'est pas encore arrivé. On doit donc pouvoir vérifier cela de façon certaine.

2.3.3 Mécanismes d'entrée en vigueur

Il existe différents modes ou mécanismes d'entrée en vigueur des lois. Ceux-ci sont prévus, le cas échéant, par la dernière disposition de la loi. Ainsi, le texte peut prévoir expressément que la loi entrera en vigueur :

a) à la date de la sanction;

b) à une date déterminée;

c) à la réalisation d'un événement déterminé;

d) par la proclamation d'entrée en vigueur à la suite d'un décret du gouvernement; mécanisme d'entrée en vigueur des plus fréquents au Québec.

La proclamation est un écrit émanant du gouvernement. Elle est signée par le lieutenant-gouverneur; mais c'est le conseil exécutif qui détermine la date. Les proclamations sont conservées par le ministre de la Justice en sa qualité de registraire du Québec (cf. la *Loi sur le ministère de la Justice*, L.R.Q., c. M-19, art. 2 et 23 à 30).

Les proclamations d'entrée en vigueur des lois sont publiées dans la *Gazette officielle du Québec, Partie 2*. Consulter l'index d'un numéro de la *Gazette* sous la rubrique « Proclamations ou entrées en vigueur » pour les retrouver.

Il y a un index cumulatif annuel mis à jour trimestriellement : le plus récent suffit donc à retrouver les proclamations émises dans l'année. On n'a qu'à compléter en consultant les numéros non couverts par l'Index. Notons qu'il n'y a pas d'index cumulatif complet sur plus d'une année.

On peut aussi consulter, dans les pages jaunes des *Lois du Québec*, la liste des dispositions législatives en vigueur par proclamation et la liste des dispositions législatives non en vigueur faute de proclamation ; on consultera aussi à l'occasion, la liste des lois antérieures à une année donnée, entrées en vigueur par proclamation, dans le Répertoire législatif de l'Assemblée nationale.

En cas de silence de la loi quant au moment et au mode d'entrée en vigueur, une différence importante existe entre le système québécois (30 jours après la sanction) et le système fédéral (le jour de la sanction). Remarquons qu'au Québec la plupart des lois prévoient leur entrée en vigueur au jour de la sanction.

Note : Qu'en est-il de l'entrée en vigueur partielle ? Une loi peut-elle entrer en vigueur en plusieurs étapes ? Le Parlement peut confier à l'exécutif le soin de déterminer une mise en vigueur partielle ou en plusieurs étapes. La Cour suprême, dans un arrêt majoritaire mais très partagé[21], a décidé que le Parlement pouvait aller jusqu'à déléguer le pouvoir de mise en application de parties d'articles. Si « le Parlement a donné au Conseil privé le droit de mettre en vigueur par proclamation certaines "dispositions", à sa discrétion il est hors de la compétence des tribunaux de réviser la façon dont l'exécutif exerce son pouvoir discrétionnaire ».

---

21. *Dans l'Affaire des questions soumises par le gouverneur général en conseil relatives à la proclamation de l'article 16 de la loi de 1968-69 modifiant le droit pénal*, [1970] R.C.S. 777.

2.4 MODIFICATIONS APPORTÉES À LA LOI

L'existence d'un texte juridique ne comporte aucune garantie de perpétuité. La loi change souvent. La recherche législative implique dès lors une étape de mise à jour.

2.4.1 Portée de l'expression «modifications»

Par «modifications» on entend tout changement apporté au texte de la loi qu'il soit direct ou indirect, particulier ou global, superficiel ou radical. Cela comprend donc l'ajout ou le remplacement d'une disposition et même son abrogation.

2.4.2 Mécanismes de modifications

Les modifications sont toujours apportées à une loi par une autre loi. Il est cependant possible de restreindre ou d'étendre le champ d'application de la loi par voie réglementaire (cf. le chapitre sur la réglementation). Parfois, même l'annexe énumérative d'une loi peut être modifiée par décret du gouvernement ; cela équivaut à une modification.

2.4.3 Abrogation de la loi

L'abrogation implique la disparition totale d'une disposition par comparaison avec le remplacement qui implique une continuité avec l'ancienne disposition. L'abrogation expresse ne pose pas de problèmes documentaires. L'abrogation implicite est plus incertaine. Ceci se produit lorsque, par application d'une loi plus récente, il est impossible de donner effet à une loi antérieure non abrogée. Le législateur utilise souvent, à cette fin, le mot «nonobstant», ce qui a pour effet de suspendre l'application d'une loi sans abrogation expresse. L'effet est le même, cependant.

- **Abrogation incomplète**. Cette appellation vise le cas (rare mais réel) de lois antérieures à la Confédération. L'article 129 de la *Loi constitutionnelle de 1867*, stipule que les lois en vigueur le 1er juillet 1867 demeurent en vigueur et peuvent être abrogées par le Parlement fédéral ou celui d'une province selon le partage législatif effectué. Or, il arriva que des lois ne relevaient pas de l'autorité exclusive du Parlement ou des Législatures, de sorte qu'elles pouvaient être abrogées par un niveau d'autorité et demeurer en vigueur pour l'autre.

– **<u>Abrogation d'articles du *Code civil du Bas-Canada*</u>**. Le *Code civil du Bas-Canada* (C.c.B.C.), entré en vigueur le 1er août 1866 est donc antérieur à la *Loi constitutionnelle de 1867*, entrée en vigueur le 1er juillet 1867[22].

Plusieurs dispositions de ce Code sont devenues de compétence législative fédérale le 1er juillet 1867 et seul le Parlement fédéral pouvait les abroger à partir de ce moment. Deux questions se posent en conséquence : faut-il conclure à l'abrogation implicite de tout ce qui, dans le C.c.B.C. est de compétence fédérale, dans les cas où le Parlement a négligé d'agir sur le C.c.B.C. mais a légiféré ouvertement à l'encontre ? Quel est l'effet de l'abrogation par le Parlement d'une législation (fédérale) sur le texte du C.c.B.C. *in pari materia* qui n'avait pas été abrogé explicitement – revit-il ? Ces questions devraient trouver réponse à l'issue de l'harmonisation des lois fédérales avec le droit civil québécois, entreprise par le gouvernement fédéral, qui devrait aboutir à l'abrogation des dispositions pré-confédérales du C.c.B.C. de 1866 relevant de la compétence du fédéral.

La première d'une série de lois à cet effet est la *Loi d'harmonisation no 1 du droit fédéral avec le droit civil* (L.C. 2001, c. 4)[23].

Note : La Partie 1, qui ne s'applique qu'au Québec, porte un titre abrégé autonome : *Loi sur le droit fédéral et le droit civil de la province de Québec.* Avec l'article 3, il ne pourra plus exister d'incompatibilité :

---

22. À cet égard, citons l'exemple de la disposition finale du *Code civil du Québec*, entré en vigueur le 1er janvier 1994 : «Le présent code remplace le Code civil du Bas-Canada adopté par le chapitre 41 des lois de 1865 de la législature de la province du Canada, Acte concernant le Code civil du Bas-Canada, tel qu'il a été modifié. Il remplace aussi l'article premier du chapitre 39 des lois de 1980, Loi instituant un nouveau Code civil et portant réforme du droit de la famille, tel qu'il a été modifié ; ainsi que le chapitre 18 des lois de 1987, Loi portant réforme au Code civil du Québec du droit des personnes, des successions et des biens».
23. En vigueur le 1er juin 2001, en vertu du Décret C.P. 2001-956 du 31 mai 2001, TR/2001-71, [2001] 135 Gaz. Can. II 1214 (no du 20 juin 2001).

« 3. (1) Sont abrogées les dispositions du Code civil du Bas Canada, adopté par le chapitre 41 des Lois de 1865 de la législature de la province du Canada intitulé Acte concernant le Code civil du Bas Canada, qui portent sur une matière relevant de la compétence du Parlement et qui n'ont pas fait l'objet d'une abrogation expresse. »

Pour plus de détails sur cette opération, voir le Résumé législatif LS-379F : Projet de Loi S-4 : *Loi d'harmonisation n° 1 du droit fédéral avec le droit civil*, Jay Sinha, Luc Gagné. – Division du droit et du gouvernement (Le 31 janvier 2001) [http ://dsp-psd.pwgsc.gc.ca/Collection-R/LoPBdP/LS/371/s4-f.htm]. Voir en particulier : A. *Rappel du principe de complémentarité entre le droit fédéral et le droit civil*. Ce Résumé législatif, fort bien fait, comprend de nombreuses notes doctrinales. Le Résumé législatif, rédigé par le personnel de la Direction de la recherche parlementaire à l'intention des parlementaires, explique le contexte des projets de loi et en fait l'analyse.

En ce qui concerne la mise à niveau du droit statutaire québécois avec le nouveau Code civil, cette opération fit l'objet de la *Loi concernant l'harmonisation au Code civil des lois publiques*, L.Q. 1999, c. 40.

2.4.4 Modifications globales

On entend par modification globale une modification qui fait disparaître des dispositions incompatibles par un énoncé de portée générale, sans préciser ce qu'elle vise.

Le législateur emploie une formulation qui ressemble à ceci : « La présente loi remplace toutes les dispositions législatives générales ou spéciales (antérieurement applicables) relatives aux matières visées par la présente loi ». Parfois, une nouvelle loi change une expression ou dénomination dans « toute loi générale ou spéciale... ».

2.5 HISTORIQUE D'UNE LOI

2.5.1 Notion d'historique d'une loi

Pour faire l'historique d'une loi, la meilleure voie à suivre consistera à utiliser les documents parlementaires, dont on trouvera la présentation détaillée ci-après. Mais d'abord qu'entend-on par historique d'une loi ? Cette question prend plusieurs sens reliés et complémentaires.

2.5.1.1 *Depuis quand cette loi existe-t-elle ?*

Il s'agit de trouver la date d'entrée en vigueur de la toute première version d'une loi donnée. Il suffit simplement de remonter de refonte en refonte jusqu'à la première loi annuelle sur le sujet. <u>La référence à la refonte antérieure et, ultimement, à la loi originelle, se retrouve sous le texte du premier article de la loi.</u>

2.5.1.2 *Quels sont les motifs pour lesquels une loi fut adoptée ?*

Question plus difficile et plus déroutante pour les juristes, qui trop souvent se cantonnent aux textes législatifs eux-mêmes. Sociologues et historiens feront appel à d'autres sources d'information pour éclairer le contexte d'adoption d'une loi. Dans cet exercice, les documents parlementaires (surtout les débats parlementaires) représentent une mine d'or. Pour les époques plus anciennes où les débats n'étaient pas consignés de façon systématique, il peut être indiqué d'utiliser les journaux de l'époque. On peut également consulter des ouvrages de type encyclopédie, comme l'*Encyclopédie du Canada*[24], particulièrement en ce qui concerne les lois ayant marqué l'histoire politique et sociale. Notons également que les ouvrages d'histoire du droit peuvent apporter un intéressant complément d'information. Citons à cet égard quelques « classiques » :

— E. Lareau, *Histoire du droit canadien.* Cet ouvrage couvre la période des origines à 1888, 2 volumes.

— B.A. Testard DE Montigny, *Histoire du droit canadien.* Il couvre la période des origines à 1869.

— G. Doutre, *Le droit civil canadien suivant l'ordre établi par les codes : précédé d'une histoire générale du droit canadien.*

---

24. Montréal, Stanké, 1987, 3 volumes. Également disponible gratuitement en version électronique.

– D. DE BROU et B. WAISER, *Documenting Canada : a history of modern Canada in documents.*

2.5.2 Documents parlementaires

2.5.2.1 *Notion de documents parlementaires*

Il s'agit de tout document produit ou reçu par un parlement. Cette définition, en apparence circulaire, a le mérite d'éviter la confusion, fréquente, avec les documents officiels (les DP sont des documents officiels mais non les seuls) ou gouvernementaux, ces derniers comprenant ce que le gouvernement publie, officiel ou non. Si on utilisait les divisions de l'état selon les branches traditionnelles, on pourrait dire que les DP sont des documents législatifs ou para-législatifs, mais non pas exécutifs ou judiciaires. Pour les récentes années, les DP sont plus facilement accessibles, puisque les assemblées législatives ont désormais toutes un site Web sur lequel cette information peut être consultée.

2.5.2.2 *Catégories de documents parlementaires*

Les DP se divisent commodément par fonctions ou chronologiquement. Par fonctions : trois groupes correspondant aux fonctions et aux activités du Parlement lui-même. On retrouve :

– des DP portant sur l'organisation des travaux du Parlement (ex. feuilleton, procès-verbal, etc.) ;

– des DP produits par le Parlement comme organe législatif (ex. lois, débats, etc.) et

– des DP reçus par le Parlement à titre de contrôle (ex. rapports, etc.).

Le principal produit du Parlement, la loi, fait abondamment l'objet du présent ouvrage. Nous ne mentionnons ici que les compléments les plus utiles pour la recherche juridique. Chronologiquement : en suivant dans l'ordre, comme pour la tenue d'une réunion (analogie avec la tenue d'une session), on retrouvera :

– l'ordre du jour ou feuilleton. Il s'agit d'un programme de travail de la séance, et

– le compte rendu qui prendra deux formes, verbatim (le *Journal des débats* qui reproduit tout ce qui se dit au Parlement) ou signalétique (le procès-verbal parfois appelé Journal lorsque réuni en collection à la fin de la session qui consiste en une description des événements et une consignation des décisions prises)[25].

2.5.2.3 *Débats parlementaires*

La réticence des juristes à utiliser les débats parlementaires découle de certains principes d'interprétation de la loi, interdisant tout recours à des sources antérieures et extérieures à la loi.

Nous n'avons pas à discuter ici cette règle, qui est de plus en plus remise en question[26]. Les débats sont utiles pour éclairer le contexte de l'adoption d'une loi ; ils n'ont pas à en limiter l'application.

Ceci étant dit, il faut reconnaître une certaine difficulté dans l'utilisation des débats ; il n'est pas toujours possible de retrouver précisément le passage des débats portant sur un article particulier d'une loi et ce pour deux raisons : d'une part, l'article n'a peut-être pas été discuté, d'autre part l'index des débats ne précise pas les articles ayant fait l'objet de discussions. Il faut se contenter de repérer les dates où la loi a été discutée et parcourir les passages pertinents. Ici, le répertoriage sur Internet peut apporter une solution.

– **Au Québec**. État d'avancement des travaux de la reconstitution des débats.

---

25. Noter l'ambiguïté dans l'emploi des mots « journal » et « procès-verbal » qui servent dans les deux types de documents et à deux fins différentes.
26. S. NORMAND, « Les travaux préparatoires et l'interprétation du Code civil du Québec », (1986) 27 *C. de D.* 347-354. L'auteur y justifie et démontre la pertinence de recourir à des sources extérieures pour l'interprétation du *Code civil du Québec* ; il fait appel à deux sources principales : les rapports des codificateurs et les débats parlementaires. Nous croyons que l'utilisation des débats parlementaires pourrait être généralisée à l'ensemble des lois.

	PAPIER	ÉLECTRONIQUE
1888 à 1911	X	
1912	X	X
1913	X	X
1914	X	X
1915	X	X
1916	X	X
1917		X
1918		X
1919		X
1920		X
1921		X
1922		X
1923	X	X
1924	X	X
1925		
1926		X
1927	X	X
1963 à aujourd'hui	X	
1996 à aujourd'hui	X	X

La consultation à la Bibliothèque de l'Assemblée nationale des débats non publiés demeure possible, mais il s'agit alors d'une version non révisée et incomplète.

Pour connaître les plus récents développements, consulter «Travaux parlementaires», «sessions antérieures» et «reconstitution» sous la rubrique «Débats de l'Assemblée législative».

Voir aussi 3.4.2 *Travaux parlementaires*.

– **Au fédéral**. Les débats existent depuis 1875 pour la Chambre des Communes et depuis 1871 pour le Sénat en deux éditions séparées, en français et en anglais (sauf pour le Sénat, où de 1871 à 1896, ils ne furent publiés qu'en anglais). Ils existent sur Internet depuis 1994.

À compter de la 36e législature, les témoignages devant les comités sont reproduits sur microfiches et sur Internet. Les procès-verbaux proprement dits continuent d'être disponibles sur papier et sur Internet.

Note : Le HANSARD

Le recueil officiel des débats du Parlement fédéral et des parlements des provinces anglophones, porte le nom de HANSARD comme c'est le cas pour le Parlement d'Angleterre. Le terme HANSARD vient du nom d'une célèbre famille anglaise qui publiait le journal officiel des débats de la Chambre des communes à Londres pendant tout le 19e siècle. Dès 1908, cette tâche fut assumée par le gouvernement. Mais en 1943 le nom HANSARD fut à nouveau utilisé pour désigner les débats des Communes. Cette pratique existe toujours. Source : D.M. WALKER, The Oxford Companion to law, Oxford, Clarendon Press, 1980.

2.5.3 Législation annotée

Toujours dans l'optique de l'historique d'une loi, il y a lieu de consulter les lois annotées. Certaines se donnent pour mission de rappeler les étapes de l'évolution de la législation.

3
LÉGISLATION QUÉBÉCOISE

3.0 <u>INTRODUCTION</u>

Ce chapitre lance de façon concrète la recherche de la loi québécoise. La loi est la source la plus importante du droit, il convient de commencer par là. Les lois québécoises sont souvent considérées plus près des citoyens en raison de leur contenu. La recherche de la loi québécoise pourrait bien s'inscrire dans le 20 % qui sert 80 % des fois selon la règle de Pareto, souventes fois citée dans la vie courante.

3.1 <u>FORMES DE LA PUBLICATION</u>

3.1.1 Présentation des outils électroniques

L'offre de versions électroniques ne cesse d'augmenter au prix de recoupements inévitables.

Nous traiterons ensemble les refontes, compilations et lois annuelles et, dans une autre section, les projets de loi et les travaux parlementaires (3.4).

A) **Publications du Québec** [http ://www2.publicationsduquebec. gouv.qc.ca/home.php#].

Les Publications du Québec offrent une version gratuite des textes à partir du portail principal des Publications du Québec, onglet **Lois et règlements**. Ce site présente le contenu des volumes annuels des lois depuis 1996 jusqu'au plus récent (même durant l'année, au fur et à mesure que les lois sont adoptées, soit bien avant la publication du volume sur papier).

B) CanLII. Institut Canadien d'information juridique [http ://
www.canlii.org/qc/legis/].

CanLII offre une version consolidée des Lois du Québec, refondues
ou non en reprise de la version gratuite offerte par les Publications
du Québec.

C) Site de l'Assemblée nationale [http ://www.assnat.qc.ca/index.
html].

Sous la rubrique «travaux parlementaires» l'Assemblée nationale
offre le texte des projets de lois à l'étude et adoptées durant la
session. Le lien internet change à chaque session. On peut y suivre
l'historique du cheminement des projets et prendre connaissance
des débats.

D) Quicklaw [http ://www.lexisnexis.ca/info/index.php?dynid=14].

Maintenant intégré à LexisNexis Canada, Quicklaw offre une
version complète et à jour des lois refondues et annuelles dans
une version consolidée. On peut y repérer un texte antérieur tel
qu'il se lisait à une date donnée.

E) Accès Légal [http ://server.gaudet.ca :8080/gel/index.htm].

Offre des versions à jour et complètes des lois annuelles et
refondues dans des versions consolidées. **Accès Légal** offre les
textes intégraux des lois et des règlements du Québec, des lois et
des règlements fédéraux ainsi que l'accès aux textes intégraux
des *Gazettes officielles du Québec*. **Accès Légal** offre des lois tant
annuelles que refondues. Ce site constitue l'endroit le plus à jour
pour consulter les textes législatifs. Il offre également la version
historique des lois du Québec, ce qui permet de retracer les versions antérieures des articles de loi. **Accès Légal** constitue une
nouveauté remarquable en ce qu'il offre des possibilités de
recherche différentes tout en étant le site le plus à jour.

F) Legis Québec [http ://legisquebec.gouv.qc.ca/].

Dernier-né des services législatifs, **Légis Québec** offre le contenu
des Publications du Québec dans le format et la tarification des
services privés. Lois consolidées complètes. La base est mise à
jour à tous les mois. On peut y reconstituer le texte d'une loi

depuis le 1er avril 1999 (sauf C.c.Q. où la date est le 1er janvier 1994). Pour l'historique, on remonte à la date de tombée de la refonte de 1977 (31 décembre 1977).

3.1.2 Présentation des outils papier

Comme on l'a déjà signalé, le support papier demeure important et ce, pour plusieurs raisons :

– il est parfois aussi efficace et même plus rapide à utiliser ;

– certains outils n'ont pas de contrepartie électronique.

A) Recueil des lois refondues

Le panorama législatif de la *Loi sur la refonte des lois et règlements,* L.R.Q., c. R-3. Cette loi instaure la nomenclature alphanumérique et la mise à jour des travaux de la refonte.

Présentation et composition des Lois refondues[27]

Les *Lois refondues* comprennent les lois en vigueur « qui ont un caractère général et permanent, sauf celles désignées par le ministère de la Justice, ainsi que celles à caractère local ou temporaire et d'utilisation courante désignées par le ministre » en vertu de la *Loi sur la refonte des lois et des règlements,* L.R.Q., c. R-3, art. 6 [http :// www.canlii.org/qc/legis/loi/r-3/index.html].

Les lois, pour être refondues, doivent également satisfaire à deux conditions :

1er *Les lois doivent être en vigueur.* Il ne suffit pas qu'une loi ait été adoptée par l'Assemblée nationale et qu'elle soit sanctionnée par le lieutenant-gouverneur pour être intégrée aux *Lois refondues.* Encore faut-il qu'elle ait force exécutoire, au moins partiellement.

2e *Les lois doivent avoir un caractère général et permanent.* Les *Lois refondues* doivent constituer le portrait de la législation qui, d'une part, intéresse l'ensemble des citoyens et, d'autre part, possède un certain caractère de permanence. Il est donc évident que certaines lois, de par leur portée dans le temps ou dans l'espace,

---

27. D'après le texte *Présentation des Lois refondues* dans le volume « Documentation ».

ne seront pas refondues. Cela ne signifie pas qu'elles sont abrogées. Sont ainsi exclues :

– les lois **budgétaires**; les lois dont l'objet est accompli (ex. *Loi concernant le village olympique*, L.Q. 1976, c. 43);

– les lois **temporaires** (ex. *Loi constituant un fonds spécial olympique*, L.Q. 1976, c. 14);

– les lois **d'exception** qui comprennent les lois visant une situation particulière présentant un caractère d'urgence (ex. *Loi assurant aux citoyens de Montréal la protection des services de police et d'incendie*, L.Q. 1969, c. 23);

– les lois **locales** ou **privées** (ex. une loi sur le changement de nom d'un individu);

– les lois **transitoires** (ex. *Loi assurant la mise en vigueur du régime d'assurance-maladie*, L.Q. 1970, c. 39);

– les lois **exclues** par le ministre de la Justice en raison, par exemple, de leur désuétude (ex. *Loi sur les lanternes et réflecteurs sur les véhicules à traction animale*, S.R.Q. 1964, c. 182);

– les lois essentiellement **modificatrices** : leurs dispositions de droit substantiel ont été incorporées à l'une ou l'autre des *Lois refondues* régissant les mêmes matières ou des matières voisines.

Le *Code civil du Québec* ne fait pas encore partie des *Lois refondues*[28]. Le *Code de procédure civile*, la *Loi sur les cités et villes*, et le *Code municipal*, par contre, en font partie.

Pour savoir quelles lois ou dispositions législatives ont été omises, il faut consulter la Table de concordance générale dans le cahier «Documentation».

Les tables de concordance ont pour but d'indiquer le sort de chacune des dispositions législatives des Statuts refondus de 1964 et de tous les chapitres de lois adoptées par la suite.

Plus particulièrement, les tables indiquent :

---

28. En dépit du fait que la décision de l'inclure a déjà été prise au ministère de la Justice.

- les numéros d'articles des dispositions correspondantes des *Lois refondues*;

- les numéros des articles où ont été intégrées les dispositions modifiantes;

- les dispositions qui ont été omises;

- les dispositions qui ont été abrogées; ou

- les dispositions qui ont été remplacées.

Contrairement aux refontes précédentes, les tables de concordance des *Lois refondues* accompagnent chacune des lois, afin d'en faciliter la consultation, sauf s'il s'agit d'une loi insérée après la refonte originale et n'ayant subi aucune renumérotation de ses articles. Quant aux autres chapitres des Statuts refondus de 1964 et des lois adoptées par la suite qui ne font pas partie des *Lois refondues*, leur table de concordance se retrouve dans le recueil «Documentation».

Les *Lois refondues du Québec* connaissent une édition reliée au 31 décembre 1977 et une édition sur feuilles mobiles mise à jour une fois par année au 1er avril. Il convient cependant de souligner qu'en pratique la mise à jour se fait parfois attendre et qu'il peut arriver que le texte des L.R.Q., accuse ainsi un retard important. Le lecteur serait donc avisé de vérifier la date de la dernière mise à jour, qui est indiquée sur la tranche des volumes. La refonte est une compilation officielle des lois québécoises d'un caractère général et permanent.

La collection en format papier contient plusieurs outils d'aide à la recherche que l'on ne retrouve pas dans les formats électroniques. Ainsi, chaque volume fournit la table des matières du volume (la table générale de la refonte se retrouve au volume «Documentation»), une table de concordance particulière placée à la fin de chacun des chapitres de lois et un état de la publication à la fin du volume.

Cet état permet de vérifier le contenu précis du volume et de s'assurer qu'il ne manque aucune page. Il dispose en fait de l'inquiétude soulevée parfois à l'égard de la «sécurité juridique» du contenu. Dans le coin inférieur de chaque page on trouve une référence composée de trois éléments [ex. (fictif) : A-17/8.1(29)]; ces trois ensembles désignent successivement : le numéro alphanumérique du chapitre, le numéro de la page dans le chapitre et le numéro de la mise à jour des *Lois refondues.*

Si on se reporte maintenant à l'état de la publication à la fin du volume, il suffira de comparer notre référence composite avec la liste de l'état de publication pour obtenir la confirmation de l'intégrité de la collection. Toute différence indiquerait, en revanche, une erreur ou une omission dans les feuilles mobiles.

Dans le but de fournir une information juridique complète, des mentions explicatives sont insérées au dispositif ou ajoutées à la fin de certaines lois refondues. Les principales sont :

- l'histoire législative de chaque article au bas de celui-ci. Ainsi, au bas de l'article 15 de la *Loi sur le Barreau*, on retrouve les références suivantes : 1966-67, c. 77, a. 13 ;

- lorsqu'une disposition de loi devient inopérante, mention en est faite, référence à l'appui, immédiatement sous cette disposition ;

- les dispositions législatives qui ne sont pas en vigueur comportent la mention «non en vigueur» et le texte est tramé gris. Des notes ont été ajoutées à la fin de certaines lois pour préciser les dispositions qui ne sont pas en vigueur, quels articles ou parties d'articles seront éventuellement modifiés, remplacés ou abrogés lors de l'entrée en vigueur des dispositions pertinentes, ainsi que l'époque et le mode de leur mise en vigueur ;

- afin d'éviter que deux versions de la même loi – la version originale et la version refondue puissent continuer d'exister et de s'appliquer en même temps, les lois ou dispositions des lois antérieures qui sont refondues sont indiquées comme abrogées, sous réserve des exceptions prévues, dans une «annexe abrogative» à la fin de chaque loi[29].

Un volume «Documentation» comprend plusieurs outils de recherche complémentaires. Mentionnons :

---

29. La procédure abrogative n'a pas toujours été utilisée depuis le 1er janvier 1978. En conséquence, la loi originelle n'est pas juridiquement abrogée du fait de la refonte. Quoi qu'il en soit, nous croyons que l'abrogation des versions autres que refondues pose un problème aux chercheurs dès lors censés ignorer les versions ci-devant valides (feuillet, G.O.Q. recueil). On devrait revoir cet aspect.

– Documentation –

– Table des matières

Il s'agit de l'énumération par ordre alphabétique d'intitulés des lois contenues dans tous les recueils constituant les *Lois refondues*. (Cette table est aussi reproduite au début de chacun des recueils de lois).

– Tables d'équivalence des chapitres

Il existe une table d'équivalence entre les chapitres énumérés selon l'ordre alphanumérique et la référence à la législation antérieure – table n° 1 – (ex. C. A-1 était S.R. 1964, c. 128; c. A-6 était L.Q. 1970, c. 17...). Une table similaire a été constituée dans l'autre sens – table n° 2 (ex. S.R. 1964, c. 76 est devenu c. D-14...). Ces tables se retrouvent aussi au début de chacun des recueils.

– Tableau des abrogations

Ce tableau concerne les lois non refondues postérieures aux Statuts refondus de 1964. On y retrouve des lois essentiellement modificatrices dont les dispositions ont été intégrées à la refonte générale et, de ce fait, abrogées. Rappelons que les lois qui ont fait l'objet d'une refonte ont, quant à elles, une annexe abrogative particularisée. Le Tableau des abrogations et les Annexes abrogatives font partie des *Lois refondues* et ont force de loi.

– Table de concordance générale

Cette table a pour but d'indiquer le sort de chacune des dispositions législatives des Statuts refondus de 1964 (avant dernière refonte) et de tous les chapitres des lois adoptées depuis 1965 jusqu'à la date de la dernière mise à jour.

Plus particulièrement, la table indique la nouvelle numérotation par rapport au texte d'origine (ex. *Lois du Québec 1970*, c. 27, art. 10 devient *Lois refondues*, c. M-13, art. 56);

— les numéros des articles où sont intégrées les dispositions modifiantes;
— les dispositions qui ont été omises;
— les dispositions abrogées;
— les dispositions qui ont été remplacées;
— l'index.

– *Tableau des modifications entrées en vigueur* entre le...
et le...

Ce tableau, expédié périodiquement entre les mises à jour, facilite
le repérage des textes législatifs les plus récents, entrés en
vigueur depuis la date d'arrêt de la dernière mise à jour. Rappelons
que seul le format papier des L.R.Q., fournit ces outils d'aide à la
recherche.

Périodicité des refontes

Les lois, ainsi que leurs modifications, doivent être aisément
connues et accessibles aux justiciables et aux gouvernements. Afin
de répondre à ce besoin, la refonte générale donne un tableau exact
et complet de la législation québécoise à une date donnée.

Voici les dates des refontes des lois québécoises :

– 1861 Les Statuts Refondus pour le Bas-Canada ;
– ensuite 1888 ; 1909 ; 1925 ; 1941 ; 1964 ; 1977[30].

Contrairement aux refontes antérieures qui, toutes, ont constitué
des mises à jour successives, irrégulières et très espacées des lois en
vigueur, celle de 1977 s'effectue de façon continue. La mise à jour
permanente des textes législatifs permet l'intégration dans les lois,
de données nouvelles apportées régulièrement par le législateur sous
forme d'abrogations, de remplacements, de modifications ou d'addi-
tions[31]. Notons cependant que les délais de la mise à jour peuvent
être assez longs, mettant ainsi en péril l'avantage premier d'une
refonte permanente, soit d'avoir une collection officielle des lois
constamment à jour. Les versions électroniques (bases de données,
cédérom, Internet) permettent de pallier cet inconvénient, mais n'offrent
évidemment qu'une refonte administrative des textes.

---

30. Pour avoir une idée des codifications et index antérieurs à la confédération, voir
J.-C. BONENFANT, «Promenade à travers nos vieux statuts», (1955) 2 *C. de D.* 5 et
les ouvrages qui y sont cités.
31. Voir D. LE MAY, «La (dernière) refonte des lois du Québec», (1976) 36 *R. du B.* 817 ;
id., «La refonte permanente des lois du Québec : implications et modalités», (1977)
18 *C. de D.* 213.

B) Lois annuelles

La loi sanctionnée est d'abord publiée en feuillet par l'Éditeur officiel du Québec.

Elle est également publiée dans la *Gazette officielle du Québec, Partie 2*. Les lois sanctionnées entre le 1er janvier et le 31 décembre de l'année sont réunies dans un Recueil annuel des lois (selon l'ordre des chapitres) publié habituellement 5 ou 6 mois après la fin de l'année. Le recueil comprend un tableau de modifications apportées aux lois générales durant l'année. Enfin, les lois d'un caractère général et permanent sont refondues, et, nanties d'une nouvelle nomenclature alphanumérique, elles sont intégrées aux *Lois refondues du Québec*. Il existe aussi des codifications administratives publiées par l'éditeur officiel ou des éditeurs privés. Elles n'ont pas de valeur juridique officielle, mais rendent service en étant souvent plus à jour que les textes officiels ou, encore, en fournissant des outils de recherche supplémentaires[32]. Les codifications sont unilingues, on connaît une édition française et une édition anglaise, distinctes ; de même, les lois et les règlements sont publiés séparément, sauf exception. Elles contiennent maintenant presque toutes un index.

C) *Gazette officielle du Québec, partie 2*

La *Gazette officielle* publie les lois sanctionnées depuis 1972. Depuis 1973, une partie 2, est publiée en version distincte.

3.1.3 Recueil des lois et des règlements (Projet de loi n° 7, 2007)

Le Projet de loi n° 7 (2007) intitulé *Loi sur le Recueil des lois et des règlements* apporterait les modifications suivantes :

– Selon les notes explicatives, le projet de loi institue le *Recueil des lois et des règlements du Québec* faisant l'objet d'une édition technologique à valeur officielle.

– On instaure une codification à droit constant, véritable compilation permanente et officielle, tout en maintenant le principe d'une refonte générale ou partielle du recueil.

---

32. Voir D. LE MAY, « Pour une politique des codifications administratives », (1976) 36 *R. du B.* 428. Voir généralement 2.5.3 Législation annotée.

– À notre avis, le projet proposé demeure tributaire des schémas hérités de l'univers du papier : refonte périodique avec date d'entrée en vigueur. Il y aurait lieu d'abandonner le concept de refonte (section III) au profit d'une seule codification officielle à droit constant qui éliminerait la nécessité d'une entrée en vigueur du corpus refondu, une notion source de confusion dans ses effets (abrogation). L'effet abrogatif de la refonte est d'autant plus brutal qu'il rend juridiquement caduques d'autres versions officielles : feuillet, Gazette, recueil annuel, ce qui est aberrant. En revanche, pour garantir la sécurité juridique, toutes les modifications, même mineures, devraient être consignées dans une loi annuelle du type des *Statute Law Amendment Acts* anglais.

– Le projet donne un statut aux versions électroniques de l'Éditeur officiel en prévoyant que «Les lois publiées par l'Éditeur officiel du Québec sur son site Internet, y compris le *Code civil* et la *Loi sur l'application de la réforme du Code civil*, constituent les lois du recueil et elles ont valeur officielle [...]».

3.2 REPÉRAGE DES LOIS

3.2.1 Repérage d'une loi refondue

Il est certain que l'arrivée de l'électronique facilite grandement la recherche législative en consolidant rapidement les modifications apportées aux textes de base. Il y a cependant lieu de maintenir une approche distincte pour les lois annuelles en tant que telles. Le même raisonnement vaut pour le papier.

3.2.1.1 *Outils électroniques*

Consulter l'une ou l'autre des sources suivantes :

– CanLII ➡ Québec ➡ Lois et règlements
– Publications du Québec ➡ Lois et règlements
– Légis Québec
– Accès Légal
– LexisNexis Quicklaw

Dans toutes ces sources (sauf Publications du Québec), il est possible, grâce aux moteurs de recherche, de repérer une loi, un article, un mot ou une expression. Dans le cas des Publications du Québec, il faut sélectionner une loi en particulier. Les textes abrogés sont en rouge sur ce site, et par conséquent, sur CanLII.

3.2.1.2 *Outils papier*

Consulter la Collection des *Lois refondues du Québec* (L.R.Q.). La nomenclature alphanumérique, permettant de maintenir l'ordre alphabétique par titre des lois, facilite le repérage d'une loi dont on connaît le titre.

La désignation et le classement des *Lois refondues* se fondent sur une méthode alphanumérique, c'est-à-dire sur l'emploi simultané de la première lettre du premier substantif caractérisant le titre français des lois et d'un chiffre qui est fonction de la position du titre dans l'ordre alphabétique. Ainsi, la *Charte des droits et libertés de la personne* se retrouve sous la cote C-12. Cette méthode de classement facilite le repérage des textes en fonction de leur intitulé.

L'utilisation d'une numérotation de type décimal pour l'insertion de nouveaux chapitres maintient l'ordre alphabétique.

Étant donné que le seul index disponible est celui de l'édition reliée (1977), la recherche par mots-clés ne peut se faire qu'en utilisant les versions électroniques qui permettent le repérage des textes à partir de n'importe quel terme de la loi.

3.2.2 Repérage d'une loi annuelle

Les lois annuelles nouvellement sanctionnées se retrouvent en premier lieu sur le site de l'Assemblée nationale, d'où l'on renvoie aux Publications du Québec pour obtenir le texte en version PDF. La clé d'accès, c'est le numéro du projet de loi, lors du dépôt en première lecture.

Les Publications du Québec offrent une présentation des lois dans l'ordre des chapitres du volume annuel depuis 1996; on ne les trouve pas sur CanLII. L'avantage ici consiste à retrouver l'ordre des chapitres comme dans le volume (même les lois privées), à deux différences près : i) la version anglaise est intercalée immédiatement après la française et ii) on ne dispose pas du tableau des modifications (pages jaunes). Les lois annuelles sont également disponibles auprès des serveurs qui offrent les *Lois refondues* (Legis Québec, Accès Légal, LexisNexis Quicklaw).

3.2.2.1 *Sources papier*

L'outil papier (L.Q.) permet actuellement de repérer toutes les lois annuelles. Lois récentes : il n'est pas toujours commode de se faire une idée claire de l'ensemble des lois adoptées dans l'année, tant qu'on n'a pas en main le recueil annuel. Aussi, on utilisera avec intérêt le *Répertoire législatif de l'Assemblée nationale*. Ce répertoire donne un résumé de chaque loi sanctionnée et une foule d'autres renseignements ; il constitue un outil indispensable entre la pile de projets de loi et le volume annuel ou la mise à jour de la refonte.

Il est publié chaque année aux alentours du mois de mars[33].

3.2.3 *Code civil du Québec*

La place unique et le rôle de premier plan du Code civil, en droit québécois, font qu'on ne peut le traiter, à tous points de vue, comme une simple loi statutaire.

La disposition préliminaire du *Code civil du Québec* confirme la place centrale du Code dans le système juridique du Québec : « Le *Code civil du Québec* régit en harmonie avec la Charte des droits et libertés de la personne et les principes généraux du droit, les personnes, les rapports entre les personnes, ainsi que les biens ». Le Code est constitué d'un ensemble de règles qui, en toutes matières auxquelles se rapportent la lettre, l'esprit ou l'objet de ses dispositions, établit, en termes exprès ou de façon implicite, le droit commun. En ces matières, il constitue le fondement des autres lois qui peuvent elles-mêmes ajouter au Code ou y déroger.

---

33. Assemblée nationale du Québec, Répertoire législatif de l'Assemblée nationale, Québec : l'Assemblée, [annuel]. Pour plus de détails, voir la recension que nous en avons faite à (1978) 19 *C. de D.* 1152.

Cette disposition et l'interprétation qu'on doit en faire ont reçu l'accueil et l'écho judiciaire dans l'importante décision *Prud'homme* de 2002[34].

« 28 Il peut paraître étonnant qu'une règle de droit public se retrouve dans le *Code civil du Québec*. Il importe cependant de souligner que le nouveau Code n'édicte pas seulement un corps de règles de droit privé ou encore, "un droit d'exception". Il constitue, selon sa disposition préliminaire, le *droit commun* du Québec :

Le *Code civil du Québec* régit, en harmonie avec la Charte des droits et libertés de la personne et les principes généraux du droit, les personnes, les rapports entre les personnes, ainsi que les biens.

Le code est constitué d'un ensemble de règles qui, en toutes matières auxquelles se rapportent la lettre, l'esprit ou l'objet de ses dispositions, établit, en termes exprès ou de façon implicite, le droit commun. En ces matières, il constitue le fondement des autres lois qui peuvent elles-mêmes ajouter au code ou y déroger. [Soulignés des juges.]

29 Le choix de l'expression "droit commun" ne résulte pas du hasard. Une version antérieure de la disposition prévoyait que le Code était constitué d'un ensemble de règles établissant le "droit privé". Dans la foulée de la controverse doctrinale suscitée par l'arrêt *Laurentide Motels*, précité, l'expression "droit privé" a été remplacée par celle, plus englobante, de "droit commun". La toile de fond sur laquelle ce changement a été fait ne laisse planer aucun doute sur l'intention bien arrêtée du législateur de donner la plus grande portée possible au champ opérationnel du Code civil. (Voir A.-F. Bisson, "La Disposition préliminaire du *Code civil du Québec*" (1999), 44 *R.D. McGill* 539. Voir aussi D. Lemieux, "L'impact du *Code civil du Québec* en droit administratif" (1994), 15 Admin. L.R. (2d) 275, p. 295-297).»

---

34. *Prud'homme* c. *Prud'homme*, 2002 CSC 85 (CanLII), [2002] 4 R.C.S. 663, (2002) 221 D.L.R. (4th) 115 [http ://www.canlii.org/fr/ca/csc/doc/2002/2002csc85/2002csc85.html].

Le Code contient le « droit commun » du Québec ; c'est le droit qui s'applique de façon ordinaire et générale en l'absence d'une dérogation statutaire explicite.

Ceci implique une complémentarité entre le Code et la loi statutaire. On ne peut considérer le Code sans tenir compte de son extension statutaire. La loi complète le droit commun et, souvent, y déroge de façon draconienne. Le fait de trouver une loi sur un sujet n'empêche pas qu'il se trouve, dans le Code, des dispositions analogues, connexes ou complémentaires.

Le texte final du *Code civil du Québec*, tel qu'adopté par le Parlement se trouve dans le volume annuel 1991 des *Lois du Québec*, chapitre 64. En vertu du Décret 712-93 du 19 mai 1993 tel que publié à la *Gazette officielle du Québec, Partie 2* de 1993 p. 3589, le Code est entré en vigueur le 1er janvier 1994. La *Loi sur l'application de la réforme du Code civil* (L.Q. 1992, c. 57) est entrée en vigueur le même jour. Cette loi contient le droit transitoire et apporte des modifications au *Code de procédure civile* ainsi qu'aux lois « affectées » par le nouveau Code civil.

Il existe de nombreuses éditions du texte du Code. On trouve des versions à feuilles mobiles (avec mises à jour) ou reliées, avec ou sans annotations et commentaires en version papier ou sur support électronique. Des tables de concordance, présentes dans la plupart des versions, permettent le passage de l'ancien au nouveau Code.

Parmi les outils immédiatement utiles pour l'étude du nouveau Code, une place à part doit être faite aux commentaires gouvernementaux. Voir Commentaires du ministre de la justice : Le *Code civil du Québec* : un mouvement de société, 3 volumes. Ces volumes comprennent les références aux sources immédiates du Code, un index et une table de concordance. Si les commentaires du ministre paraissent trop laconiques, on peut consulter les débats parlementaires de la Sous-commission des institutions dans le *Journal des débats* pour la période 1989/1992, période durant laquelle on procédait à l'étude détaillée du projet de loi 125 dans ses versions de 1990 et de 1991 (plus de 1000 amendements furent apportés). Les documents pédagogiques du Barreau et de la Chambre des notaires constituent la première étude d'ensemble du Code. Voir *La réforme du Code civil / textes réunis par le Barreau du Québec et la Chambre des notaires du Québec*, 3 volumes. Les cours sont également disponibles sous forme de vidéocassettes.

Pour une présentation synthétique et synoptique du Code, on peut consulter *Le Code civil du Québec en tableaux synoptiques/* Denis Le May. Les dispositions transitoires qui permettent de savoir si et dans quelle mesure le nouveau texte s'applique aux situations existantes se retrouvent dans la *Loi sur l'application de la réforme du Code civil*, L.Q. 1992, c. 57.

De nombreuses dispositions du *Code* ont été reprises des propositions faites par l'Office de révision du Code civil. On peut consulter avec profit le *Rapport sur le Code civil du Québec/*Office de révision du Code civil. Il s'agit du rapport présenté à l'Assemblée nationale, le 20 juin 1978 et qui couronnait plus de vingt ans de travaux. Vol. 1 – *Projet de Code civil*, vol. 2 et 3 – *Commentaires des articles*. Ces rapports demeureront inestimables pour l'interprétation du nouveau Code malgré les modifications apportées depuis 1978 par les diverses instances.

Quant au *Code civil du Bas-Canada,* mentionnons quelques ouvrages importants qui peuvent, à certains égards, s'avérer utiles même dans le contexte actuel :

— F.P. WALTON, *Le domaine et l'interprétation du Code civil du Bas-Canada*, Toronto, Butterworths, 1980. Traduit de l'anglais par M. Maurice Tancelin. Cet ouvrage permet de comprendre les règles d'interprétation applicables (qui demeurent valables pour le *Code civil du Québec*).

— C.C. DE LORMIER, *La Bibliothèque du Code civil*, Montréal, Cadieux & Derome, 1874-1890. Cette œuvre, en 21 volumes, donne le texte intégral de toutes les autorités et les sources qui ont servi de base à la rédaction du *Code civil du Bas-Canada* en 1866.

— *Rapport des Commissaires* pour la codification des lois du Bas-Canada qui se rapportent aux matières civiles, nommés en vertu du statut 20, Vict., c. 43.

— *Code civil du Québec annoté électronique Baudouin-Renaud* [https://www.azimut.soquij.qc.ca/identification/azimut/]. Depuis 2003 SOQUIJ diffuse électroniquement le *Code civil du Québec annoté Baudouin-Renaud* dans AZIMUT; Wilson & Lafleur conserve la publication imprimée. On peut effectuer une recherche par article, à partir d'un index analytique ou par mots-clés. Des hyperliens mènent aux résumés et aux textes intégraux de quelque 25 000 jugements. Le texte comporte plus de 30 000 références à des décisions sélectionnées par l'équipe éditoriale de Wilson & Lafleur sous la supervision du juge Jean-Louis Baudouin de la Cour d'appel du Québec. Le contenu inclut environ 1200 jugements inédits depuis 1994, tous les jugements rendus en vertu du *Code civil du Bas-Canada* encore pertinents à des titres de doctrine.

– *Code civil du Québec – Accès aux règles* (Disponible sur le site d'Accès légal). La version électronique reprend les avantages de deux publications antérieures de Me Michel Filion, le *Guide du Code civil du Québec* [Saint-Nicolas, Éditions associations et entreprises, 1998] et le *Dictionnaire du Code civil du Québec* [Saint-Nicolas, Éditions associations et entreprises, 1998] ; elle établit un pont, bienvenu et fécond, entre l'univers du Code civil et celui du citoyen. Par un jeu continuel de renvois et de tableaux, par l'utilisation d'un plan systématique au chapitre présentant les principales subdivisions du Code, il devient possible et facile de passer d'une notion au texte du Code civil lui-même. Ça et là, on trouve des tableaux qui expliquent, synthétisent et regroupent des notions. L'auteur présente aussi les listes fort complètes des règles d'intérêt pour les consommateurs et les entreprises, une grande valeur ajoutée.

3.2.4 Difficultés particulières

A) Titres populaires des lois

Le nom que porte une loi dans l'actualité n'a rien à voir avec sa référence officielle précise dans les recueils. De plus, on ne trouvera rien si on cherche une loi sous le nom du ministre qui l'a parrainée en Chambre, même si elle est couramment identifiée du nom de ce parrain. Il n'existe pas d'index des appellations populaires.

On peut toutefois consulter l'index du *Journal des débats* de l'Assemblée nationale, au nom du ministre ou député qui a présenté le projet.

B) Concordance entre les numéros des projets et des chapitres

– *Depuis 1983*, le fascicule de la loi donne simultanément le numéro du projet de loi et le numéro de chapitre du recueil annuel des lois.

– Pour établir la concordance si on ne dispose que d'un des deux numéros (projet ou chapitre). Consulter le *Répertoire législatif de l'Assemblée nationale* qui contient une table de concordance entre le numéro de projet de loi et le numéro de chapitre pour l'année ou les index cumulatifs de la *Gazette officielle du Québec, Partie 2* pour les lois publiées dans la *Gazette* pendant la période couverte par l'index en question.

– Dans le dernier volume des *Lois refondues du Québec*, il existe une « Table d'équivalence en projets de lois des chapitres mentionnés dans le tableau [des modifications] ». Ce tableau part des chapitres pour nous donner le numéro des projets de loi. Il ne couvre que la période intérimaire entre deux mises à jour.

– Enfin, pour trouver le numéro de chapitre d'un projet de loi adopté depuis peu, on consulte l'historique qui accompagne la liste des projets dans la section « Travaux ».

– Pour les années antérieures, l'attribution du numéro de chapitre ne se faisait qu'à la fin de l'année civile au cours de laquelle la loi avait été adoptée. Il existait une longue période pendant laquelle la loi était désignée sous le seul numéro de projet et cette désignation persistait une fois le numéro de chapitre connu. À partir de 1968, il y a une table de concordance entre ces deux numéros. À partir de 1973, elle est systématiquement publiée avec le recueil annuel des lois à la fin des pages jaunes (tableau des modifications). De 1968 à 1972, on la trouve dans la *Gazette officielle du Québec* : (1968) 100 G.O. 7029 ; (1969) 101 G.O. 7267 ; (1970) 102 G.O. 7591 ; (1971) 103 G.O. 9753 ; (1972) 104 G.O. 12201.

C) Désignation par année de règne du Souverain

En vertu de l'article 62 de la *Loi d'interprétation*, L.R.Q., c. I-16, à partir de 1969, la référence à une loi se limite à l'année et au numéro de chapitre. Avant 1969, il était d'usage de chevaucher plus d'une année pour une session et de référer à une loi par année de règne du Souverain. Même si la désignation régnale n'a plus cours, certains anciens textes encore valables utilisent ce mode de citation. Pour établir la concordance, avec l'année civile, on consulte l'Annexe A de la *Loi d'interprétation*, L.R.Q., c. I-16, reproduite ici. Nous avons complété le tableau avec les législatures récentes, car il demeure d'usage de désigner de ce terme la durée d'un parlement et il est commode de savoir quand les sessions commencent et finissent pour utiliser les Débats en relation avec les textes législatifs.

TABLEAU DE LA LOI D'INTERPRÉTATION

Légis-lation	Session	Date d'ouverture	Date de prorogation	Citation par année de règne	Citation par année de calendrier
1	1	27/12/1867	24/2/1868	31 Vict.	1867-1868
	2	20/1/1869	05/04/1869	32 Vict.	1869
	3	23/11/1869	1/2/1870	33 Vict.	1869-1870
	4	3/11/1870	24/12/1870	34 Vict.	1870
2	1	7/11/1871	23/12/1871	35 Vict.	1871
	2	7/11/1872	24/12/1872	36 Vict.	1872
	3	4/12/1873	28/1/1874	37 Vict.	1873-1874
	4	3/12/1874	28/2/1875	38 Vict.	1874-1875
3	1	4/11/1875	24/12/1875	39 Vict.	1875
	2	10/11/1876	28/12/1876	40 Vict.	1876
	3	19/12/1877	9/3/1878	41 Vict.	1877-1878
4	1	4/6/1878	20/7/1878	41-43 Vict.	1878
	2	19/6/1879	31/10/1879	43-44 Vict.	1879
	3	285/1880	24/7/1880	43-44 Vict.	1880
	4	28/4/1881	30/6/1881	44-45 Vict.	1881
5	1	8/3/1882	27/51882	45 Vict.	1882
	2	18/1/1883	30/3/1883	45 Vict.	1883
	3	27/3/1884	10/6/1884	47 Vict.	1884
	4	5/3/1885	9/5/1885	48 Vict.	1885
	5	8/4/1886	21/6/1886	49-50 Vict.	1886
6	1	27/1/1887	18/5/1887	50 Vict.	1887

TABLEAU DE LA LOI D'INTERPRÉTATION

Législation	Session	Date d'ouverture	Date de prorogation	Citation par année de règne	Citation par année de calendrier
	2	15/5/1888	12/7/1888	51-52 Vict.	1888
	3	9/1/1889	21/3/1889	52 Vict.	1889
	4	7/1/1890	2/4/1890	53 Vict.	1890 Sess. 1
7	1	4/11/1890	30/12/1890	54 Vict.	1890 Sess. 2
8	1	26/4/1892	24/6/1892	55-56 Vict.	1892
	2	12/1/1893	27/2/1893	56 Vict.	1893
	3	9/11/1893	8/1/1894	57 Vict.	1893-1894
	4	20/11/1894	12/1/1895	58 Vict.	1894-1895
	5	30/10/1895	21/12/1895	59 Vict.	1895
	6	17/11/1896	9/1/1897	60 Vict.	1896-1897
9	1	23/11/1897	15/1/1898	61 Vict.	1897-1898
	2	12/1/1899	10/3/1899	62 Vict.	1899
	3	18/1/1900	23/3/1900	63 Vict.	1900
10	1	14/2/1901	28/3/1901	1 Ed. VII	1901
	2	13/2/1902	26/3/1902	2 Ed. VII	1902
	3	26/2/1903	25/4/1903	3 Ed. VII	1903
	4	22/31904	2/6/1904	4 Ed. VII	1904
11	1	2/3/1905	20/5/1905	5 Ed. VII	1905
	2	18/1/1906	9/3/1906	6 Ed. VII	1906
	3	15/1/1908	14/3/1907	7 Ed. VII	1907
	4	3/3/1908	25/4/1908	8 Ed. VII	1908
12	1	2/3/1909	29/5/1909	9 Ed. VII	1909
	2	15/3/1910	4/6/1910	1 Geo. V	1910
	3	10/1/1911	24/3/1911	1 Geo. V 2e sess.	1911
	4	9/1/1912	3/4/1912	2 Geo. V	1912 Sess. 1
13	1	5/11/1912	21/12/1912	3 Geo. V	1912 Sess. 2
	2	11/11/1913	19/2/1914	4 Geo. V	1913-1914
	3	7/1/1915	5/3/1915	5 Geo. V	1915

TABLEAU DE LA LOI D'INTERPRÉTATION

Légis-lation	Session	Date d'ouverture	Date de prorogation	Citation par année de règne	Citation par année de calendrier
	4	11/1/1916	16/3/1916	6 Geo. V	1916 Sess.1
14	1	7/11/1916	22/12/1916	7 Geo. V	1917 Sess.2
	2	4/12/1917	9/2/1918	8 Geo. V	1917-1918
	3	2/1/1919	17/3/1919	9 Geo. V	1919
15	1	10/12/1919	14/2/1920	10 Geo. V	1919-1920
	2	11/1/1921	19/3/1921	11 Geo. V	1921
	3	10/1/1922	21/3/1922	12 Geo. V	1922 Sess. 1
	4	24/10/1922	29/121922	13 Geo. V	1922 Sess. 2
16	1	17/12/1923	15/3/1924	14 Geo. V	1923-1924
	2	7/1/1925	3/4/1925	15 Geo. V	1925
	3	7/1/1926	24/3/1926	16 Geo. V	1926
	4	11/1/1927	1/4/1927	17 Geo. V	1927
17	1	10/1/1928	22/3/1928	18 Geo. V	1928
	2	8/1/1929	4/4/1929	19 Geo. V	1929
	3	7/1/1930	4/4/1930	20 Geo. V	1930
	4	2/12/1930	4/4/1931	21 Geo. V	1930-1931
18	1	3/11/1931	19/2/1932	22 Geo. V	1931-1932
	2	10/1/1933	13/4/1933	23 Geo. V	1933
	3	9/1/1934	20/4/1934	24 Geo. V	1934
	4	8/1/935	18/5/1935	25-26 Geo. V	1935
19	1	24/3/1936	11/6/1936	1 Ed. VIII	1936 Sess.1
20	1	7/10/1936	12/11/1936	1 Ed. VIII 2e Sess.	1936 Sess. 2
	2	24/2/1937	27/5/1937	1 Geo. VI	1937
	3	26/1/1938	12/4/1938	2 Geo. VI	1938
	4	18/1/1939	28/4/1939	3 Geo. VI	1939
21	1	20/2/1940	22/6/1940	4 Geo. VI	1940
	2	7/1/1941	17/5/1941	5 Geo. VI	1941
	3	24/2/1942	29/5/1942	6 Geo. VI	1942

TABLEAU DE LA LOI D'INTERPRÉTATION

Légis-lation	Session	Date d'ouverture	Date de prorogation	Citation par année de règne	Citation par année de calendrier
	4	23/2/1943	23/6/1943	7 Geo. VI	1943
	5	18/1/1944	3/6/1944	8 Geo. VI	1944
22	1	7/2/1945	1/6/1945	9 Geo. VI	1945
	2	13/2/1946	17/4/1946	10 Geo. VI	1946
	3	12/2/1947	10/5/1947	11 Geo. VI	1947
	4	14/1/1948	1/4/1948	12 Geo. VI	1948
23	1	19/1/1949	10/3/1949	13 Geo. VI	1949
	2	15/2/1950	5/4/1950	14 Geo. VI	1950
	3	8/11/1950	14/3/1951	15 Geo. VI	1950-1951
	4	7/11/1951	23/1/1952	16 Geo. VI	1951-1952
24	1	12/11/1952	26/2/1955	1-2 Eltz. II	1952-1953
	2	18/11/1953	5/3/1954	2-3 Eltz. II	1953-1954
	3	17/11/1954	22/2/1955	3-4 Eltz. II	1954-1955
	4	16/11/1955	23/2/1956	4-5 Eltz. II	1955-1956
25	1	14/11/1956	21/2/1957	5-6 Eltz. II	1956-1957
	2	13/11/1957	21/2/1958	6-7 Eltz. II	1957-1958
	3	19/11/1958	5/3/1959	7-8 Eltz. II	1958-1959
	4	18/11/1959	18/3/1960	8-9 Eltz. II	1959-1960
26	1	20/9/1960	22/9/1960	9 Eltz. II	1960
	2	10/11/1960	10/6/1961	9-10 Eltz. II	1960-1961
	3	9/1/1962	19/9/1962	10-11 Eltz. II	1962
27	1	15/1/1963	11/7/1963	11-12 Eltz. II	1963 Sess. 1
	2	21/8/1963	23//8/1963	12 Eltz. II	1963 Sess. 2
	3	14/1/1964	31/7/1964	12-13 Eltz. II	1964
	4	21/1/1965	6/8/1965	13-14 Eltz. II	1965 Sess. 1
	5	22/10/1965	22/10/1965	14 Eltz. II	1965 Sess. 2
	6	25/1/1966	18/4/1966	14-15 Eltz. II	1966
28	1	1/12/1966	12/8/1967	15-16 Eltz. II	1966-1967

TABLEAU DE LA LOI D'INTERPRÉTATION

Légis-lation	Session	Date d'ouverture	Date de prorogation	Citation par année de règne	Citation par année de calendrier
	2	20/10/1967	21/10/1967	16 Eltz. II	1967
	3	20/2/1968	18/12/1968	17 Eltz. II	1968
29	1	9/6/1970	19/12/1970	N/A	1970
	2	23/2/1971	24/12/1971	N/A	1971
	3	7/3/1972	14/3/1973	N/A	1972-1973
	4	15/3/1973	25/9/1973	N/A	1973
30	1	22/11/1973	22/12/1973	N/A	1973
	2	14/3/1974	28/12/1974	N/A	1974
	3	18/3/1975	19/12/1975	N/A	1975
	4	16/3/1976	18/10/1976	N/A	1975
31	1	14/12/1976	23/12/1976	N/A	1976
	2	8/3/1977	22/12/1977	N/A	1977
	3	21/2/1978	20/2/1979	N/A	1978-1979
	4	6/3/1979	18/6/1980	N/A	1979-1980
32	1	10/5/1981	18/6/1981	N/A	1981
	2	30/9/1981	2/10/1981	N/A	1981
	3	9/11/1981	10//1983	N/A	1981-82-83
	4	23/3/1983	20/6/1984	N/A	1983-1984
	5	16/10/1984	20/6/1985	N/A	1984-1985
33	1	16/12/1985	18/12/1987	N/A	1985-86-87
	2	8/3/1988	22/6/1989	N/A	1988-1989
34	1	28/11/1989	18/4/1992	N/A	1989-90-91-92
	2	19/3/1992	10/3/1994	N/A	1992-93-94
	3	17/3/1994	17/6/1994	N/A	1994
35	1	29/11/1994	12/3/1996	N/A	1994-95-96
	2	25/3/1996	21/10/1998	N/A	1996-97-98
36	1	2/3/1999	9/3/2001	N/A	1999-2001

TABLEAU DE LA LOI D'INTERPRÉTATION

Légis-lation	Session	Date d'ouverture	Date de prorogation	Citation par année de règne	Citation par année de calendrier
	2	22/3/2001	12/3/2003	N/A	2003
37	1	4//2003	10/3/2006	N/A	2003-2006
	2	14/3/2006	21/2/2007	N/A	2006-2007
38	1	8/5/2007	--	N/A	2007-

D) Législation ancienne

Pour trouver la législation ancienne, consulter :

- Avant la Conquête :
  Édits, ordonnances royales, etc. (les titres varient)
  2 vol. 1803-06 ou 3 vol. 1854-56 (plus courants)

- Régime militaire et Acte de Québec (1760-1791) :
  1° *Rapport des archives publiques du Canada*, 1913, *Appendice*
  E ; 1914/15 Appendice C ; 1918 Appendices B et C

  2° *Ordonnances faites et passées par le Gouvernement et le Conseil législatif de la Province de Québec...*, 1795

- Acte constitutionnel (1791-1837) :
  Les statuts provinciaux du Bas-Canada, 1792/93-1836.

- Conseil spécial (1838-1841) :

Ordonnances faites et proposées par l'administrateur du gouvernement et le Conseil spécial pour les affaires de la province du Bas-Canada..., 1838-1840/41.

- Union (1841-1867) :
  1° *Statuts de la Province du Canada* 1841/42-1866 (volumes sessionnels)

  2° *Statuts refondus du Canada 1859*, (refonte des lois du Canada-Uni).

Rappelons que, de 1840 à 1867, il n'y a pas eu de législature provinciale ; il y eut pourtant des refontes des lois concernant le Bas-Canada :

- *Actes et ordonnances révisés du Bas-Canada*, 1845 (première refonte canadienne; elle portait sur les lois applicables au Québec)

- *Statuts refondus pour le Bas-Canada*, 1861.

E) Lois municipales

Il s'agit d'un domaine du droit auquel on doit se reporter très souvent et c'est, peut-être, celui qui comprend le plus d'exceptions et de dispositions les plus diverses.

Les lois municipales générales ou les lois générales touchant au domaine municipal sont dans la refonte.

Pour trouver les dispositions dérogatoires applicables à une corporation municipale, on peut consulter la compilation de la Commission de refonte des lois municipales, particulièrement le Document n° 2 : Inventaire des dispositions dérogatoires et spéciales contenues dans les chartes municipales. Les chartes sont présentées en ordre alphabétique.

Les dispositions dérogatoires contenues dans les documents de la Commission sont, évidemment, de caractère permanent (excluant, par conséquent, des considérations territoriales ou ayant pour effet de valider un acte ou, encore, purement transitoires; ces dernières peuvent être retrouvées grâce à l'*Index des lois à caractère privé 1867-1988*).

Québec et Montréal ont été écartés de l'inventaire à cause de leur charte complètement autonome. (Voir cependant dans le Document n° 5 de la Commission de refonte des lois municipales : Québec : S.Q. 1929, c. 95, et Montréal : S.Q. 1959-60, c. 102).

Tenir compte des lois postérieures à la date d'inclusion dans les documents de la Commission de refonte des lois municipales (fin 1972). On trouve ces lois en consultant l'index du volume annuel des lois au nom propre de la municipalité et, pour l'année courante, en examinant, un à un, tous les titres de loi.

F) Lois générales non refondues et lois d'intérêt privé

On trouve deux principales catégories de lois non refondues : les lois d'un caractère général et permanent devenues caduques ou inopérantes et les lois d'intérêt privé.

Cette hypothèse est peu fréquente mais réelle. Il s'agit de certaines lois à caractère général et permanent mais qui sont devenues caduques ou inopérantes. Il faudrait, en principe, examiner l'index de tous les volumes annuels des lois pour en connaître l'existence et les retrouver. On peut se servir de la Table de concordance générale. Cette table, toutefois, ne fait la concordance que depuis la refonte de 1964. S'il s'agissait d'une loi antérieure à 1964 qui n'aurait pas été refondue en 1964, il faudrait alors consulter le volume pertinent de la refonte de 1964, et ainsi de suite jusqu'à la première refonte. Ce moyen permet de connaître ensemble toutes les lois existantes qui n'ont pas été refondues.

Lois d'intérêt privé

Ces lois (qu'on appelait auparavant les «bills privés») n'intéressent en principe qu'un groupe ou un secteur restreint. Ce ne sont pas juridiquement des lois privées, mais des lois publiques d'intérêt privé. En effet, toutes les lois sont publiques, à moins qu'elles n'aient été déclarées privées, selon la *Loi d'interprétation,* L.R.Q., c. I-16, art. 39, ce qui n'a jamais été fait au Québec.

Pour les repérer, consulter l'Index des lois à caractère privé 1867-1988 publié par la Bibliothèque de la Législature[35]. Compléter en consultant les volumes annuels des lois.

Vers la disparition des lois d'intérêt privé ?

On note depuis les années soixante-dix, une tendance à la diminution du nombre de lois d'intérêt privé. Le législateur prévoit plutôt un cadre général pour régler les cas. Signalons :

— le changement de nom (maintenant intégré au Code civil) ;

---

35. Voir la recension que nous avons faite de la 1re édition : D. Le May, «Chronique bibliographique : Index des lois à caractère privé du Québec 1867-1975», (1977) 18 *C. de D.* 968.

- l'incorporation de compagnies (maintenant surtout : *Loi sur les compagnies*, L.R.Q., c. C-38; *Loi sur les corporations commerciales canadiennes*, S.C. 1974-75-76, c. 33);

- l'admission à une profession (maintenant en vertu du *Code des professions*, L.R.Q., c. C-26, art. 4);

- l'incorporation des congrégations religieuses (maintenant : *Loi sur les corporations religieuses*, L.R.Q., c. C-71);

- les fusions de corporations municipales (maintenant : *Loi favorisant le regroupement des municipalités*, L.R.Q., c. R-19).

Les domaines où on utilise la loi d'intérêt privé se résument aux suivants :

- l'octroi de dispositions dérogatoires à une corporation municipale;

- la validation d'un acte de droit privé (vente, succession, donation)[36].

3.3 ENTRÉE EN VIGUEUR ET MODIFICATIONS

3.3.1 Repérage des dates d'entrée en vigueur

3.3.1.1 *Outils électroniques*

Le site de l'Assemblée nationale [http ://www.assnat.qc.ca] permet de vérifier si un projet de loi est entré en vigueur par deux moyens :

A) En allant directement sur la page de la liste des projets de loi selon chaque législature et cliquer sur l'historique de notre projet de loi dans la rubrique «étapes législatives»).

- 38e législature, 1re session (8 mai 2007) [http ://www.assnat.qc.ca/fra/38legislature1/Projets-loi/ Publics/index.htm]

---

36. Voici des exemples de lois privées :
Loi modifiant la Charte de l'Université Laval, L.Q. 1991, c. 100;
Loi concernant la succession de Louis Pelletier, L.Q. 1991, c. 116;
Loi concernant le Club de Golf Le Portage Inc., L.Q. 1992, c. 78.

- 37e législature, 2e session (14 mars 2006 – 21 février 2007)
  [http ://www.assnat.qc.ca/fra/37legislature2/Projets-loi/
  Publics/index.htm]

- 37e législature, 1re session (4 juin 2004 – 10 mars 2006)
  [http ://www.assnat.qc.ca/fra/37legislature1/Projets-loi/
  Publics/index.htm]

- 36e législature, 2e session (22 mars 2001 – 12 mars 2003)
  [http ://www.assnat.qc.ca/fra/Publications/projets-loi/publics/
  index.htm]

- Etc.

B) En allant directement à la rubrique «État des projets de loi».

- 38e législature, 1re session (début le 8 mai 2007)
  [http ://www.assnat.qc.ca/fra/38legislature1/Projets-loi/Etat-
  001.htm]

- 37e législature, 2e session (14 mars 2006 – 21 février 2007)
  [http ://www.assnat.qc.ca/fra/37legislature2/Projets-loi/Etat-
  001.htm]

- 37e législature, 1re session (4 juin 2003 – 10 mars 2006)
  [http ://www.assnat.qc.ca/fra/37legislature1/Projets-loi/Etat-
  001.htm]

- 36e législature, 2e session (22 mars 2001   12 mars 2003)
  [http ://www.assnat.qc.ca/fra/Publications/Projets-loi/Etat-
  001.htm]

- Etc.

Cette approche convient pour les lois telles qu'adoptées par l'Assemblée nationale, mais dès que l'on consulte des versions consolidées ou refondues, officielles ou non, on ne peut trouver directement la date d'entrée en vigueur. On peut toutefois connaître le texte à une date donnée, mais cela ne nous donne toujours pas la date initiale d'entrée en vigueur : la seule et unique solution consistera toujours à revenir à la loi annuelle.

Limite de la recherche sur le site de l'Assemblée nationale

L'information n'y est pas actualisée, surtout pour les anciennes sessions. On ne peut pas s'y fier au-delà d'une certaine limite qu'il est difficile de quantifier. Ceci pose un problème pour les dates d'entrée en vigueur des lois. Un exemple : La *Loi modifiant la Loi sur la protection du territoire agricole et d'autres dispositions législatives afin de favoriser la protection des activités agricoles*, L.Q. 1996, c. 26, dont l'historique indique l'entrée en vigueur «par décret du gouvernement» (page consultée le 19 mars 2001) [http ://www.assnat.qc.ca/archives-35leg2se/fra/Publications/projets-loi/Etat-001.htm#et97f023].

Cette loi est pourtant entrée en vigueur le 20 juin 1997, soit un an après la sanction. On devra donc s'en tenir aux outils traditionnels en papier pour faire cette vérification.

Un truc demeure cependant possible pour gagner du temps dans certains cas : on peut utiliser un moteur de recherche sur Internet et n'y mettre que la référence à la loi (ex. L.Q. 1996, c. 26) ; une fois les informations non pertinentes décantées, on peut parfois se retrouver avec un texte qui donne la date et la référence au décret gouvernemental.

3.3.1.2 *Outils papier*

Pour connaître la date d'entrée en vigueur d'une loi ou de tout article depuis le 1er janvier 1978, consulter le *Tableau des entrées en vigueur des lois sanctionnées entre le 1er janvier 1978 et le [date]*, (pages jaunes) dans le volume *Documentation des Lois refondues du Québec.*

Ce tableau donne les entrées en vigueur dans l'ordre chronologique des lois et sous chacune, dans l'ordre des articles. Pour les lois antérieures à la refonte de 1977 et les lois postérieures à la date couverte par le tableau des entrées en vigueur, il faut procéder selon la méthode générale (dernier article de la loi et proclamation dans la *Gazette officielle du Québec*). On peut également utiliser le volume annuel des lois qui fournit la liste des dispositions législatives en vigueur par proclamation au décret ainsi que la liste des dispositions non en vigueur.

Pour les proclamations récentes, il est prudent de vérifier auprès du bureau du Greffier du Conseil exécutif ou du Service de l'enregistrement des documents d'état au ministère de la Justice.

3.3.1.3 *Problèmes particuliers*

A) Absence de mention d'E.E.V.

S'il n'y a aucune mention, quant à l'entrée en vigueur dans le dernier article de la loi, la loi entre en vigueur 30 jours après la date de la sanction en vertu de l'article 5 de la *Loi d'interprétation* [http ://www.canlii.org/qc/legis/loi/i-16/index.html].

B) Entrée en vigueur des lois refondues

Il y a lieu de ne pas confondre la date d'entrée en vigueur d'une loi annuelle avec la date d'entrée de cette même loi, refondue. L'entrée en vigueur en bloc de la refonte désigne la date à laquelle on se référera aux lois refondues mais n'efface pas la période antérieure où ces lois étaient en vigueur sous leur ancienne formulation.

Les L.R.Q., 1977 sont entrées en vigueur le 1er septembre 1979 sur proclamation. Voir (1979) 111 G.O. II 5985. Cette proclamation est émise en vertu de l'art. 15 de la *Loi sur la refonte des lois et des règlements*, L.R.Q., c. R-3 [http ://www.canlii.org/qc/legis/loi/r-3/index.html].

Elle est émise avec la réserve suivante :

«Lorsqu'une disposition d'une loi comprise dans les Lois refondues n'est pas encore en vigueur au 1er septembre 1979, conformément aux dispositions de cette loi, ladite proclamation des Lois refondues ne suffit pas à mettre en vigueur cette disposition qui n'entrera en vigueur qu'à la date fixée conformément à cette loi».

Puisque la refonte est mise à jour (art. 20), le mécanisme est répété à chaque mise à jour : il doit y avoir une proclamation d'entrée en vigueur pour chaque mise à jour. Ces proclamations se retrouvent dans la *Gazette officielle du Québec, Partie 2*, comme les autres.

C) Articles non en vigueur dans les lois refondues

Certains articles insérés dans les lois refondues ne sont pas en vigueur au moment de leur insertion dans la refonte. On peut connaître la date d'entrée en vigueur de ces articles en consultant le *Tableau des modifications entrées en vigueur* (pages grises) publié dans le volume *Documentation* des *Lois refondues*. Ce tableau couvre la période entre la date de la dernière mise à jour des lois refondues et une date plus récente indiquée précisément.

3.3.2 Repérage des modifications

3.3.2.1 *Outils électroniques*

Toutes les publications électroniques intègrent les modifications aux textes. La seule différence tient à la date de mise à jour de l'ensemble de la base concernée. Certaines sont mises à jour sur une base quotidienne, d'autres, sur une base hebdomadaire ou mensuelle.

Certains éditeurs offrent, sur leur site, des hyperliens aux textes des plus récentes modifications aux lois vendues par cet éditeur, dans la mesure où elles n'ont pas encore été intégrées dans leurs publications en papier qui demeurent la référence.

Il n'existe aucun équivalent électronique du tableau cumulatif des modifications – les « pages jaunes » du recueil annuel – apportées aux lois.

Sur le site des Publications du Québec (onglet Lois et Règlements) [http ://publicationsduquebec.gouv.qc.ca/home.php], on trouve un tableau des modifications qui est, pour chacune des lois, l'équivalent des pages grises des L.R.Q., c'est-à-dire qu'il donne les modifications entrées en vigueur entre la date de mise à jour de la codification électronique et une date ultérieure indiquée. Il faut en conclure que des modifications apportées mais non encore entrées en vigueur ne s'y trouvent pas, attention.

Pour compléter la consultation des consolidations ou refontes, ne pas oublier de vérifier les projets de lois adoptés sur le site de l'Assemblée nationale depuis la date de mise à jour de la base consultée. On y accède sous la rubrique « Travaux parlementaires » [http :// www.assnat.qc.ca].

3.3.2.2 *Outils papier*

A) Recueils des lois refondues

Les lois refondues sont, en principe, mises à jour une fois par année au 1er avril. Cette mise à jour paraît parfois avec un retard important.

Si on utilise l'édition sur feuilles mobiles, les textes sont à jour jusqu'à une date indiquée (à la fois au dos de la couverture et à la fin de chaque chapitre), et c'est le point de départ.

Il faut compléter cette démarche par la consultation du *Tableau des modifications et entrées en vigueur* (pages grises) publié dans le volume *Documentation* des *Lois refondues*. Ce tableau, remplacé régulièrement, donne les modifications apportées aux lois refondues depuis la date de la dernière mise à jour jusqu'à une date plus récente indiquée précisément, et cela même si la mise à jour n'est pas encore disponible. On complète par la consultation des lois sanctionnées ou entrées en vigueur depuis la date des pages grises.

B) Recueils des lois annuelles

Si on ne dispose pas du volume *Documentation* il est aussi possible de trouver les modifications apportées à une loi québécoise, en consultant le *Tableau des modifications* (pages jaunes) du plus récent volume annuel des lois. Ce Tableau suit la nomenclature alphanumérique des lois refondues. Il est cumulatif depuis la date de la refonte (1977) de sorte que la consultation du volume le plus récent suffit pour le passé.

Compléter par le *Répertoire législatif de l'Assemblée nationale* pour l'année qui suit le volume annuel (le Répertoire contient un tableau des modifications apportées aux lois durant l'année. Il n'est pas cumulatif). Compléter par le *Tableau des modifications* et les listes des lois publiques sanctionnées, publié, une ou deux fois par année, par la Direction de la législation de l'Assemblée nationale. Ce Tableau anticipe sur le Répertoire législatif en ce qu'il fournit les modifications apportées dans la première partie de l'année. À la fin de l'année, il est intégré au Répertoire législatif et, par la suite, au tableau inséré avec le Recueil annuel des lois.

Ne pas confondre les pages grises du volume *Documentation* des L.R.Q., avec les pages jaunes du Recueil annuel des lois. Les deux donnent des modifications aux lois, mais : (i) les pages grises ne visent que les modifications affectant une loi refondue et entrées en vigueur depuis la date de la dernière mise à jour (les deux conditions sont requises) ; (ii) les pages jaunes visent les modifications apportées aux Lois refondues ou annuelles, qu'elles soient en vigueur ou non, et de façon cumulative depuis 1977.

C) Modifications aux lois municipales spéciales

Pour les corporations à chartes particulières (y compris Québec et Montréal) voir le Document n° 5 de la Commission de refonte des lois municipales, sous la rubrique «Dispositions législatives applicables». Il n'existe aucune façon connue de repérer tous les amendements successifs à un article précis. Le Document n° 5 permet de connaître l'évolution historique des transformations et fusions d'une corporation, depuis le début de son existence. On trouve une «fiche» sur chaque corporation municipale. Pour assurer la mise à jour, voir les volumes annuels des lois, postérieurs à la date de tombée du Document n° 5.

3.4 PROJETS DE LOI ET TRAVAUX PARLEMENTAIRES

Aucune recherche ne saurait être complète sans la prise en compte des projets de loi présentés au parlement des débats, documents et travaux parlementaires qui s'y rattachent.

3.4.1 Repérage des projets de loi

3.4.1.1 *Outils électroniques*

Consulter les projets de loi sur le site de l'Assemblée nationale (depuis le 17 mai 1997) [http ://www.assnat.qc.ca]. Choisir «Travaux parlementaires». À partir de 2001, un lien est fait aux Publications du Québec.

3.4.1.2 *Outils papier*

Consulter en premier lieu la pile des projets de loi présentés en 1re lecture.

Note historique : projets de loi en 1re lecture seulement

Certains projets de loi ne franchissent pas les étapes complètes, meurent à l'adoption et «meurent au feuilleton» selon l'expression consacrée en usage parlementaire.

L'abandon dépend de plusieurs facteurs : retrait par le gouvernement, obstruction parlementaire, déclenchement d'élections, etc. Les chercheurs et historiens peuvent vouloir en prendre connaissance. Où les trouver puisqu'il n'existe par définition aucun recueil ?

Sources électroniques : on trouve les projets depuis 1997 sur le site de l'Assemblée nationale :

- 38e législature, 1re session (début le 8 mai 2007) [http ://www.assnat.qc.ca/fra/38legislature1/Projets-loi/Publics/index.htm]

- 37e législature, 2e session (14 mars 2006 – 21 février 2007) [http ://www.assnat.qc.ca/fra/37legislature2/Projets-loi/Publics/index.htm]

- 37e législature, 1re session (4 juin 2003 – 10 mars 2006) [http ://www.assnat.qc.ca/fra/37legislature1/Projets-loi/Publics/index.htm]

- 36e législature, 2e session (22 mars 2001 – 12 mars 2003) [http ://www.assnat.qc.ca/fra/Publications/projets-loi/publics//index.htm]

- Etc.

3.4.2 Repérage des travaux parlementaires

Les débats de l'Assemblée nationale et des commissions sont disponibles sur Internet depuis le 17 mars 1994. Les débats du jour et de la veille sont dans une version non définitive, sujette à corrections.

On accède à la version du jour en cliquant directement sur l'heure, ou en faisant une requête. La requête portera alors sur la séance du jour et sur celle de la veille, s'il y a lieu. Pour les commissions parlementaires, plusieurs séances peuvent être présentées dans une première version :

- 38e législature, 1re session (début le 8 mai 2007) [http ://www.assnat.qc.ca/fra/38legislature1/Debats/index/jd38l1se.html]

- 37e législature, 2e session (14 mars 2006 – 21 février 2007) [http ://www.assnat.qc.ca/fra/37legislature2/Debats/index/contenu.html]

- 37e législature, 1re session (4 juin 2003 – 10 mars 2006) [http ://www.assnat.qc.ca/fra/37legislature1/Debats/index/contenu.html]

- 36e législature, 2e session (22 mars 2001 – 12 mars 2003) [http ://www.assnat.qc.ca/fra/Publications/debats/index/jd3612se.html]

- Etc.

Il y a deux façons d'accéder au texte : en sélectionnant directement la séance désirée, on accède à la table des matières du *Journal des débats* de cette séance. La grosseur des fichiers oblige la fragmentation d'une séance en demi-heures. La deuxième façon est de faire une requête en utilisant l'outil de recherche.

Se tenir à jour dans les travaux de l'Assemblée nationale

A) L'idéal est d'utiliser la page d'accueil du site Web de l'Assemblée nationale où l'on pourra trouver l'information ou les pistes pertinentes [http ://www.assnat.qc.ca]. Utilisez le «Guide de recherche» de la rubrique «Recherche». Pour prendre connaissance des travaux en cours, choisissez Travaux parlementaires : à cet endroit vous pourrez obtenir :

– le calendrier des travaux projetés pour la journée (lieux et heures de séance des commissions, des plénières, événements spéciaux, etc.) ;

– les Débats de l'Assemblée comme ceux des commissions parlementaires ;

– le texte des rapports des commissions à l'Assemblée suite à l'étude d'un projet de loi ;

– depuis 1998, le texte de certains mémoires présentés par le public aux commissions parlementaires ;

– le texte des projets de loi en première lecture ;

– l'état des projets de loi par numéro. On peut suivre le détail des étapes de la 1re lecture à l'entrée en vigueur. Seul point noir : les textes sanctionnés ne sont plus sur ce site. On doit les obtenir des Publications du Québec d'où il est possible, toutefois, de les télécharger gratuitement depuis janvier 1999.

B) Il est bon de noter que le principal travail de fond s'effectue en commission parlementaire. Il faut suivre les travaux correspondant au domaine de la loi qui nous intéresse. On peut le faire à la télévision ou sur Internet en direct. Pour mémoire, nous indiquons les **principales commissions permanentes** ainsi que leur domaine de compétence et la date du début de la couverture sur Internet. Toutes les commissions s'occupent des questions suivantes : étude détaillée des projets de loi, consultations générales ou particulières, étude des crédits budgétaires, vérifications des engagements financiers, interpellations.

– *Commission de l'administration publique [CAP]* : a comme fonction de vérifier les engagements financiers des ministères et de certains organismes publics, d'entendre, chaque année, le Vérificateur général sur son rapport annuel et d'entendre, en vertu de la *Loi sur l'imputabilité des sous-ministres et des dirigeants d'organismes publics*, au moins une fois par année, les ministres, si ceux-ci le jugent opportun, et selon le cas, les sous-ministres ou les dirigeants d'organismes publics, afin de discuter de leur gestion administrative et, le cas échéant, de toute autre matière de nature administrative relevant de ces ministères ou organismes qui a été signalée dans un rapport du Vérificateur général ou du Protecteur du citoyen (sur Internet à compter du 10 avril 1997).

– *Commission des institutions [CI]* : présidence du Conseil exécutif, justice, sécurité publique, relations intergouvernementales et constitution (sur Internet à compter du 19 mars 1996).

– *Commission des finances publiques [CFP]* (s'appelait avant le 10 avril 1997 la Commission du budget et de l'administration) : finance, budget, comptes publics, administration du gouvernement, fonction publique, services et approvisionnement (sur Internet à compter du 10 avril 1997).

– *Commission des affaires sociales [CAS]* : famille, santé, services sociaux et communautaires, condition féminine et sécurité du revenu (sur Internet à compter du 8 février 1996).

– *Commission de l'économie et du travail [CET]* : industrie, commerce, tourisme, travail, science, technologie, énergie et ressources et main-d'oeuvre (sur Internet à compter du 2 avril 1996).

– *Commission de l'agriculture, des pêcheries et de l'alimentation [CAPA]* : agriculture, pêcheries et alimentation (sur Internet à compter du 27 mars 1996).

– *Commission de l'aménagement du territoire [CAT]* (Commission regroupant une partie des compétences de l'ancienne Commission de l'aménagement et des équipements) : collectivités locales, aménagement, habitation, loisirs (sur Internet à compter du 16 avril 1996).

– *Commission de l'éducation [CE]* : éducation, formation professionnelle et protection du consommateur (sur Internet à compter du 28 mars 1996).

– *Commission de la culture [CC]* : culture, communication, communautés culturelles, immigration et relations avec les citoyens (sur Internet à compter du 16 avril 1996).

– *Commission des transports et de l'environnement [CTE]* (Commission regroupant une partie des compétences de l'ancienne Commission de l'aménagement et des équipements) : transports, travaux publics, environnement et faune (sur Internet à compter du 10 avril 1997).

– Il existe également une *Commission de l'Assemblée nationale [CAN]* (sur Internet à compter du 24 octobre 1996).

C) Pour repérer les débats relatifs à une loi donnée, il faut absolument utiliser le numéro du projet de loi et non celui du chapitre. Consulter la section «Projets de loi publics» de l'index.

3.4.2.1 *Outils papier*

Nous avons déjà proposé une définition et présenté des catégories de documents parlementaires (par. 2.5.2). Rappelons ce qu'on trouve dans les *Procès-verbaux de l'Assemblée nationale* :

– les proclamations de convocation de la session ;

– un résumé des travaux de session (Dates d'ouverture, de prorogation ou de clôture de la session, nombre de séances, nombre de documents déposés, nombre de projets de loi présentés et nombre de lois sanctionnées, nombre d'avis de questions et de motions) ;

– les procès-verbaux quotidiens (Le premier procès-verbal fournit en annexe une liste des ministres et des fonctionnaires tenus de présenter des rapports ou des comptes rendus périodiques à l'Assemblée) ;

– un précis des décisions rendues par le Président ;

– une liste des membres du Conseil exécutif et des adjoints parlementaires ;

– une liste des circonscriptions électorales ;

– une liste des membres de l'Assemblée nationale ;

– un index.

Repérage dans les débats de l'Assemblée nationale

Consulter l'index de la période concernée. Certains index couvrent plus d'un an. Les renvois réfèrent au journal principal ou aux Commissions. Rappelons que les débats n'existent que depuis 1963. (Reconstitution en cours).

4
LÉGISLATION FÉDÉRALE

4.1 <u>FORMES DE LA PUBLICATION</u>

4.1.1 Présentation des outils électroniques

A) <u>Site du ministère de la Justice du Canada</u>

Sur Internet, le ministère de la Justice du Canada offre une collection de lois codifiées, c'est-à-dire les lois générales et permanentes mises à jour ou consolidées avec les modifications qu'on leur a apportées.

On trouve également un équivalent du volume annuel des Lois depuis 1995. Si on ne connaît pas le numéro précis du chapitre, on peut faire afficher les titres des lois. On peut utiliser la fonction «recherche» pour trouver un terme. <u>La recherche se fait par année seulement.</u>

Par exemple, à partir du site du ministère de la Justice du Canada, section des lois. Par <u>titres</u>, on peut utiliser divers niveaux d'expansion du plan et du texte d'une loi (jusqu'à neuf). Plus le niveau est élevé, plus l'information est précise. Par <u>mots-clés</u>, il est possible de combiner des mots pour ensuite les repérer dans l'ensemble des lois. Prenons l'exemple des jeunes contrevenants, dont on veut connaître les occurrences dans n'importe quelle loi. La première étape consistera à demander «jeunes et contrevenants».

B) <u>Site du Parlement du Canada</u>

Ce site offre les lois aux différentes étapes de l'adoption (1re lecture, sanctionnées, etc.).

C) LexisNexis, Quicklaw

En bases de données, Quicklaw offre une consolidation des L.R.C. à jour. Quicklaw s'est affranchi des retards gouvernementaux et procède maintenant à la mise à jour quotidienne des lois fédérales. Lexis-Nexis offre également une collection des lois du Canada.

Le chercheur dispose de deux options, i) version globale permettant de voir la loi à l'écran, d'imprimer ou de télécharger et ii) version par articles, où chaque article constitue un document distinct.

D) CanLII

CanLII offre le texte des lois fédérales consolidées et de certaines lois annuelles générales.

E) Accès Légal

On trouve chez ce serveur le texte des lois codifiées et annuelles mis à jour avec les numéros les plus récents de la *Gazette du Canada, Partie III*.

4.1.2 Présentation des outils papier

A) Présentation et composition des *Lois révisées du Canada 1985* (L.R.C.)

Les *Lois révisées du Canada 1985*, à jour au 31 décembre 1984, offrent une compilation officielle (8 volumes) des lois fédérales d'un caractère général et permanent en vigueur le 31 décembre 1984. La nomenclature, alphabétique, repose sur les titres des lois en anglais. Pour tenir compte du délai entre la date d'arrêt des travaux de la refonte (31 décembre 1984) et la date d'entrée en vigueur des *Lois révisées* (12 décembre 1988), on a publié des Suppléments[37] qui comprennent les modifications aux *Lois révisées* et les lois nouvelles adoptées entre le 1er janvier 1985 et le 12 décembre 1988. Dans chaque volume on trouve une table des matières de toute la

---

37. Cette période est couverte par les 1er, 2e, 3e et 4e suppléments. Le 5e supplément contient la *Loi de l'impôt sur le revenu*.

refonte. On retrouve l'histoire législative d'un article au bas de celui-ci.

Selon l'article 9 de la *Loi sur les Lois révisées du Canada (1985)*, L.R.C. (1985), c. 40 3e suppl., les lois peuvent être désignées de la façon suivante : «L.R.C. (1985), ch. ....» ou «L.R. ch. ...» suivi de l'indication du numéro. L'article ne précise pas de mode pour le support électronique ; comme cette dernière édition n'est pas officielle, on est toujours censé citer l'édition reliée.

Un volume *Appendices* comprend un tableau des textes abrogés qui permet de déterminer si les dispositions ont été omises, abrogées ou refondues et, le cas échéant, l'endroit où elles ont été incluses.

Le volume *Appendices* comprend également des lois et documents constitutionnels (App. II, notamment toutes les versions et modifications des constitutions canadiennes). La refonte comporte un index distinct en français et en anglais.

Plusieurs outils de recherche complémentaires accompagnent la refonte, dont :

- Tableau des abrogations.

- Table de concordance générale (cette table a pour but d'indiquer le sort de chacune des dispositions législatives des *Statuts révisés du Canada de 1970* et de tous les chapitres des lois adoptées depuis 1971 jusqu'à la date de la dernière mise à jour. La table indique la nouvelle numérotation par rapport au texte d'origine, les numéros des articles où sont intégrées les dispositions modifiantes, les dispositions qui ont été omises, les dispositions abrogées, les dispositions qui ont été remplacées.

- Table alphabétique des matières (elle se retrouve dans chaque volume de la refonte ; la collection sur feuilles mobiles en fournit une version mise à jour). Il s'agit de l'énumération par ordre alphabétique d'intitulés des lois contenues dans tous les recueils de la refonte.

- Index analytique.

Il existe au fédéral un mécanisme pour la mise à jour et une refonte permanente est envisagée[38]. Voir la *Loi sur la révision des lois*. Déjà, depuis l'entrée en vigueur des S.R.C. 1970, les articles intercalés portent une numérotation décimale. Toutefois, le mécanisme n'a pas été utilisé encore pour établir une refonte permanente. La révision de 1985 s'est faite en vertu de la *Loi sur les Lois révisées du Canada (1985),* [L.R.C. (1985), c. 40 (3e suppl.)] et n'innove aucunement au plan de la permanence.

Comme au Québec, des textes non en vigueur peuvent s'y trouver, mais mention en est faite, le cas échéant. Lors de l'entrée en vigueur d'une nouvelle révision, le principal problème consiste à établir la concordance entre le corpus actuel et la nouvelle révision. On consultera à cette fin la table de concordance accompagnant la refonte ou encore les nombreuses éditions privées des lois les plus populaires.

B) *Lois annuelles du Canada*

Depuis 1975, la *Gazette du Canada, Partie III* publie les lois fédérales sanctionnées, avec un numéro de chapitre permanent.

C) *Gazette du Canada, Partie III*

À la fin d'une session, les lois sont alors réunies dans un recueil, qui couvre souvent plus d'une année vu l'usage de le faire coïncider avec la durée des sessions parlementaires. L'Imprimeur de la Reine publie en feuillets les lois sanctionnées et leur attribue un numéro de chapitre, comme au Québec. La version Web de la *Gazette du Canada* est officielle depuis le 1er avril 2003. Plus précisément, il s'agit du format PDF. Les premiers numéros officiels sont publiés le 5 avril 2003 pour la Partie I, le 9 avril 2003 pour la Partie II et le 14 mai 2003 pour la Partie III [http ://canadagazette.gc.ca/index-f.html]. Depuis 1984, il y a concordance entre l'année et le contenu du volume qui reprend donc toutes les lois sanctionnées entre le 1er janvier et le 31 décembre.

---

38. *Les Lois révisées du Canada* (1985) constituent la sixième refonte depuis la confédération. Voici les dates des précédentes éditions : 1886, 1906, 1927, 1952 et 1970. Pour avoir une idée des codifications et index antérieurs à la confédération, voir J.-C. BONENFANT, «Promenade à travers nos vieux statuts», (1955) 2 *C. de D.* 5, et les ouvrages qui y sont cités.

Le recueil comprend un tableau des lois et de leurs modifications, présentées cumulativement.

Il existe aussi des codifications administratives publiées par l'Imprimeur de la Reine ou par des éditeurs privés. Elles n'ont pas de valeur juridique officielle mais rendent service en étant souvent plus à jour que les textes officiels ou, encore, en fournissant des outils de recherche supplémentaires (par exemple, le texte de certains règlements d'application). Ces codifications sont bilingues. Elles comprennent souvent le texte d'une ou plusieurs lois et d'un ou plusieurs règlements d'application et sont parfois publiées sous forme de microfiches. Leur nombre a considérablement diminué, étant donné les outils électroniques disponibles.

Rappelons que les mêmes concepts documentaires (refonte, lois annuelles) se retrouvent sur les différents supports, mais qu'il n'y a pas toujours de concordance pour tous les concepts. Par exemple :

- la codification des lois offertes sur Internet ne correspond pas exactement à la refonte officielle en termes de dates ;

- à l'inverse, certains produits offerts en format électronique n'ont aucune contrepartie dans l'univers papier ; c'est le cas de LegisInfo, par exemple.

4.2 REPÉRAGE DES LOIS

Étant donné l'abondance des serveurs offrant une information comparable, nous les regroupons dans notre démarche, sauf à noter quelques différences.

4.2.1 Repérage d'une loi révisée

Nous incluons les lois consolidées dans cette approche.

4.2.1.1 *Outils électroniques*

On peut utiliser l'une ou l'autre des ressources suivantes pour trouver les textes :

- CanLII
- Site du ministère de la Justice du Canada
- Quicklaw et LexisNexis
- Accès Légal

4.2.1.2 *Outils papier*

Lorsque le titre d'une loi est connu, on peut trouver la référence en consultant le *Tableau des lois d'intérêt public* le plus récent possible. Ce tableau présente les lois (modifiées ou non) en ordre alphabétique de titres. Il permet également de retrouver les lois adoptées depuis l'entrée en vigueur de la révision officielle; ces dernières, toutefois, ne possèdent pas de nomenclature alphanumérique.

S'il est certain que la loi se trouve dans les *Lois révisées 1985*, il est possible de chercher directement dans les volumes de la refonte, en tenant compte de l'ordre alphabétique anglais des titres de lois.

Si le titre est inconnu, il vaut mieux s'en remettre aux versions électroniques.

4.2.2 Repérage d'une loi annuelle

4.2.2.1 *Outils électroniques*

On peut utiliser les mêmes outils que pour les versions consolidées (CanLII, LexisNexis, etc., cf. § 4.2.1.1).

Dans certains cas, les lois annuelles sont intégrées dans les listes alphabétiques et alors, on n'a même pas besoin de savoir s'il s'agit d'une loi révisée ou annuelle. Certains serveurs (ex. Ministère de la Justice) offrent un accès électronique au volume annuel des lois (depuis 1995).

4.2.2.2 *Outils papier*

A) Lois annuelles du Canada

Consulter tout d'abord le *Tableau des lois d'intérêt public* le plus récent possible. Le Tableau présente les lois (refondues et nouvelles, modifiées ou non) en ordre alphabétique de titres.

Compléter par la consultation des lois sanctionnées postérieures à la date mentionnée sur le *Tableau des lois d'intérêt public*.

B) *Gazette du Canada, Partie III*

Voir les numéros de la *Gazette du Canada, Partie III*. La *Gazette du Canada* présente les lois sanctionnées en ordre des chapitres de l'éventuel recueil annuel des lois.

4.2.3 Difficultés particulières

A) Titres populaires des lois

Le nom que porte une loi dans l'actualité n'a rien à voir avec sa référence officielle précise dans les recueils. De plus, on ne trouvera rien si on cherche une loi sous le nom du ministre qui l'a parrainée en chambre, même si elle est couramment identifiée du nom de ce parrain. Il n'existe pas d'index des appellations populaires. On peut toutefois consulter l'index des Débats de la Chambre des Communes, au nom du ministre ou du député qui a présenté le projet.

B) Concordance entre les numéros des projets et des chapitres

Au fédéral, dès la sanction, on attribue à la loi le numéro de chapitre qu'elle portera dans le recueil sessionnel. Ce numéro apparaît déjà dans les Débats de la Chambre des Communes lors de la mention de la sanction royale et il est utilisé dans la *Gazette du Canada, Partie III*. La table des matières de cette *Gazette* comprend une concordance pour les lois contenues dans un numéro de la *Gazette*. Il en va de même sur le site Web du ministère de la Justice

C) Désignation par année de règne du Souverain

S'il arrivait que l'on utilise la désignation régnale, on pourrait facilement faire la concordance avec l'année civile, en utilisant le tableau québécois fourni avec l'Annexe A de la *Loi d'interprétation*, L.R.Q., c. I-16[39].

Rappelons qu'au fédéral, la désignation régnale, pour se faire plus rare, n'en est pas moins encore permise : « ... les lois peuvent être désignées par le numéro de chapitre qui leur est attribué dans le recueil des Lois révisées ou dans le recueil des lois de l'année ou de l'année du règne où elles ont été édictées, ou par leur titre intégral ou abrégé, avec ou sans mention de leur numéro de chapitre... », *Loi d'interprétation*, L.R.C. (1985), c. I-21, art. 40 (1)a). Depuis 1984, on utilise principalement la désignation par l'année civile.

D) Législation ancienne

Pour trouver la législation ancienne, sous Union (18411867), consulter :

1er *Statut de la Province du Canada*, 1841/42-1866 (volumes sessionnels)[40] ;

2e *Statuts refondus du Canada*, 1859 (refonte des lois du Canada-Uni).

E) Lois non comprises dans la révision

En vertu de la *Loi sur les Lois révisées du Canada (1985)*, L.R.C. (1985), c. 40 (3e suppl.), la Commission de révision des Lois n'inclut dans la révision que les lois publiques générales du Canada. On n'y trouvera donc pas les lois à caractère privé et transitoire (ou : moins importants).

Pour être refondues, les lois doivent être en vigueur et à caractère général et permanent. Pour savoir si une loi a été omise de la refonte, on consulte le *Tableau des lois d'intérêt public.*

---

39. Voir *supra*, 3.2.4 – **Difficultés particulières**, C) Désignation par année de règne du Souverain.
40. La province du Canada comprenait alors le Haut-Canada et le Bas-Canada.

F) Lois d'intérêt public

Certaines lois non révisées apparaissent quand même au *Tableau des lois d'intérêt public* (pages bleues), en fonction de leur portée ou de leur intérêt. On trouve des lois relatives à des accords internationaux, des frontières, des traités de paix, des territoires fédéraux, des chemins de fer, des ports, des ressources, etc.

G) Lois d'intérêt privé

Ces lois n'intéressent habituellement qu'un groupe restreint de personnes. On doit cependant les connaître, car ce sont des lois publiques d'intérêt privé. Toutes les lois sont publiques, d'une certaine manière, puisqu'il en est pris judiciairement connaissance, en vertu de la *Loi sur la preuve du Canada*.

– Pour les retrouver, consulter le *Tableau des lois d'intérêt local ou privé* le plus récent. Préparé par la Commission de révision des lois, il comprend toutes les lois privées adoptées depuis la Confédération à l'exception de celles traitant de divorces. Il conserve une mention même si les lois ont été abrogées. On peut compléter en consultant les volumes annuels subséquents des lois fédérales et les numéros ultérieurs de la *Gazette du Canada, Partie III*.

– On trouve également ce tableau sur Internet [http ://www. Canada.justice.gc.ca] dans la section «Lois du Canada».

Note : Pour repérer les anciennes lois privées accordant le divorce, on peut encore consulter *Index, local and private acts, Dominion of Canada, 1867-1941*, Ottawa : King's Printer, 1942 et son supplément publié en 1955.

4.3 ENTRÉE EN VIGUEUR ET MODIFICATIONS

4.3.1 Repérage des dates d'entrée en vigueur

Il faut généralement consulter le dernier article de loi afin de connaître le mécanisme prévu pour l'entrée en vigueur de la loi. S'il n'y a aucun mécanisme prévu, la loi entre en vigueur le jour de la sanction, (contrairement au Québec où c'est trente jours plus tard), en vertu des articles 5(1) et 6(2) de la *Loi d'interprétation*, L.R.C.

(1985), c. I-21. La loi emploie l'expression «à zéro heure à la date de sa sanction au nom de sa Majesté».

4.3.1.1 *Outils électroniques*

Curieusement, on ne trouve pas d'outil électronique particulier pour les dates d'entrée en vigueur. En effet, il n'est pas possible de repérer les dates d'entrée en vigueur spécifiques bien que les lois disponibles soient pour la plupart effectivement en vigueur.

Le *Tableau des Lois d'intérêt public* se trouve sur Internet [http ://laws.justice.gc.ca/fr/publois/index.html]. Il donne des informations sur les dates connues d'entrée en vigueur des lois annuelles.

Pour les textes récents, consulter les décrets fédéraux (disponibles depuis le 9 août 1998) [http ://canada.gc.ca/howgoc/oic/oiclist_f.html]. C'est à LEGISinfo que revient la tâche de fournir commodément ces dates au fur et à mesure qu'elles sont connues.

LEGISinfo [http ://www.parl.gc.ca/LEGISINFO/index. asp?Language=F] énumère les différentes étapes de l'étude des projets de loi dont la Chambre est saisie : projets de loi émanant du gouvernement, projets de loi publiés émanant des députés, projets de loi privés et, de façon spécifique, projets de loi dont les comités sont saisis. Il fournit l'historique des projets de loi du Parlement fédéral du dépôt en première lecture jusqu'à la sanction royale.

4.3.1.2 *Outils papier*

A) *Lois révisées du Canada, 1985*

Les lois contenues dans les L.R.C. 1985 sont en vigueur depuis le 12 décembre 1988 [C.P. 1988-2567 du 10 novembre 1988 (1988) 122 *Gaz. Can II* 4896], à titre de remplacement des lois anciennes, conformément à la *Loi sur les Lois révisées du Canada*, L.R.C. (1985), c. 40 (3e suppl.).

B) **Lois annuelles**

Un mécanisme des plus fréquents utilisé au fédéral est celui de l'entrée en vigueur par décret du gouvernement en l'absence de référence. La date est alors fixée par l'exécutif fédéral dans le décret d'entrée en vigueur.

Ces décrets sont publiés dans la *Gazette du Canada, Partie II* où il est cependant impossible de les retrouver regroupés sous une rubrique «proclamations». Toutefois, on peut retrouver une mention relative à l'entrée en vigueur en cherchant par titres de lois à l'un des endroits suivants; aucun de ces instruments n'étant conçu à cette fin exclusive :

– Le *Tableau des lois d'intérêt public.* À la fin des modifications, on trouve une liste des entrées en vigueur (EEV) et des mentions quant aux lois ou articles non en vigueur. On ne donne pas la page de la *Gazette du Canada, Partie II* où se trouve effectivement le décret mais, en revanche, on donne la date de l'entrée en vigueur.

– L'*Index codifié des textes réglementaires* publié trimestriellement avec la *Gazette du Canada, Partie II.* Il est cumulatif depuis le 1er janvier 1955. Sous les lois pertinentes on trouve diverses formulations pour retrouver la même information, «décrets d'entrée en vigueur», «entrée en vigueur de la loi», «certains articles en vigueur», «en vigueur le», «proclamé en vigueur», «articles 1 à 5 proclamés en vigueur». Cette multiplicité d'appellations nuit considérablement au travail de recherche et constitue une source d'erreur. On donne ici la page de la *Gazette du Canada, Partie II* où l'on pourra retrouver le décret, mais on n'en donne pas directement la date.

– Le volume annuel des *Lois du Canada* fournit une liste, pour l'année couverte, des décrets d'entrée en vigueur des lois.

– Pour les lois récentes, enfin, chaque numéro de la *Gazette du Canada, Partie III* donne, à la fin, une simple liste des décrets émis depuis le dernier numéro (donc : non cumulatif), avec les dates et le renvoi à la page de la publication dans la Partie II. Au-delà du dernier numéro, pour les décrets récents, il est prudent de vérifier auprès du bureau du Greffier du Conseil privé ou encore sur Internet où les décrets sont disponibles depuis le 9 août 1998 [http ://canada.gc.ca/howgoc/oic/oiclist_f.html].

Rappelons que ces outils demeurent pertinents pour retrouver la date d'entrée en vigueur «originelle» d'une loi, c'est-à-dire d'une loi annuelle par la suite refondue. Comme les L.R.C. ne mentionnent pas ces dates, on droit remonter à la loi annuelle.

Prenons l'exemple (fictif) d'une loi de 1978, c. 22, refondue dans les L.R.C. 1985, comme chapitre P-8. Pour retrouver la date d'entrée en vigueur initiale, il faudra trouver le chapitre 22 des lois de 1978 et travailler à partir des informations qu'on y trouve.

4.3.2 Repérage des modifications

4.3.2.1 *Outils électroniques*

Les versions électroniques consolidées des lois intègrent les modifications apportées au texte. Le *Tableau des Lois d'intérêt public* s'y trouve également [http ://laws.justice.gc.ca/fr/publois/index.html]. Voir pour les descriptions, le §4.1.1.

4.3.2.2 *Outils papier*

A) *Lois annuelles du Canada*

Pour trouver les modifications apportées aux lois fédérales révisées de 1985 et aux lois sessionnelles ultérieures, consulter le *Tableau des lois d'intérêt public* le plus récent; ce tableau est habituellement mis à jour deux fois par année à des dates irrégulières.

Les modifications se présentent en ordre alphabétique des titres de lois. Le tableau indique l'article précis de la loi qui modifie le texte qui nous intéresse. Les lois annuelles sont intégrées au tableau.

B) *Gazette du Canada, Partie III*

On complète la démarche par la consultation des lois sanctionnées depuis la date des pages bleues; rappel : ces lois sont publiées dans la *Gazette du Canada, Partie III*.

4.4 PROJETS DE LOI
ET TRAVAUX PARLEMENTAIRES

Aucune recherche ne saurait être complète sans la prise en compte des projets de loi présentés au Parlement et de leur complément nécessaire, les travaux parlementaires.

4.4.1 Repérage des projets de loi

4.4.1.1 *Outils électroniques*

LEGISinfo [http ://www.parl.gc.ca/LEGISINFO/index. asp?Lang=F] est un nouveau site (2003) sur les projets de loi examinés par le Parlement. Produit par la Bibliothèque du Parlement, il donne accès à tous les renseignements nécessaires à une bonne intelligence du contexte et du cheminement des projets :

- les textes des projets de loi aux diverses étapes du processus d'adoption ;

- les Communiqués de presse et les Documents d'information du gouvernement (s'il y a lieu) ;

- les Résumés législatifs, lorsqu'ils existent ;

- les interventions importantes à l'étape de la deuxième lecture ;

- les votes ;

- les entrées en vigueur.

LEGISinfo améliore grandement la recherche. On devait auparavant naviguer sur plusieurs sites pour retrouver ces informations. La démarche longue demeure valable pour les projets antérieurs à janvier 2001. Le moteur de recherche permet de trouver un projet de loi par son numéro ou des mots contenus dans le titre.

Même si quelques serveurs et producteurs de bases de données offrent un accès aux projets de loi, CanLII ne couvre pas cet aspect pour le moment.

Rien ne surpasse l'utilisation de LEGISinfo pour cette étape. LegisInfo permet de faire d'une pierre deux coups en obtenant le texte en première lecture et les commentaires aux débats. De plus, au fédéral, un projet peut émaner du Sénat : la consultation de LegisInfo couvre les deux Chambres. Pour la période antérieure à la création de LEGISinfo, on peut consulter les archives du site parlementaire (Chambre des Communes ou Sénat) jusqu'à la 2ᵉ session de la 35ᵉ législature (27 février 1996).

LEGISinfo énumère les différentes étapes de l'étude des projets de loi dont la Chambre est saisie : projets de loi émanant du gouvernement, projets de loi publiés émanant des députés, projets de loi privés et, de façon spécifique, projets de loi dont les comités sont saisis. Elle fournit l'historique des projets de loi du Parlement fédéral du dépôt en première lecture jusqu'à la sanction royale.

4.4.1.2 *Outils papier*

Consulter la pile des lois présentées à la Chambre des communes ou au Sénat. Ces lois seront fort probablement adoptées par l'autre Chambre et sanctionnées.

Il est possible de suivre les projets de loi fédéraux, avec moins de précision et de facilité, par la rubrique législative du *Canadian Current Law : législation.*

4.4.2 Travaux parlementaires

On a présenté au chapitre 2 quelques notions générales sur les documents parlementaires (cf. § 2.5.2).

Mentionnons quelques éléments supplémentaires pour faciliter la recherche :

— l'index permet de trouver un passage précis ;

— en dehors de la liste des sujets traités, l'index comprend plusieurs rubriques dont les plus importantes sont : adresse et réponse (1968 à 1983); budget; discours du Trône; ministres – déclarations; motions émanant des députés; orateurs et orateur adjoint (décisions et déclarations) (1968 à 1979); présidence, décisions et déclarations (1988 à 1993); président et président suppléant (décisions et déclarations) (1980 à

1988) ; procédure ; projets de loi ; questions de privilège ; votes par appel nominal ;

- de 1968 à 1988, les pages où des questions orales étaient posées ne différaient pas des pages normales des Débats. À compter de 1988, l'abréviation « Q.o » fut adoptée pour indiquer une question orale ;

- les déclarations des députés pour la période de 1968 à 1982, identifiées par « M. art. 43 » (Motion en vertu de l'article 43 du Règlement). À la suite de changements apportés au règlement, ces déclarations sont identifiées de 1982 à 1988 par « Déc., art. 21 » (Déclaration en vertu de l'art. 21 du Règlement) et, depuis 1988, par « Déc., art. 31 » ;

- depuis 1983, les projets de loi se retrouvent par la mention « projets de loi » alors qu'auparavant ils étaient répertoriés sous « Bills ».

4.4.2.1 *Outils électroniques*

Les Débats de la Chambre se trouvent sur Internet depuis janvier 1994 [http ://www.parl.gc.ca]. Les Débats sont disponibles le lendemain de chaque jour de séance. Les Débats des comités de la Chambre des Communes, sont disponibles depuis avril 1995.

Il faut généralement quinze jours ouvrables pour produire les témoignages des comités qui doivent passer par les différentes étapes de la transcription, de la vérification, de la traduction et de l'éditique. La production des procès-verbaux peut prendre un peu plus de temps. Le site [http ://www.parl.gc.ca] offre également une liste commode des comités et sous-comités de la Chambre des Communes et le renvoi à leurs différents travaux. Comme pour les projets de loi, il sera plus commode d'utiliser l'incomparable LEGISinfo qui renvoie aux Débats et offre même, des liens précis aux principaux discours.

Pour la période antérieure à celle couverte par LEGISinfo (2003), il y a lieu de consulter le site parlementaire et ses subdivisions (Communes/Sénat).

Débats de la Chambre :

- 39e législature, 2e session (16 octobre 2007 -)

- 39e législature, 1re session (3 avril 2006 – 14 septembre 2007)
- 38e législature, 1re session (4 octobre 2004 – 29 novembre 2005)
- 37e législature, 3e session (2 février 2004 – 23 mai 2004)
- 37e législature, 2e session (30 septembre 2002 – 12 novembre 2003)
- 37e législature, 1re session (29 janvier 2001- 16 septembre 2002)
- 36e législature, 2e session (12 octobre 1999 - 22 octobre 2000
- 36e législature, 1re session (22 septembre 1997 - 18 septembre 1999)
- 35e législature, 2e session (27 février 1996 - 27 avril 1997
- 35e législature, 1re session (17 janvier 1994 - 5 février 1996)

4.4.2.2 *Sources papier*

Il faut effectuer le repérage dans les journaux de la Chambre des communes. Encore ici, revoir les catégories de documents parlementaires (cf. § 2.5.2). Rappelons ce qu'on trouve dans les journaux de la Chambre des communes :

- une liste des membres du Conseil des ministres et des secrétaires parlementaires ;
- une liste des comités et sous-comités (permanents, spéciaux) de la Chambre ou mixtes avec le Sénat ;
- une liste des députés à la Chambre des Communes ;
- une liste des circonscriptions électorales ;
- une liste des lois sanctionnées durant la session (par dates de sanction) ;
- une liste des procès-verbaux et témoignages des comités (et sous-comités) non déposés à la Chambre ;
- un index.

Plus spécifiquement, il faut, compléter par les Débats sur papier ; consulter l'index le plus récent disponible des débats de la Chambre des communes. Les débats existent depuis 1875.

Exemple intégré d'utilisation complémentaire du projet de loi et des travaux parlementaires

Nous prendrons l'exemple d'un projet de loi dont le dépôt est annoncé dans l'actualité.

- Un journal annonce dans une édition, le dépôt de nouvelles politiques relatives à l'Internet et à la protection des renseignements personnels ainsi qu'à l'encryptage (à titre d'exemple).

- Comme il n'en donne pas le numéro du projet, on veut le retrouver via le Web parlementaire, mais le site ne donne que les numéros des projets et non leurs titres.

- Il faut alors consulter le numéro des débats de la Chambre des Communes correspondant à la date mentionnée dans le journal pour connaître le numéro du projet de loi.

- Une fois ce numéro repéré, on peut ensuite en retracer le texte.

4.4.3 Les Résumés législatifs (RL)

Rédigés par le personnel de la Direction de la recherche de la Bibliothèque du Parlement à l'intention des parlementaires, les RL expliquent le contexte des projets de loi et en font l'analyse ; ils fournissent des renseignements sur la plupart des projets de loi importants (sauf mesures fiscales, lois omnibus et courts projets de loi), y compris leur objet et leur historique, une analyse des articles importants et des commentaires des groupes de pression, des médias et d'autres sources. Au plan sémiotique, ils portent un numéro formé du préfixe LS, d'un numéro d'ordre et d'une indication de la langue (p. ex., LS-21F). En notant cet indicatif, on peut retrouver facilement le RL au moyen d'un moteur de recherche performant : il suffit d'entrer, par exemple : LS-322F. La version du projet de loi décrite dans un RL est celle qui existait à la date du RL. Pour avoir accès à cette version du projet de loi, il y a lieu de consulter la portion du site Internet qui correspond à la période de rédaction. Certains RL gardent toute leur actualité malgré que le projet soit redéposé sous un autre numéro à une session subséquente. Voici un exemple de Résumé législatif :

Projet de loi C-48 : Loi concernant les aires marines de conservation/rédaction, Luc Gagné ; Direction de la recherche parlementaire – [Ottawa] : Programme des services de dépôt, 1999, 1998. 19 p. ; 29 cm – Résumés législatifs ; LS-322F [http : //dsp-psd.pwgsc.gc.ca/dsp-psd/Pilot/LoPBdP/LS/c48-f.htm].

Les commentaires d'un projet de loi étant souvent rares et difficiles à trouver, les RL pourraient bien constituer la toute première source disponible pour l'interprétation, une fois que le projet est adopté, compte tenu de l'inutilité relative des Débats parlementaires à cette fin. Les RL existent depuis la 1re session de la 36e législature (septembre 1997). Les Résumés législatifs paraissent sur l'Internet parlementaire dans le tableau qui retrace le cheminement des projets de loi. Voir §4.4.1, **Repérage des projets de loi**. On peut également utiliser l'une ou l'autre des méthodes suivantes pour les repérer :

– Consulter la liste des recherches sur le site de la Bibliothèque du Parlement.
  [http ://www.parl.gc.ca/common/ library_prb.asp ?Language=F].
– Noter que ce site présente par domaines les Publications de la recherche parlementaire et non seulement les RL.

– Faire une recherche dans un moteur de recherche. Suggestion : inscrire « Résumé législatif » avec le descripteur demandé (ex. Résumé législatif Pêches).

– Si on a la bonne fortune de connaître le numéro du Résumé, il suffira de l'inscrire pour le retrouver (ex. LS-322F).

– Enfin, on peut obtenir une liste rétrospective / chronologique des RL.
  [http ://dsp-psd.pwgsc.gc.ca /dsp-psd / Pilot / LoPBdP /ls-f.html].

5
LÉGISLATION DES PROVINCES DE COMMON LAW ET DES TERRITOIRES

5.1 <u>INTRODUCTION</u>

Ce chapitre présente de façon synthétique et synoptique l'ensemble des démarches et des principaux outils utilisables pour les provinces de common law et pour les territoires (législation, modifications, entrées en vigueur).

A) Présentation des outils papier

La forme de publication des lois dans les provinces de common law et dans les territoires est uniforme. D'une part, on y retrouve chaque fois des recueils sessionnels ou annuels des lois, d'autre part, toutes les provinces et les territoires ont adopté un mécanisme de refonte de leur législation et on trouve donc partout des collections de «lois révisées» (Revised Statutes).

La plupart de ces lois refondues sont accompagnées d'une version sur feuilles mobiles dont la mise à jour se fait plus ou moins régulièrement d'une province à l'autre. La démarche de repérage et de mise à jour des lois est donc sensiblement la même que celle appliquée à la législation fédérale.

Pour la mise à jour et le repérage des projets de loi, on peut, bien entendu, utiliser les documents officiels des différentes assemblées législatives, dont les outils de type «Table of Public Statutes». Ces documents, quand ils existent, ne sont cependant pas toujours faciles d'accès pour le chercheur québécois. D'où l'intérêt de certains outils commerciaux dont la publication sur une base régulière permet une mise à jour à peu près satisfaisante. Ces publications couvrent soit l'activité générale de toutes les provinces et territoires (ex. les numéros «Législation» et les rubriques «Progression (sic) des projets de loi» du *Canadian Current Law*), soit la législation pancanadienne dans un domaine déterminé. Exemples : *Canadian family law guide*, D. MILLS, Ontario ; *CCH Canadian limited*, 1976 (à feuilles mobiles) ; *Canadian environmental law*, R.T. FRANSON et A.R. LUCAS (éds.), Toronto, Butterworh's, 1991 (à feuilles mobiles).

B) Présentation des outils électroniques

Toutes les provinces ne sont pas couvertes par les bases de données et pour les législations qui s'y retrouvent, la mise à jour laisse souvent à désirer.

Internet constitue un moyen de plus en plus efficace pour le repérage de la législation des autres provinces. On peut même dire que le chercheur québécois a désormais intérêt à commencer sa recherche législative par la vérification des sites pertinents. L'information y est généralement très à jour.

Globalement, on peut dire que chaque province et territoire permet l'accès aux textes législatifs via les sites de son Parlement et de son ministère de la Justice. Toutes les provinces ne sont cependant pas également «performantes». Certains sites permettent l'accès gratuit aux lois et projets de loi et proposent des outils efficaces de recherche. D'autres exigent encore une contribution financière pour l'accès aux textes officiels. Cependant, tout cela évolue rapidement et c'est la raison pour laquelle nous nous contenterons, dans ce chapitre, de donner les adresses les plus utiles (les Assemblées législatives et les ministères responsables). Le lecteur pourra ensuite vérifier *de visu* l'état du site concerné.

Rappelons également que certains sites «répertoires» se donnent pour mission de faciliter l'accès aux législations des différentes provinces. C'est le cas CanLII [http ://www.canlii.org/index_fr.html] ainsi que de la plupart des sites des facultés ou bibliothèques de droit et du site de Catherine Best «Best Guide to Canadian Legal Research» [http ://legalresearch.org]. On peut donc dire qu'Internet offre des possibilités de recherche très intéressantes et que la première démarche devrait passer par là.

Il convient cependant de souligner que l'accès aux lois via Internet demeure parcellaire. Par conséquent, les outils papier sont encore et toujours nécessaires, particulièrement lorsqu'il s'agit de trouver une loi annuelle originelle (par opposition à la version refondue). On peut faire la même remarque en ce qui concerne les projets de loi de certaines provinces.

5.2 ALBERTA

5.2.1 Repérage des lois

Il est possible de repérer les lois de l'Alberta de plusieurs façons. Indiquons d'abord que les lois de cette province se divisent en :

– lois annuelles qui se trouvent dans des recueils sessionnels – *Statutes of Alberta* [année] / S.A. [année] ; et

– en lois révisées qui se retrouvent dans les 13 volumes des *Revised Statutes of Alberta 2000* [R.S.A. 2000], dont le supplément comprend un index par sujet. Il existe également une version sur feuilles mobiles.

En ce qui concerne la recherche des lois albertaines à l'aide d'outils électroniques, nous distinguons trois sources principales :

– CanLII : la collection «Alberta» présente les lois de cette province par ordre alphabétique.

– Site de l'Éditeur officiel [http ://qp.gov.ab.ca/index.cfm] : il est possible d'accéder gratuitement aux textes complets des lois sur le site de l'Éditeur officiel en cliquant sur la rubrique «catalogue» (la mise à jour laisse cependant à désirer). Le *Alberta Gazette, Part I*, y est également disponible (à partir de 1996).

– Textes complets disponibles dans Quicklaw.

– Westlaw offre aussi les lois de l'Alberta dans sa base ALTA_ ST.

5.2.2 Repérage des proclamations

Les proclamations peuvent être trouvées à l'aide de divers outils :

– La rubrique «Table of proclaimed, Unproclaimed Acts» du plus récent recueil sessionnel des lois.

- La rubrique «Acts Proclaimed in force» dans *Alberta Gazette, Part I.*

- Site de l'Éditeur officiel sous la rubrique «Proclamations».

5.2.3 Repérage des modifications

- Vérifier la date de mise à jour de l'édition sur feuilles mobiles.

- Prendre le recueil sessionnel le plus récent : on y trouve un tableau cumulatif des modifications et abrogations ainsi que les nouvelles lois édictées depuis la refonte de 1980 (*Table of Public Statutes*).

- Vérifier les nouvelles lois sessionnelles, l'état des projets de loi et les modifications qu'ils apportent par les outils suivants :

• le «Table of Bills» du *Alberta Hansard* (dernier recueil);

• les sections «Lois promulguées», «Progression des projets de loi» et «Lois modifiées, abrogées ou proclamées en vigueur» du *Canadian Current Law : Legislation* ou le *Provincial Legislative Record* de CCH;

• la rubrique «Bills Progress Chart», de l'édition hebdomadaire du *Alberta Parliamentary Digest.*

- Vérifier les entrées en vigueur. La section «Lois modifiées abrogées ou proclamées en vigueur» du *Canadian Current Law : Legislation* ou le *Provincial Legislative Record* de CCH.

5.2.4 Repérage des projets de loi

Les projets de loi sont disponibles sur le site de l'Assemblée législative (à partir de 1989) [http ://www.assembly.ab.ca/] sous la rubrique «Bills and Amendements».

5.3 COLOMBIE-BRITANNIQUE

5.3.1 Repérage des lois

Depuis 1979, les lois de la Colombie-Britannique sont publiées dans des recueils annuels : *Statutes of British Columbia* [année] / *S.B.C.* [année].

Pour leur part, les lois révisées de cette province sont publiées en 15 volumes dans les *Revised Statutes of British Columbia 1996* [R.S.B.C. 1996]. Il existe une version sur feuilles mobiles et un index par sujet.

Trois outils permettent de trouver les lois de la Colombie-Britannique par voie électronique :

- Les lois refondues sont disponibles sur le site du Queen's Printer [http ://www.qp.gov.bc.ca/stratreg/].

- Quicklaw.

- La basque BC-ST de Westlaw.

5.3.2 Repérage des proclamations

Les proclamations peuvent être trouvées à l'aide de divers outils :

- La rubrique pertinente du *B.C. Legislative Digest*.

- La rubrique «Acts in Force» dans le *B.C. Gazette Part II*.

- La section «Lois modifiées, abrogées ou proclamées en vigueur» du *Canadian Current Law : Legislation* ou le *Provincial Legislative Record* de CCH.

5.3.3 Repérage des modifications

- Vérifier la date de mise à jour de l'édition sur feuilles mobiles.

- Prendre le recueil sessionnel le plus récent : on y trouve un tableau cumulatif des modifications et abrogations ainsi que des nouvelles lois édictées depuis la refonte de 1996 (*Table of Public Statutes*).

– Vérifier les nouvelles lois sessionnelles, l'état des projets de loi et les modifications qu'ils apportent par les outils suivants :

• le «Title Index» ou «Progress of Bills Table» du *B.C. Legislative Digest*;

• la liste cumulative des projets de loi dans la dernière édition du *Votes and Proceedings of the Legislative Assembly of B.C.*;

• les sections «Lois promulguées», «Progression des projets de loi» et «Lois modifiées, abrogées ou proclamées en vigueur» du *Canadian Current Law* : *Legislation* ou le *Provincial Legislative Record* de CCH.

– Vérifier les entrées en vigueur.

5.3.4 Repérage des projets de loi

Les projets de loi sont disponibles sur le site de l'assemblée législative à partir de 1992 [http ://www.leg.bc.ca/], sous la rubrique «Documents and Proceedings».

5.4 ÎLE-DU-PRINCE-ÉDOUARD

5.4.1 Repérage des lois

Les lois de l'Île-du-Prince-Édouard sont publiées en volumes annuels depuis 1968, les *Statutes of Prince Edward Island* [année] / *S.P.E.I.* [année].

Elles font aussi l'objet d'une révision en 3 volumes : *Revised Statutes of Prince Edward Island 1988*. Il existe également une version sur feuilles mobiles qui est mise à jour annuellement.

Il est possible de trouver les lois de cette province par voie électronique de trois façons :

– La collection «Île-du-Prince-Édouard» de CanLII présente les lois de cette province par ordre alphabétique.

- Il est possible d'accéder gratuitement aux textes complets des lois sur le site du gouvernement de l'Île-du-Prince-Édouard [http ://www.gov.pe.ca/law/statutes/].

- La base PEI-ST de Westlaw.

5.4.2 Repérage des proclamations

Les proclamations peuvent être trouvées à l'aide de divers outils :

- La rubrique «Table of Public Acts» du plus récent recueil sessionnel.

- Vérifier les numéros subséquents de la *Royal Gazette of Prince Edward Island Part I.*

- La section «Lois modifiées, abrogées ou proclamées en vigueur» du *Canadian Current Law* : *Legislation* ou le *Provincial Legislative Record* de CCH.

5.4.3 Repérage des modifications

- Vérifier la date de mise à jour de l'édition sur feuilles mobiles.

- Prendre le recueil sessionnel le plus récent : on y trouve un tableau cumulatif des modifications et abrogations ainsi que les nouvelles lois édictées depuis la refonte de 1988.

- Vérifier les nouvelles lois sessionnelles, l'état des projets de loi et les modifications qu'ils apportent par les outils suivants :

• les sections «Lois promulguées», «Progression des projets de loi» et «Lois modifiées, abrogées ou proclamées en vigueur» du *Canadian Current Law* : *Legislation* ou le *Provincial Legislative Record* de CCH.

- Vérifier les entrées en vigueur.

5.4.4 Repérage des projets de loi

Les projets de loi sont disponibles sur le site de l'assemblée législative à partir de 1997 [http ://www.assembly.pe.ca/].

5.5 MANITOBA

5.5.1 Repérage des lois

Depuis 1995, les lois du Manitoba sont publiées en volumes annuels, les *Lois du Manitoba* [année] / *L.M.* [année].

De plus, il existe une version sur feuilles mobiles de la *Codification permanente des lois du Manitoba* (+ index par loi). À partir de 1987, les lois refondues sont rééditées en version bilingue, R.S.M., 1987-90.

La recherche par voie électronique s'effectue de trois manières :

– La collection «Manitoba» de CanLII présente les lois de cette province par ordre alphabétique.

– L'accès aux lois est possible sur le site du gouvernement [http ://web2.gov.mb.ca/laws/statutes/index.fr.php].

– La base MAN-ST de Westlaw.

5.5.2 Repérage des proclamations

Les proclamations peuvent être trouvées à l'aide de diverses méthodes :

– La rubrique «Acts and Parts of Acts to come into force on Proclamations» du plus récent recueil sessionnel.

– Vérifier les numéros subséquents du *The Manitoba Gazette Part I*, sous la rubrique «Proclamation».

– La section «Lois modifiées, abrogées ou proclamées en vigueur» du *Canadian Current Law* : *Legislation* ou le *Provincial Legislative Record* de CCH.

– Vérifier les entrées en vigueur.

L'accès aux lois est possible, sur le site du gouvernement [http ://
www.gov.mb.ca/chc/statpub/free/index.html]. Il est aussi possible
d'obtenir, sur ce même site, le texte des projets de loi récents.

5.5.3 Repérage des modifications

– Vérifier la date de mise à jour de l'édition sur feuilles mobiles.

– Prendre le recueil sessionnel le plus récent : on y trouve le *List
of Statutes in Continuing Consolidation of the Statutes of Manitoba* avec les modifications et abrogations ainsi que les nouvelles
lois édictées depuis la refonte.

– Vérifier les nouvelles lois sessionnelles, l'état des projets de loi
et les modifications qu'ils apportent par les outils suivants :

• la liste des projets de loi dans la dernière édition du Votes and
Proceedings de l'Assemblée législative ;

• les sections « Lois promulguées », « Progression des projets de
loi » et « Lois modifiées, abrogées ou proclamées en vigueur » du
Canadian Current Law : *Legislation* ou le *Provincial Legislative
Record* de CCH.

5.5.4 Repérage des projets de loi

Le site de l'Assemblée législative [http ://www.gov.mb.ca/legisla-
ture/] permet d'obtenir des informations sur l'état des projets de loi
à partir de 1997, sous la rubrique « État des projets de loi ».

5.6 <u>NOUVEAU-BRUNSWICK</u>

5.6.1 Repérage des lois

Les lois du Nouveau-Brunswick sont publiées en volumes annuels
depuis 1996, les *Lois du Nouveau-Brunswick* [année] / *L.N.-B.*
[année].

Les lois révisées du Nouveau-Brunswick 1973 [L.R.N.B. 1973]
sont publiées en 6 volumes. On peut également consulter l'Index par

sujets des lois d'intérêt public et privé du N.-B. publié par Maritime Law Book.

Il est aussi possible de trouver les lois de cette province par voie électronique de 3 façons :

- Site du gouvernement de la province [http ://www.gnb.ca/0062/ acts/acts-e.asp].

- La collection «Nouveau-Brunswick» de CanLII présente les lois de cette province par ordre alphabétique.

- Elles se trouvent aussi à l'aide de la base SNB de Westlaw.

5.6.2 Repérage des proclamations

Les proclamations peuvent être trouvées à l'aide de divers outils :

- La liste des lois à entrer en vigueur pour proclamation et la liste des lois abrogées par proclamation, dans le plus récent recueil sessionnel.

- Vérifier les numéros subséquents de la *Gazette Royale du N.-B.*, sous la rubrique «Proclamations».

- La section «Lois modifiées abrogées ou proclamées en vigueur» du *Canadian Current Law : Legislation* ou le *Provincial Legis-lative Record* de CCH.

5.6.3 Repérage des modifications

- Vérifier la date de mise à jour de l'édition sur feuilles mobiles.

- Prendre le recueil sessionnel le plus récent : on y trouve le tableau cumulatif des modifications et abrogations ainsi que des nouvelles lois édictées depuis la refonte de 1973.

- Vérifier les nouvelles lois sessionnelles, l'état des projets de loi et les modifications qu'ils apportent par les outils suivants :

• «L'État des travaux» du *Hansard de l'Assemblée législative*;

- Les sections « Lois promulguées », « Progression des projets de loi » et « Lois modifiées, abrogées ou proclamées en vigueur » du *Canadian Current Law* : *Legislation* ou le *Provincial Legislative Record* de CCH.

- Vérifier les entrées en vigueur.

5.6.4 Repérage des projets de loi

Le site de l'Assemblée législative [http ://www.gnb.ca/ legis/ index.asp] permet d'obtenir l'information sur l'état des projets de loi (voir la rubrique « travaux de la chambre ») et donne également accès au texte des projets de loi à l'étape de la première lecture.

5.7 NOUVELLE-ÉCOSSE

5.7.1 Repérage des lois

Depuis 1991, les lois de la Nouvelle-Écosse sont publiées en volumes annuels, les *Statutes of Nova Scotia* [année] / *S.N.S.* [année].

Les lois révisées de la Nouvelle-Écosse sont regroupées en 12 volumes (*Revised Statutes of Nova Scotia 1989* [R.S.N.S. 1989]). Il existe également une version sur feuilles mobiles. Il n'y a pas de véritable index des lois refondues. Utiliser le *Subject Guide* avec renvois.

La recherche est facilitée par l'utilisation de quatre modes électroniques :

- Le site de l'Assemblée législative [http ://www.gov.ns.ca/legislature.legi/].

- La collection « Nouvelle-Écosse » de CanLII présente les lois de cette province par ordre alphabétique.

- La base NS-ST de Westlaw.

- *The public statutes of Nova Scotia,* un cédérom interrogeable par Folio Views Infobase, disponible chez l'éditeur gouvernemental. Il s'agit d'une version électronique des *Revised Statutes of Nova Scotia 1989* sur feuilles mobiles.

5.7.2 Repérage des proclamations

Les proclamations peuvent être trouvées à l'aide de divers outils :

- La rubrique « Proclamations » dans l'index annuel de *N.S. Gazette, Part II* et les numéros subséquents sous la même rubrique.

- La section « Lois modifiées abrogées ou proclamées en vigueur » du *Canadian Current Law : Legislation* ou le *Provincial Legislative Record* de CCH.

5.7.3 Repérage des modifications

- Vérifier la date de mise à jour de l'édition sur feuilles mobiles.

- Prendre le recueil sessionnel le plus récent : on y trouve le tableau cumulatif des modifications et abrogations ainsi que des nouvelles lois édictées depuis la refonte de 1989 (*Table of Public Statutes*).

- Vérifier les nouvelles lois sessionnelles, l'état des projets de loi et les modifications qu'ils apportent par les outils suivants :

  • *Status of Bills Report* de l'Assemblée législative ;

  • les sections « Lois promulguées », « Progression des projets de loi » et « Lois modifiées, abrogées ou proclamées en vigueur » du *Canadian Current Law : Legislation* ;

  • ou le *Provincial Legislative Record* de CCH.

- Vérifier les entrées en vigueur.

5.7.4 Repérage des projets de loi

Le site de l'Assemblée législative [http ://www.gov.ns.ca/legislature/] permet d'obtenir l'information sur l'état des projets de loi sous la rubrique « House Business ». Il fournit également le texte des projets de loi ainsi que le texte des lois annuelles à partir de l'automne 1995. On y trouve aussi l'information sur l'entrée en vigueur des lois (sous la rubrique « Proclamations »).

5.8 <u>NUNAVUT</u>

Le Nunavut n'imprime pas sa législation. Cependant, elle est rendue disponible par voie électronique.

Tout d'abord, la collection « Nunavut » de CanLII présente les lois de cette province par ordre alphabétique.

Quicklaw présente aussi les textes des lois.

De plus, le site de Législations canadiennes [http ://www.legis. ca/], à la rubrique « Lois et règlements », fournit le texte des lois. Il permet également d'accéder, sous la rubrique « Legislative Assembly of Nunavut », au texte des projets de loi à leur présentation. La *Gazette du Nunavut* est également disponible sous la rubrique « Lois et règlements », à partir d'avril 1999.

D'autre part, les projets de lois sont disponibles à l'URL [http :// www.assembly.nv.ca].

5.9 <u>ONTARIO</u>

5.9.1 Repérage des lois

Depuis 1977, l'Ontario publie ses lois en volumes annuels, les *Statutes of Ontario* [année] / *S.O.* [année].

Les lois révisées sont publiées en 13 volumes, incluant un index par sujet (*Revised Statutes of Ontario 1990* [R.S.O. 1990]). Il n'existe pas de version sur feuilles mobiles.

Le repérage électronique s'effectue de diverses façons :

- Le site Lois-en-ligne du gouvernement sous la rubrique « textes sources » ou « codification » [http ://www.e-laws.gov.on.ca/].

- La collection « Ontario » de CanLII présente les lois de cette province par ordre alphabétique.

- Les textes complets se trouvent dans Quicklaw.

- Ils sont aussi dans la base ONT-ST de Westlaw.

5.9.2 Repérage des proclamations

Les proclamations peuvent être trouvées à l'aide de diverses méthodes :

– La rubrique « Proclamations » dans les index biannuels du *Ontario Gazette*, et les numéros subséquents.

– Section « Lois modifiées, abrogées ou proclamées en vigueur » du *Canadian Current Law : Legislation* ou le *Provincial Legislative Record* de CCH ou l'*Ontario Statute Citator* (mis à jour par *Weekly Bulletin Service*).

5.9.3 Repérage des modifications

– Prendre le recueil sessionnel le plus récent : on y trouve le tableau cumulatif des modifications et abrogations ainsi que des nouvelles lois édictées depuis la refonte de 1990 (*Table of Public Statutes*) ou consulter l'*Ontario Statute Citator* (+ le *Weekly Bulletin Service*).

– Vérifier les nouvelles lois sessionnelles, l'état des projets de loi et les modifications qu'ils apportent par les outils suivants :

• la liste des projets de loi dans la dernière édition du Votes and Proceedings de l'Assemblée législative ;

• l'*Ontario Statute Citator* (le volume sur les projets de loi), mis à jour par le *Weekly Bulletin Service* ;

• les sections « Lois promulguées », « Progression des projets de loi » et « Lois modifiées, abrogées ou proclamées en vigueur » du *Canadian Current Law : Legislation* ou le *Provincial Legislative Record* de CCH ou *Carswell's Legislative Digest Service Ontario*.

• Voir aussi le site Lois-en-ligne sous les rubriques « Textes abrogés et caducs » plus « versions successives ».

– Vérifier les entrées en vigueur.

5.9.4 Repérage des projets de loi

Le site de l'Assemblée législative [http ://www.ontla.on.ca/] permet d'accéder, sous la rubrique «Projets de loi», au texte des projets de loi ainsi qu'à l'information concernant l'état des projets de loi.

5.10 SASKATCHEWAN

5.10.1 Repérage des lois

Depuis 1999, les lois de la Saskatchewan sont publiées en volumes annuels, les *Statutes of Saskatchewan* [année] / *S.S.* [année].

Les *Revised Statutes of Saskatchewan 1978* [R.S.S. 1978], sont publiés en 11 volumes incluant un index pour chaque loi. Il existe également une version sur feuilles mobiles.

Le repérage par voie électronique peut s'effectuer de quatre façons :

- Le gouvernement donne accès gratuitement aux lois et autres documents législatifs [http ://www.publications.gov.sk.ca/legis-lation.cfm]. On peut aussi consulter la *Gazette de Saskatchewan* à partir de 1994.

- La collection «Saskatchewan» de CanLII présente les lois de cette province par ordre alphabétique.

- Les textes complets se trouvent aussi dans Quicklaw.

- La base SASK_ST de Westlaw les présente également.

5.10.2 Repérage des proclamations

Les proclamations peuvent être trouvées à l'aide de diverses méthodes :

- La rubrique «Acts Proclaimed» dans la *Saskatchewan Gazette, Part I*.

- La section «Lois modifiées, abrogées ou proclamées en vigueur» du *Canadian Current Law : Legislation* ou le *Provincial Legislative Record* de CCH.

5.10.3 Repérage des modifications

- Vérifier la date de mise à jour de l'édition sur feuilles mobiles.

- Consulter *Tables of Saskatchewan* : on y trouve le tableau cumulatif des modifications et abrogations ainsi que les nouvelles lois édictées depuis la refonte de 1978 (*Table of Public Statutes*).

- Consulter le site du gouvernement «Lois abrogées».

- Vérifier les nouvelles lois sessionnelles, l'état des projets de loi et les modifications qu'ils apportent par les outils suivants :

  • la rubrique «Progress of Bills» de Votes and Proceedings de l'Assemblée législative;

  • les sections «Lois promulguées», «Progression des projets de loi» et «Lois modifiées, abrogées ou proclamées en vigueur» du *Canadian Current Law* : *Legislation* ou le *Provincial Legislative Record* de CCH.

- Vérifier les entrées en vigueur.

5.10.4 Repérage des projets de loi

- Site du Gouvernement, onglet «First Reading Bills» depuis 1977 [http ://www.publications.gov.sk.ca/legislation.cfm].

- Site de l'Assemblée législative [http ://www.legassembly.sk.ca/publications].

5.11 TERRE-NEUVE

5.11.1 Repérage des lois

Les lois de Terre-Neuve sont publiées en volumes annuels depuis 1968, les *Statutes of Newfoundland* [année] /*S.N.* [année].

Les lois révisées se retrouvent dans les 10 volumes des *Revised Statutes of Newfoundland 1990* [R.S.N. 1990]. Il n'existe pas de versions sur feuilles mobiles.

Le repérage des lois de Terre-Neuve peut s'effectuer de manière électronique. En effet trois instruments le permettent :

- La collection «Terre-Neuve et Labrador» de CanLII présente les lois de cette province en ordre alphabétique.

- Le site de l'Assemblée législative à la rubrique «Annual Statutes» [http ://www.hoa.gov.ni.ca/hoa/]. Les lois annuelles sont disponibles à partir de 1997.

- La base NFLD-ST de Westlaw.

5.11.2 Repérage des proclamations

Les proclamations peuvent être trouvées à l'aide de divers outils :

- La rubrique «Table of Acts subject to Proclamation» du plus récent recueil sessionnel des lois.

- Les numéros subséquents de la *Newfoundland Gazette, Part II* qui fournit la liste des proclamations.

- La section «Lois modifiées, abrogées ou proclamées en vigueur» du *Canadian Current Law : Legislation* ou le *Provincial Legislative Record* de CCH.

- Site de la House of Assembly. Rubrique «List of Proclamation».

5.11.3 Repérage des modifications

- Prendre le recueil sessionnel le plus récent : on y trouve le tableau cumulatif des modifications et abrogations ainsi que des nouvelles lois édictées depuis la refonte de 1990 (Table of Public Statutes).

- Vérifier les nouvelles lois sessionnelles, l'état des projets de loi et les modifications qu'ils apportent par les outils suivants :

• les sections «Lois promulguées», «Progression des projets de loi» et «Lois modifiées, abrogées ou proclamées en vigueur» *Canadian Current Law : Legislation* ou le *Provincial Legislative Record* de CCH.

– Vérifier les entrées en vigueur.

5.11.4 Repérage des projets de loi

Le site permet d'accéder aux textes des projets de loi ainsi qu'à l'information sur l'état des projets de loi à la rubrique «House Business», sous-section «Progress of Bills».

5.12 TERRITOIRES DU NORD-OUEST

5.12.1 Repérage des lois

Les lois annuelles sont réunies en recueils annuellement, les *Statutes of the Northwest Territories* [année] / *S.N.W.T.* [année].

Les lois révisées sont réunies en 4 volumes appelés *Revised Statutes of the Northwest Territories 1988* [R.S. N.W.T. 1988]. Il existe un index par sujet. Il n'y a pas de version sur feuilles mobiles.

– Les lois de ce territoire peuvent aussi être repérées de manière électronique :

– La collection «Territoires du Nord-Ouest» de CanLII présente les lois de cette province par ordre alphabétique.

– Textes complets des lois dans la banque RSNW de Quicklaw.

– La base NWT-ST de Westlaw.

5.12.2 Repérage des Proclamations

Les proclamations peuvent être trouvées à l'aide de divers outils :

– La rubrique «Table of Acts Proclaimed or Requiring Proclamation» du plus récent recueil sessionnel.

– Vérifier les numéros subséquents de la *Northwest Territories Gazette, Part II* rubrique «Proclamations».

– La section «Lois modifiées, abrogées ou proclamées en vigueur» du *Canadian Current Law : Legislation* ou le *Provincial Legislative Record* de CCH.

5.12.3 Repérage des modifications

- Prendre le recueil sessionnel le plus récent : on y trouve le tableau cumulatif des modifications et abrogations ainsi que des nouvelles lois édictées depuis la refonte de 1988 (*Table of Public Acts*).

- Consulter les numéros du *Northwest Territories Gazette, Part III* subséquents.

- Vérifier les nouvelles lois sessionnelles, l'état des projets de loi et les modifications qu'ils apportent par les outils suivants :

  • *Debates of the Legislative Assembly* ;

  • les sections «Lois promulguées», «Progression des projets de loi» et «Lois modifiées, abrogées ou proclamées en vigueur» du *Canadian Current Law : Legislation* ;

  • ou le *Provincial Legislative Record* de CCH.

- Vérifier les entrées en vigueur.

5.12.4 Repérage des projets de loi

- Site de l'Assemblée législative, onglets House Business + Bills / Legislation [http ://www.assembly.gov.nt.ca].

5.13 YUKON

5.13.1 Repérage des lois

Les lois annuelles du Yukon sont publiées annuellement dans des recueils, les *Statutes of the Yukon Territory* [année] / *S.Y.T.* [année].

Les *Revised Statutes of the Yukon Territory 2002* sont publiés en 2 volumes [R.S.Y. 2002].

Il existe une version sur feuilles mobiles sous le titre *Revised Ordinances of the Yukon Territory, 1978*.

La recherche par voie électronique s'effectue de trois manières :

- La collection « Territoire du Yukon » de CanLII présente les lois révisées de cette province par ordre alphabétique.

- Le site du Gouvernement [http.//www.gov.yk.ca/legislation].

- La base YUKON-ST de Westlaw.

5.13.2 Repérage des proclamations

Les proclamations peuvent être trouvées à l'aide de divers outils :

- La rubrique « Proclamations » dans Part I ;

- La section « Lois modifiées, abrogées ou proclamées en vigueur » du *Canadian Current Law* : *Legislation* ou le *Provincial Legislative Record* de CCH.

5.13.3 Repérage des modifications

- Prendre le recueil sessionnel le plus récent : on y trouve le tableau cumulatif des modifications et abrogations ainsi que des nouvelles lois édictées depuis la refonte de 1986 (*Table of Public Statutes*).

- Vérifier les nouvelles lois sessionnelles, l'état des projets de loi et les modifications qu'ils apportent par les outils suivants :

• Government Bills : Progress of Bills ;

• les sections « Lois promulguées », « Progression des projets de loi » et « Lois modifiées, abrogées ou proclamées en vigueur » du *Canadian Current Law* : *Legislation* ou le *Provincial Legislative Record* de CCH.

- Vérifier les entrées en vigueur.

5.13.4 Repérage des projets de loi

- Site de l'Assemblée législative : permet d'accéder aux textes des projets de loi en première lecture ainsi qu'à l'information sur l'état à la rubrique « Progress of Bills » [http ://www.gov. yk.ca/leg-assembly/bills_index.html].

6
RÉGLEMENTATION : GÉNÉRALITÉS

6.1 <u>INTRODUCTION ET TERMINOLOGIE</u>

Ce chapitre aborde le repérage de la seconde en importance des sources de droit. Rappelons que :

- le règlement est juridiquement subordonné à la loi ;

- du point de vue de la substance, en quantité et en détails, le règlement est souvent plus important que la loi.

Au fédéral, c'est la *Loi sur les textes réglementaires*[41] qui fonde le régime juridique applicable aux règlements fédéraux, tandis qu'au Québec, cette mission est attribuée à la *Loi sur les règlements*[42].

La complexité de l'Administration moderne oblige souvent le législateur à ne déterminer que les grandes lignes d'une législation tout en laissant à l'Administration le soin d'élaborer elle-même le contenu précis des normes : c'est ce qu'on appelle de la législation déléguée. Il serait impensable de ne pas tenir compte de la réglementation qui explicite la loi et, souvent, en restreint le champ d'application[43].

---

41. L.R.C. (1985), c. S-22.
42. L.R.Q., c. R-18.1.
43. Pour plus de détails sur le pouvoir réglementaire, voir le chapitre s'y rapportant dans l'un ou l'autre des ouvrages de droit administratif disponibles ; à titre d'exemples :
    - P. GARANT, *Droit administratif*, 5e éd., Cowansville, Les Éditions Yvon Blais inc., 2004.
    - P. ISSALYS et D. LEMIEUX, *L'action gouvernementale : précis de droit des institutions administratives*, 3e éd., Cowansville, Les Éditions Yvon Blais inc., 2008.

Le règlement est un acte de la branche exécutive de l'État. Il ne s'ensuit pas que tout acte de l'exécutif soit un règlement.

Il ne faut pas confondre un règlement avec l'acte du gouvernement qui lui donne une existence légale (et qui s'appelle un arrêté-en-conseil ou un décret). Le décret, c'est la façon de s'exprimer de l'exécutif. Toute décision de l'exécutif se fait par décret. Mais on comprendra qu'il ne s'agit pas toujours d'un règlement. Seul l'acte législatif du gouvernement a droit au nom de règlement.

Il s'agit là de deux notions distinctes qui peuvent ou non coexister.

Appellations multiples de l'acte réglementaire

Voici les expressions les plus employées, pour désigner un règlement :

— arrêté-en-conseil : lorsqu'il s'agit d'un arrêté du Conseil des ministres ;

— C.T. : lorsqu'il s'agit d'un arrêté du Conseil du trésor (en matières financières et aussi en ce qui touche la fonction publique) ;

— décret : acte réglementaire émanant du pouvoir exécutif ;

— ordonnance : décision d'un organisme, d'une régie, etc. ;

— règles : s'emploie surtout pour des règles de pratique des régies et commissions ;

— tarif : désigne les montants à payer pour obtenir un permis ou un droit.

Le véhicule habituel de publication des textes réglementaires est le journal officiel qu'on appelle *Gazette* tant au Québec qu'au fédéral. Ce sont de vénérables institutions, chacune avec son historique. On consultera avec intérêt pour l'histoire et des reproductions montrant leur évolution graphique et juridique :

— pour le Québec : *La Gazette officielle du Québec : 125 ans d'édition gouvernementale*, Québec, Publications du Québec, 1994, 219 p. ;

— pour le fédéral : *160 years of the Canada Gazette = 160 ans de la Gazette du Canada*, Ottawa, Gouvernement du Canada, 2001, 56 p. Disponible sur Internet [http ://canada.gc.ca/gazette/toc-f.html].

6.2 TABLEAU SOMMAIRE DES PRINCIPALES ÉTAPES DE L'ADOPTION D'UN RÈGLEMENT QUÉBÉCOIS OU FÉDÉRAL

QUÉBEC	FÉDÉRAL
Envoi de tout projet au ministre de la Justice et *examen* de sa légalité (*Loi sur les règlements*, L.R.Q., c. R-18.1, art. 4)	Envoi de tout projet au sous-ministre de la Justice et examen de sa légalité (*Loi sur les textes réglementaires*, L.R.C. (1985), c. S-22)
Publication du projet de règlement dans la *Gazette officielle du Québec, Partie 2*	
Recommandation du ministre responsable au Conseil des ministres *Adoption* au règlement par voie de décret (D.)	*Recommandation* du ministre responsable au Conseil des ministres
	Adoption du règlement par voie de décret du Conseil privé (C.P.)
	Enregistrement auprès du greffier du Conseil privé et attribution d'un numéro d'enregistrement (DORS) (DORS est l'acronyme de «décrets, ordonnance et règlements statutaires»).
Publication dans la *Gazette officielle du Québec, Partie 2*	*Publication* dans la *Gazette du Canada, Partie II*
Entrée en vigueur : 15 jours après la publication de la date de publication ou d'adoption. (*Loi sur les règlements*, L.R.Q., c. R-18.1, art. 17)	*Entrée en vigueur* : antérieure, concomitante ou postérieure à la date de publication ou d'adoption ou d'enregistrement

6.3 ENTRÉE EN VIGUEUR DES RÈGLEMENTS

6.3.1 Définition de l'entrée en vigueur

L'entrée en vigueur est la détermination du moment où le règlement commence à s'appliquer. C'est la dernière étape dans le processus de création du règlement.

6.3.2 Importance de l'entrée en vigueur

L'existence, l'impression et la publication d'un règlement ne signifient nullement que le règlement est entré en vigueur. Un règlement non en vigueur ne produit pas d'effet juridique. Un règlement peut avoir été adopté et approuvé, et donc être parfaitement valide, sans pour autant produire d'effet parce que le temps de son entrée en vigueur n'est pas encore arrivé. On doit donc pouvoir s'assurer de cela de façon certaine.

6.3.3 Mécanismes d'entrée en vigueur

Il existe plusieurs mécanismes d'entrée en vigueur qui diffèrent selon les domaines et, surtout, selon le fait que le règlement soit québécois ou fédéral. C'est souvent le dernier article du règlement qui donne la clé du mécanisme de l'entrée en vigueur : toutefois cette règle souffre beaucoup plus d'exceptions que ce n'est le cas pour la loi.

Si le règlement ne mentionne pas de date ou de mécanisme, pour l'entrée en vigueur, on s'en remettra à la loi habilitante ou, le cas échéant, à une loi générale sur les lois et les règlements. La situation diffère entre le Québec et le fédéral, nous y reviendrons aux chapitres pertinents.

6.4 MODIFICATIONS APPORTÉES AU RÈGLEMENT

L'existence d'un texte juridique ne comporte aucune garantie de perpétuité. Le règlement change beaucoup plus souvent que la loi.

6.4.1 Portée de l'expression «modifications»

Par «modifications» on entend tout changement apporté au texte du règlement qu'il soit direct ou superficiel ou radical. Cela comprend donc l'ajout ou le remplacement d'une disposition et même son abrogation

6.4.2 Mécanismes de modification

Les modifications apportées à un règlement le sont habituellement par un autre règlement. Elles peuvent l'être également par une loi[44].

6.4.3 Abrogation du règlement

L'abrogation implique la disparition totale d'une disposition par comparaison avec le remplacement qui implique une continuité avec l'ancienne disposition.

L'abrogation expresse pose un problème documentaire en ce sens qu'il n'existe pas de tableau des abrogations.

L'abrogation implicite se produit lorsque, par application d'un règlement plus récent, il est impossible de donner effet à un règlement antérieur non abrogé.

L'autorité réglementante utilise souvent, à cette fin, le mot «nonobstant», ce qui a pour effet de suspendre l'application d'un règlement sans abrogation expresse. L'effet est cependant le même.

Un règlement peut-il être abrogé par un autre règlement édicté en vertu d'une autre loi habilitante? La chose est possible, explicitement ou implicitement, à la condition d'être en présence de règlements valides, édictés en vertu de lois valides. De plus, au cas d'abrogation implicite, ils doivent évidemment porter sur le même sujet. On parle plutôt d'un conflit que d'une abrogation proprement dite.

Lors de l'abrogation d'une loi, les règlements sont automatiquement abrogés; l'article 12 de la *Loi d'interprétation*, L.R.Q., c. I-16, ne

---

44. On peut citer le cas de la loi *omnibus* qui apporterait des modifications globales à une loi et à ses règlements d'application (par exemple en introduisant une terminologie nouvelle).

mentionne pas, en effet, que les règlements sont maintenus comme s'ils étaient un droit acquis : ils disparaissent donc.

La situation est la même au fédéral, si l'on suit le même raisonnement. L'article 43 de la *Loi d'interprétation*, L.R.C. (1985), c. I-21, ne mentionne pas le cas des règlements qui «survivraient» à l'abrogation.

Si la loi est remplacée, la plupart du temps les mesures transitoires de la nouvelle loi prévoient le maintien des règlements faits sous l'ancienne loi. On ne peut donc parler, ici, d'abrogation ni d'amendement. S'il n'y a pas de mesures transitoires, on pourra se demander s'il y a abrogation implicite des règlements.

La *Loi sur les règlements*, L.R.Q., c. R-18.1 a précisé le statut du règlement par suite de remplacement en ajoutant un nouvel alinéa à l'article 13 de la *Loi d'interprétation*, L.R.Q., c. I-16 :

«Les règlements ou autres textes édictés en application de la disposition remplacée ou refondue demeurent en vigueur dans la mesure où ils sont compatibles avec les dispositions nouvelles ; les textes ainsi maintenus en vigueur sont réputés avoir été édictés en vertu de ces dernières».

Au fédéral, on a prévu la chose de façon générale. L'alinéa g) de l'article de la *Loi d'interprétation*, L.R.C. (1985), c. I-21, indique, en effet, que les règlements restent en vigueur s'ils avaient été établis d'après le nouveau texte, dans le cas de remplacement.

Si la loi habilitante est modifiée, cela n'exerce normalement pas d'influence sur les règlements, sauf bien sûr, si on retranche un pouvoir de réglementation. L'effet de l'abrogation concerne alors la partie retranchée.

Lorsqu'une nouvelle loi habilitante est adoptée, le pouvoir de réglementation qu'elle contient exprime la volonté la plus récente du Parlement. Les règlements édictés sous l'empire de cette nouvelle loi l'emporteront donc sur la réglementation existante, sans qu'il soit nécessaire d'en prévoir explicitement l'abrogation ou la modification.

L'Assemblée nationale peut désavouer par vote tout règlement ou toute disposition d'un règlement et ce désaveu équivaut à l'abrogation (*Loi sur les règlements*, L.R.Q., c. R-18.1, art. 21 et 24).

Au fédéral, il faut tenir compte de la possibilité d'abrogation par une simple résolution du Parlement lorsque la loi habilitante contient une «clause de réserve». Voir, en ce sens, les définitions de la *Loi d'interprétation fédérale*, L.R.C. (1985), c. I-21.

6.4.4 Modifications globales

On entend par modification globale une modification qui fait disparaître des dispositions incompatibles par un énoncé de portée générale, sans préciser ce qu'elle vise. Rappelons que la loi peut modifier le règlement, soit directement, soit par modification globale. Dans ce dernier cas, la modification commandée s'applique dans tous les règlements visés, mais sans qu'il soit possible de les identifier dans une table précise.

Il est rare qu'un règlement apporte lui-même une modification globale (d'ailleurs cela serait-il possible juridiquement sans une délégation législative expresse?). La modification globale contenue dans une loi, en revanche, vise toujours les règlements en général («dans toute loi, règlement... etc.»). Il est possible de repérer les modifications globales des lois, mais non des règlements.

7
RÉGLEMENTATION QUÉBÉCOISE

7.1 <u>FORMES DE LA PUBLICATION</u>

7.1.1 Présentation des outils électroniques

A) Site des Publications du Québec

Consulter les Règlements refondus du Québec à partir du site des Publications du Québec [http ://www2.publicationsduquebec. gouv.qc.ca/accueil.fr.html]. Ce site gratuit permet d'effectuer le repérage des règlements correspondant à chaque loi.

B) Quicklaw / LexisNexis

Offre une base consolidée des règlements québécois.

C) CanLII

Le portail CanLII donne accès gratuitement aux règlements québécois. Il est mis à jour régulièrement. La recherche peut s'effectuer par ordre alphabétique ou à partir du nom des lois.

D) Accès légal

Comme pour les lois, Accès Légal offre une version consolidée et très à jour des règlements québécois consolidés. On peut également consulter les numéros de la *Gazette officielle du Québec, Partie 2* pour les textes des différents décrets réglementaires.

7.1.2 Présentation des outils papier

Le règlement québécois fait l'objet de dispositions dans la *Loi sur la refonte des lois et des règlements*, L.R.Q., c. R-3 et dans la *Loi sur les règlements*, L.R.Q., c. R-18.1.

A) *Gazette officielle du Québec, Partie 2*

Les règlements sont publiés à la *Gazette officielle du Québec, Partie 2*, intitulée «Lois et règlements» et publiée tous les mercredis en vertu de la *Loi sur le ministère de la Culture et des Communications*, L.R.Q., c. N-17.1, et du *Règlement sur la Gazette officielle du Québec*, D. 3333-81 du 2 décembre 1981, (1981) 113 G.O. 2 5457.

Note : La *Gazette officielle du Québec* a été publiée sans interruption depuis 1869. À partir de 1972, on a établi une Partie 2, Lois et règlements dans le même volume toutefois. À partir de 1973, les deux parties sont publiées séparément. Il n'y a pas de Partie 3 au Québec.

Les projets de règlement doivent également être publiés dans la *Gazette officielle*, en vertu de l'article 8 de la *Loi sur les règlements*. Rappelons cependant que certains règlements ne sont pas visés par la *Loi sur les règlements* (voir *supra* c. 6, «Réglementation : généralités») et que, d'autre part, certains projets de règlements qui sont visés par cette loi, ne doivent pas faire l'objet d'une publication dans les cas prévus par l'art. 12 :

> «Un projet de règlement peut être édicté ou approuvé à l'expiration d'un délai plus court que celui qui lui est applicable ou sans avoir fait l'objet d'une publication, lorsque l'autorité qui l'édicte ou l'approuve est d'avis qu'un motif prévu par la loi en vertu de laquelle le projet peut être édicté ou approuvé ou que l'un des motifs suivants le justifie :
>
> 1e l'urgence de la situation l'impose ;
>
> 2e le projet vise à établir, modifier ou abroger des normes de nature fiscale.»

B) Collection des R.R.Q. 1981

Il n'y a pas comme pour les lois, de recueil annuel des règlements. Plusieurs règlements font, par ailleurs, l'objet de tirés à part publiés périodiquement par l'Éditeur officiel du Québec. Ces tirés à part reproduisent également les textes en intégrant les modifications apportées aux règlements.

Il existe une collection de règlements refondus (R.R.Q.). La refonte date cependant de 1981 et constitue une refonte «fermée».

Les *Règlements refondus du Québec, 1981* sont publiés en une édition reliée à jour au 31 décembre 1981. La refonte est une compilation officielle des règlements québécois en vigueur d'un caractère général et permanent, adoptés en vertu des lois en vigueur le 31 décembre 1981.

La refonte des règlements de 1981 est la première, et donc la seule, refonte des règlements à jamais avoir été faite.

Contrairement à celle des lois, elle n'est pas tenue à jour. L'article 27 de la *Loi sur la refonte des lois et des règlements*, L.R.Q., c. R-3, prévoit la continuation des «travaux nécessaires pour que les règlements puissent être refondus de nouveau à la date et selon la forme que détermine le gouvernement».

Cela veut dire qu'il n'y a pas de mécanisme permanent pour la mise à jour des R.R.Q., 1981. Vu le taux de remplacement élevé des règlements, la refonte de 1981 est partiellement caduque; d'autre part, il y a de plus en plus de règlements désignés uniquement par un numéro de décret (D), ce qui entraîne la perte graduelle de l'avantage de la nomenclature alphanumérique.

Contrairement aux lois refondues, les R.R.Q., 1981 ne comprennent pas de texte de présentation. Toutefois, puisque l'art. 29 de la *Loi sur la refonte des lois et des règlements* rend applicables aux règlements les dispositions de la loi portant sur la refonte des lois, il faut présumer que le texte «Présentation des Lois refondues» vaut pour les règlements[45].

---

45. Ce texte est publié dans le volume «Documentation» des L.R.Q.

Notons toutefois une différence importante : alors qu'à l'origine on avait prévu une refonte avec une mise à jour comme pour les lois, c'est plutôt une refonte traditionnelle et fermée qu'on a effectuée.

Les Règlements sont présentés dans l'ordre alphanumérique des lois refondues au 31 décembre 1981. Sous chaque loi, on a procédé à une numérotation continue des règlements pour les individualiser. Dans chacun des 11 volumes, on trouve une table des matières de ce volume.

Dans le but de fournir une information juridique utile, on trouve des mentions insérées au dispositif ou ajoutées à la fin du texte. Les principales sont :

– à la suite du titre du règlement, une mention de la Loi habilitante (celle en vertu de laquelle le règlement est adopté), de sa référence, et même de l'article précis en vertu duquel le règlement est adopté ;

– à la fin du texte, la référence d'origine du règlement, la liste des modifications qui y ont été apportées et la référence à la publication dans la *Gazette officielle du Québec*, le cas échéant.

Un supplément comprend les règlements établis depuis la refonte jusqu'au 1er août 1982. Il ne fait pas partie des R.R.Q., 1981. Il n'a pour but que de réécrire, en concordance avec la refonte, les règlements adoptés entre le 1er janvier et le 1er août 1982.

C) Tableau des modifications et index sommaire des Règlements refondus du Québec

Cet outil est le seul qui permet de suivre le cheminement complet des règlements refondus (ceux qui sont en vigueur au 31 décembre 1981) ainsi que tous les règlements annuels. Il est mis à jour deux fois par année, le 1er septembre et le 1er mars.

Il se divise en deux parties :

– «Tableau des modifications» dans lequel les lois du Québec sont présentées en ordre alphabétique. Sous chaque loi, nous retrouvons les règlements correspondants. Ils apparaissent aussi en ordre alphabétique, avec leur date d'adoption, leur date de publication et leur référence à la *Gazette officielle, Partie 2* ou au Supplément. Les renvois aux dispositions réglementaires modifiées se retrouvent vis-à-vis de chaque décret, arrêté ministériel ou décision du Conseil du trésor.

– «Index sommaire» est établi par ordre alphabétique des mots-clés retrouvés dans les titres de chaque règlement. Il fournit la référence au règlement trouvé soit entre crochets, s'il s'agit d'un règlement refondu, ou soit sans crochet pour tout règlement subséquent à la refonte.

En résumé, le «Tableau des modifications» et l'«Index sommaire» contiennent la liste de tous les textes réglementaires en vigueur, refondus ou non.

(Dans l'ordre alphanumérique)	R.R.Q., 1981, c.	D., A.M., C.T., etc.		*Gazette officielle*			
				Français		Anglais	
		Numéro	Date	Date	Page	Date	Page
Compagnie (Lois sur les) L.R.Q., c. C-38	C-38, r.1 p.3-697						
Avis de changement de domicile légal en vertu de la *Loi sur les compagnies* (Règlement sur les)	a.1	D-1124-87	87-07-22	87-08-12	5291	87-08-12	3139
Documents qui doivent accompagner les statuts en vertu de la partie IA de la *Loi sur les compagnies* (Règlement sur les)	[C-38, r.1.1]	D.1663-84	84-07-11	84-08-01	3809	84-08-01	3203
Droits à payer en vertu des parties IA de la *Loi sur les compagnies* (Règlement sur les)	C-38, r.2 p. 3-699						
	a.1	D.430-86	86-04-09	86-04-30	1177	86-04-30	590
	a.1	D.753-90	90-05-30	90-06-13	2183	90-06-13	1543
	a.1, 2, 3	D.1250-91	91-09-11	91-09-25	5208	91-09-25	3625
	a.3	D. 1688-92	92-11-25	92-12-09	6992	92-12-09	5084
Droits à payer en vertu des parties I, II et III de la *Loi sur les compagnies* (Règlement sur les)	C-38, r.3 p. 3-701						
	a.1,3,5,6,7,8,10,1 1,12,13,15,16,17	D.431-86	86-04-09	86-04-23	1029	86-04-23	493
	a.12	D.1124-87	97-07-22	87-08-12	5291	87-08-12	3199
	a. 3,4,5,6,7,8,9, 10,12,134,15,16, 17,18,19	D.1249-91	91-09-11	91-09-25	5206	91-09-25	3624
	a. 10	D.1687-92	92-11-25	92-12-09	6991	92-12-09	5083

LOI HABILI-TANTE

Cela signifie que l'art, 1 a été modifié à 3 reprises (en 1986, 1990 et 1991)

La référence inscrite entre crochets dans le Tableau des modifications et index sommaire des règlements refondus du Québec est une référence administrative sans valeur officielle; elle correspond à la continuation des travaux de refonte conformément à l'article 27 de la *Loi sur la refonte des lois et des règlements*, L.R.Q., c. R-3. Elle ne doit pas être utilisée ni pour repérer, ni pour citer un règlement.

7.2 REPÉRAGE DES RÈGLEMENTS

7.2.1 Démarche

7.2.1.1 *Outils électroniques*

Le repérage des règlements peut s'effectuer à l'aide de trois supports électroniques.

Premièrement, le site des Publications du Québec permet de trouver des règlements à partir de la loi correspondante. Pour chaque loi, le site indique les règlements qui y sont liés. Il est aussi possible d'utiliser les générateurs de recherche disponibles (mots-clés ou numéro du règlement).

Deuxièmement, CanLII permet l'accès à la réglementation québécoise à partir de deux méthodes. Le chercheur a accès à la recherche des règlements par ordre alphabétique. Il peut aussi trouver un règlement à partir de sa loi correspondante.

Troisièmement, Accès Légal permet d'effectuer une recherche par règlement, par article, par mot du texte et en utilisant les générateurs de recherche.

7.2.1.2 *Outils papier*

Le repérage de la réglementation québécoise à l'aide des outils papiers s'effectue de deux façons. Vous pouvez d'abord consulter le Tableau des modifications et index sommaire des Règlements refondus du Québec. La démarche varie selon que l'on connaît ou non le titre du règlement ou de la loi en vertu de laquelle il est adopté.

- **Le titre de la loi habilitante est connu** : Repérer la loi habilitante dans le Tableau [...] : les lois sont en ordre alphabétique de titres. Les règlements sont regroupés par loi ; ces règlements sont eux-mêmes classés en ordre alphabétique. Le Tableau est mis à jour deux fois par année, le 1er septembre et le 1er mars. On complète le tableau par la *Gazette officielle du Québec, Partie 2* (index cumulatif et les numéros subséquents).

- **Le titre du règlement est connu** : Consulter le Tableau [...] le plus récent, à l'index sommaire qui énumère les titres et les sujets des règlements. Cet index permet de savoir en vertu de quelle loi le règlement est adopté. Il suffit alors de retourner à la partie du Tableau concernant les lois.

– **La loi et le règlement sont inconnus** : La démarche est la même que lorsque le titre du règlement est connu.

Vous pouvez aussi consulter la *Gazette officielle, Partie 2*, dont la table des matières de chaque numéro présente les règlements qui y sont publiés.

7.2.2 Difficultés particulières

A) Concordance numéros de décrets/R.R.Q.

La refonte des règlements de 1981 a donné à tous les règlements refondus une nouvelle référence.

Si on désire connaître le numéro du règlement (antérieur à la refonte), on consulte les références données en notes à la fin des textes des R.R.Q., 1981.

En revanche, si on possède une référence à un règlement antérieur à la refonte, et qu'on veut en connaître le numéro correspondant dans la refonte, il n'existe aucune table de concordance de numéro à numéro ; il faudra procéder par la table des matières ou l'index sujet.

B) Règlements non compris dans la refonte

Les règlements, pour être refondus, doivent généralement satisfaire à trois conditions :

1er Le *règlement doit être en vigueur* le 31 décembre 1981. Il ne suffit pas qu'il ait été adopté ou même publié, il doit avoir force exécutoire.

2e La *Loi en vertu de laquelle le règlement est adopté* doit elle-même être en vigueur le 31 décembre 1981. Notons qu'il n'est pas requis que la loi habilitante ait été elle-même refondue.

3e Le règlement doit avoir un caractère général et permanent.

Sont ainsi exclus des R.R.Q., 1981 :

- les règlements temporaires ;

- les règlements locaux ;

- les règlements transitoires ;

- les règlements essentiellement modificateurs. Dans ce cas, les dispositions ont été incorporées à l'un ou l'autre des *Règlements refondus* ;

- les règlements municipaux (voir ci-dessous).

C) Les exemptions de publication

En règle générale, tous les règlements sont publiés conformément à la *Loi sur les règlements*, L.R.Q., c. R-18.1. Rappelons toutefois que cette loi exclut des règlements de son champ d'application. Quant aux décrets qui ne sont pas des règlements, ils sont parfois publiés sans le texte intégral. C'est un avis qui en tient lieu. Ces cas sont prévus par le *Règlement sur les exemptions de publication intégrale des décrets*, D. 1884-84, 16 août 1984, (1984) 116 G.O. II 4185.

Comme pour la loi, un règlement non en vigueur n'a pas d'effet et une modification équivaut à un nouveau règlement. Comme on le verra, les mécanismes d'entrée en vigueur des règlements diffèrent non seulement de ceux des lois, mais encore selon qu'il s'agit d'un texte québécois ou fédéral. Nous verrons d'abord l'entrée en vigueur, puis les modifications.

D) Règlements municipaux

Le pouvoir de réglementation des municipalités est prévu dans la législation provinciale. Plus particulièrement, il se trouve dans la *Loi sur les compétences municipales*, L.R.Q., c. C-47.1.

Avant l'adoption de la *Loi sur les compétences municipales*, les pouvoirs de réglementation des villes et villages provenaient de la *Loi sur les cités et villes*, L.R.Q., c. C-19 ou du *Code municipal*, L.R.Q., c. C-27.1.

La *Loi sur les compétences municipales* octroie le pouvoir de réglementer dans divers domaines tels que la culture, les parcs, le développement économique, l'environnement, la salubrité, les nuisances, la sécurité et le transport.

Pour tous autres aspects, on peut encore référer aux deux lois-cadres : la *Loi sur les cités et villes*, L.R.Q., c. C-19 et le *Code municipal*, L.R.Q., c. C-27.1.

De plus, les *Lois sur les communautés métropolitaines de Montréal et de Québec*, L.R.Q., c. C-37.01 et C-37.02, peuvent être pertinentes à certains égards.

Les règlements municipaux ne sont pas couverts par les *Règlements refondus*. En règle générale, ils ne font l'objet d'aucune refonte particulière non plus. Les municipalités ne sont pas obligées de codifier leurs règlements.

Pour trouver les règlements municipaux, la seule façon certaine d'en connaître l'existence et d'en obtenir copies, est de contacter les services du greffier ou du secrétaire de la municipalité ou de la communauté urbaine, qui est le «gardien» des règlements :

- *Loi sur les cités et villes*, art. 359.

- *Code municipal*, art. 199, 448.

- *Loi sur la Communauté métropolitaine de Montréal*, L.R.Q., c. C-37.01, art. 87.

- *Loi sur la Communauté métropolitaine de Québec*, L.R.Q., c. C-37.02, art. 80.

7.3 ENTRÉE EN VIGUEUR ET MODIFICATIONS

7.3.1 Repérage de la date d'entrée en vigueur

La plupart des règlements québécois entrent en vigueur 15 jours après la date de leur publication à la *Gazette officielle du Québec, Partie 2*, conformément à l'article 17 de la *Loi sur les règlements*, L.R.Q., c. R-18.1

En vertu de l'article 26 de la *Loi sur les règlements*, l'article 17 a préséance à partir du 1er septembre 1986 sur toute disposition incompatible d'une autre loi. Il rend donc caducs, dans le cas où la loi sur les règlements s'applique, les nombreux mécanismes utilisés jusqu'alors, v.g. «10 jours après la publication», «le jour de l'adoption», «le jour de la publication», «sur avis d'approbation». Il n'abroge pas, en revanche, la règle d'entrée en vigueur prévue dans le cas où le règlement est publié avant l'entrée en vigueur de la loi. Cette règle prévoit que des règlements peuvent être publiés jusqu'à 30 jours avant l'entrée en vigueur d'une loi pour entrer en vigueur à cette date[46].

Donc, pour les règlements auxquels s'applique la *Loi sur les règlements* : l'entrée en vigueur a lieu quinze jours après la publication du texte ou de l'avis d'approbation à la *Gazette officielle du Québec, Partie 2* si rien n'est indiqué au dernier article.

Note : Cette règle s'applique à partir du 1er septembre 1986.

Autres règlements :

– Consulter d'abord le dernier article du règlement ou le dernier paragraphe du décret qui l'approuve.

– Consulter ensuite la loi habilitante pour trouver le mécanisme, s'il n'est pas dans le règlement.

Lorsque ni le règlement, ni la loi ne mentionnent la date d'entrée en vigueur ou le moyen de la déterminer, il n'y a aucune règle certaine à ce sujet. Le nombre de cas où cette question se pose se fait rare mais demeure. Ce serait la date de l'approbation de l'acte, qu'il soit publié ou non, qui serait la date d'entrée en vigueur.

Réitérons le fait que la date de publication d'un règlement à la *Gazette officielle, Partie 2* se retrouve dans le *Tableau des modifications et Index* sommaire vis-à-vis le règlement.

7.3.2 Difficultés particulières

A) Entrée en vigueur des *Règlements refondus*

Il ne faut pas confondre la date d'entrée en vigueur d'un règlement annuel avec la date d'entrée en vigueur de ce même règlement, refondu. L'entrée en vigueur en bloc de la refonte désigne la date à laquelle on se référera aux règlements refondus mais n'efface pas la période antérieure où ces règlements étaient en vigueur sous leur ancienne forme.

---

46. *Loi d'interprétation*, L.R.Q., c. I-16, art. 55, 2e al. *in fine*.

Les *Règlements refondus du Québec, 1981* sont entrés en vigueur le 1er août 1982 sur proclamation (voir 1982 114 G.O. 2 2519). Cette proclamation est émise en vertu des articles 29 et 15 de la *Loi sur la refonte des lois et des règlements*, L.R.Q., c. R-3.

B) Entrée en vigueur des règlements municipaux

À moins que la loi ne prévoie une exception, les règlements entrent en vigueur et ont force de loi, s'il n'y est pas autrement prescrit, le jour de leur publication (il ne s'agit pas d'une publication à la G.O., mais par avis public, généralement dans des quotidiens régionaux) :

- *Loi sur les cités et villes*, art. 361 et 362.

- *Code municipal*, art. 450 et 451.

7.3.3 Modifications

7.3.3.1 *Outils électroniques*

CanLII et Publications du Québec : sur ces sites, les règlements sont mis à jour régulièrement. Par conséquent, les modifications sont intégrées aux textes.

7.3.3.2 *Outils papier*

A) Tableau des modifications et index sommaire des *Règlements refondus du Québec*

La méthode est la même pour les règlements refondus et les règlements annuels. Consulter le *Tableau des modifications et index* sommaire des *Règlements refondus* au Québec le plus récent.

Ce tableau contient la liste de toutes les modifications apportées à un règlement, refondu ou non.

Le Tableau fournit le moyen de déterminer si un article précis d'un texte réglementaire a été modifié par un autre. Contrairement au tableau des modifications législatives, toutefois, les modifications ne sont pas regroupées par articles modifiés ; elles sont

données en fonction des règlements modificateurs : il faut donc parcourir l'ensemble pour arriver à la certitude du sort d'un article précis.

B) *Gazette officielle du Québec, Partie 2*

Compléter par la *Gazette officielle du Québec, Partie 2* (index
cumulatif et numéros subséquents), soit la table des matières, soit
l'index. Le tableau contient une liste des articles modifiés.

8
RÉGLEMENTATION FÉDÉRALE

8.1 <u>FORMES DE LA PUBLICATION</u>

Les règlements fédéraux font l'objet de dispositions de la *Loi sur la révision des lois*, L.R.C. (1985), c. S-20 et de la *Loi sur les textes réglementaires*, L.R.C. (1985), c. S-22.

8.1.1. Présentation des outils électroniques

A) CanLII

Dans sa collection «fédérale», CanLII présente les règlements codifiés du Canada et les textes réglementaires tels les arrêtés, les avis, etc.

B) LexisNexis / Quicklaw

En base de données, Quicklaw offre une consolidation des règlements (base de données «DORS» à jour). Quicklaw procède rapidement à la mise à jour des règlements.

Le chercheur dispose de deux options : i) version globale permettant de voir l'écran, d'imprimer ou de télécharger et ii) version par articles, où chaque article constitue un document distinct.

**C) Sites du ministère de la Justice
et du Gouvernement du Canada**

Sur Internet, le ministère de la Justice du Canada offre une collection de règlements codifiés, c'est-à-dire les règlements généraux et permanents mis à jour ou consolidés avec les modifications qu'on leur a apportées [http ://laws.justice.gc.ca/fr/home].

8.1.2 Présentation des outils papier

A) *Gazette du Canada, Partie II*

Les règlements sont publiés dans la *Gazette du Canada, Partie II*.

La *Gazette du Canada* a été publiée sans interruption depuis 1866. À partir de 1947, on a établi une Partie II pour les textes réglementaires. Depuis 1975, la Partie III contient le texte des lois fédérales sanctionnées. Il existe des codifications administratives de certains règlements fédéraux.

La *Gazette du Canada, Partie II* est publiée en vertu de la *Loi sur les textes réglementaires*, L.R.C. (1985), c. S-22 au moins les deuxième et quatrième mercredis de chaque mois.

Elle constitue le «recueil des règlements» prévu à la *Loi sur les textes réglementaires*. Il n'y a pas de recueil annuel ou sessionnel distinct comme pour les lois.

Comme pour les lois, les concepts documentaires de refonte et de règlement annuel se retrouvent sur les différents supports électroniques (bases de données, cédérom, etc.). Toutefois on n'a pas toujours de concordance pour tous les concepts. Par exemple :

- il n'existe pas de volume annuel des règlements (sauf en tant que la *Gazette du Canada* constitue ce recueil) ;

- la codification des règlements offerte sur Internet ne correspond pas exactement à la refonte officielle en termes de dates ;

- certains outils n'existent qu'en version électronique.

On trouve également sur Internet la *Gazette du Canada, Partie II* [http ://Canada.gc.ca/gazette/hompar2_f.html]. Chaque numéro de la Partie II de la *Gazette du Canada* est un fichier complet PDF comprenant une table des matières et un index incluant des signets et des hyperliens. La version Internet de la Partie II de la *Gazette du Canada* est disponible depuis janvier 1998, à partir du volume 132.

B) Codification des règlements du Canada 1978

La Codification des règlements du Canada consiste en une édition reliée à jour au 31 décembre 1977. La refonte est une compilation officielle des règlements fédéraux qui sont en vigueur le 31 décembre 1977 et qui sont d'application générale.

Les règlements sont présentés dans l'ordre alphabétique anglais des lois habilitantes; on a procédé à la numérotation continue des chapitres, sans tenir compte de la nomenclature alphanumérique des lois refondues. Le tout comprend 19 volumes. La codification est désignée avec l'année 1978, (C.R.C., 1978) ce qui peut induire en erreur sur la date réelle d'arrêt des travaux. On a toutefois publié un supplément à la codification couvrant l'année 1978. Ce Supplément publié à titre de numéro spécial de la *Gazette du Canada, Partie II*, comprend les règlements publiés en 1978 qui modifient ou abrogent des règlements de la Codification. Il ne contient pas de règlements nouveaux. Les textes qu'il contient ont été corrigés pour correspondre à la Codification[47].

Pour chaque chapitre de la C.R.C. il y a une mention de la loi habilitante, mais sans la référence. On ne trouve pas, non plus, de références historiques à la fin du texte qui permettraient d'en retracer l'origine.

Un volume *Table des matières/Annexe* comprend des outils de recherche complémentaires. Mentionnons :

- *Table des matières* : cette liste reprend l'ensemble des tables des matières de chacun des volumes en donnant les titres des règlements adoptés en vertu des lois, elles-mêmes disposées

---

47. Voici le texte d'une remarque publiée avec le numéro du 12 septembre 1979 de la *Gazette du Canada, Partie II* (Ce numéro est le 17e de l'année) : «Toutes les modifications aux règlements et autres textes réglementaires publiées dans les seize premiers numéros de la Partie II de la *Gazette du Canada* de 1979 étaient accompagnées de notes donnant le titre et le numéro de l'article ou du paragraphe visé et indiquant de quelle façon est touchée la Codification lorsqu'il y a lieu. À compter du 17e numéro, tout document publié dans la Partie II de la *Gazette du Canada* qui modifie la Codification indiquera, dans le corps du texte, le numéro du chapitre visé et, s'il y a eu renumérotage, les nouveaux numéros des articles. De plus, des notes explicatives citant les modifications pertinentes de chaque article ou paragraphe modifié ou abrogé accompagneront chacune des modifications ou abrogation de règlements ou autres textes réglementaires».

en ordre alphabétique de titres français (dans les volumes, cet ordre, rappelons-le, suit l'anglais);

— *Annexe* : l'annexe consiste en une table de concordance qui permet de connaître le sort que la refonte réserve aux règlements antérieurs. Les règlements sont présentés en ordre chronologique. On peut savoir si le règlement est :

— abrogé en totalité et codifié : T
— non codifié et non abrogé : Nc/NR
— abrogé et remplacé : R/Rp
— etc. (voir la liste des abréviations au début de l'annexe).

Périodicité : des refontes des règlements fédéraux ont eu lieu en 1949, 1955 et 1977. Il existe un mécanisme de permanence dans la *Loi sur la révision des lois*, L.R.C. (1985), c. S-20. Il n'a pas encore été utilisé pour les règlements postérieurement à la Codification de 1977.

C) Index codifié des textes réglementaires

Cet outil constitue en quelque sorte une annexe de la *Gazette du Canada, Partie II*. Il présente deux tableaux :

— *Tableau des règlements et des textes réglementaires* regroupés par ordre alphabétique de titres ; sous un titre de règlement, se retrouve la loi en vertu de laquelle il fut établi.

— *Tableau des règlements et des textes réglementaires* regroupés selon les titres de loi : les lois du Canada y sont présentées en ordre alphabétique. Les règlements apparaissent aussi en ordre alphabétique sous chaque loi en vertu de laquelle ils ont été établis.

D) Index des règlements du Canada

Jusqu'à l'année 1984, la recherche de textes réglementaires fédéraux devait se faire exclusivement avec la *Gazette du Canada, Partie II* et l'*Index codifié des textes réglementaires* le plus récent qui l'accompagne. Le *Canada Regulations Index* = *Index des règlements du Canada*. – Toronto : Carswell Company Limited, s'ajoute en fournissant une information plus abondante que dans l'*Index codifié* : (i) tout d'abord, on trouve une table des matières détaillée via la mention des parties et titres (on parle d'«en-têtes internes», «traduction

boiteuse» de «internal headings») et des annexes, tableaux ou for-
mules; (ii) en second lieu, la liste des modifications précise quel article
du règlement de base se voit modifié.

8.2 REPÉRAGE D'UN RÈGLEMENT

8.2.1 Démarche

8.2.1.1 *Sources électroniques*

A) CanLII

Sur CanLII, la recherche s'effectue par ordre alphabétique des
textes réglementaires. Il est aussi possible de passer par la loi habilitante.

B) LexisNexis / Quicklaw

Sur ordinateur, on trouve une codification administrative des
textes réglementaires à jour. On peut également consulter
LexisNexis.

C) Site du ministère de la Justice

Ce site donne accès aux règlements par titre. Il est aussi possible
de consulter la version électronique de l'*Index codifié des textes réglementaires*.

8.2.1.2 *Outils papier*

Consulter l'*Index codifié des textes réglementaires* le plus récent.
Ce recueil contient la liste de tous les textes réglementaires en
vigueur, refondus ou non.

La démarche varie selon que l'on connaît ou non le titre du règlement ou de la loi en vertu de laquelle il est adopté.

A) Le titre de la loi habilitante est connu : repérer la loi habilitante dans l'Index [...] les lois sont en ordre alphabétique de titres
(tant dans la partie française que dans la partie anglaise). Les règlements

sont regroupés sous ces lois ; ces règlements sont eux-mêmes classés en ordre alphabétique.

L'Index est mis à jour trimestriellement. On le complète par les numéros de la *Gazette du Canada, Partie II* subséquents à l'Index.

Note : On pourrait utiliser directement le volume de la Codification des règlements du Canada. Il faut alors savoir qu'on a suivi l'ordre alphabétique anglais des lois pour la Codification. On peut donc y trouver les règlements cherchés en connaissant le titre anglais de la loi habilitante. Comme le dos de la reliure ne porte pas d'indication des lois contenues dans un volume, il est préférable de consulter la section II de l'*Index codifié des textes réglementaires* le plus récent.

B) Le titre du règlement est connu : consulter dans la première partie de l'*Index codifié des textes réglementaires* le plus récent, la liste alphabétique des règlements. Cette liste permet de savoir en vertu de quelle loi le règlement est adopté. Il suffit ensuite de se reporter à la deuxième partie de l'Index pour obtenir la référence précise du règlement.

Note : Il faut connaître le titre exact du règlement pour pouvoir le retrouver et, en particulier, bien connaître le premier mot qui établit l'ordre alphabétique de classement de ce tableau qui n'est pas un index alphabétique du contenu des règlements, mais plutôt une liste établie d'après les titres des règlements. Si le premier mot ne contient rien de descriptif quant au sujet étudié, il sera impossible de trouver le texte recherché.

C) La loi et le règlement sont inconnus : la démarche est la même que lorsque le titre du règlement est connu ; elle ne permet pas toujours de conclure de façon certaine.

8.2.2 Difficultés particulières

A) Règlements en voie d'être adoptés

Il arrive parfois qu'un règlement soit en voie d'être adopté sans toutefois l'être formellement. Pour connaître les éventuels projets de réglementation fédérale, on peut consulter les sites Web des différents ministères, ou, de façon centrale, le Secrétariat de la réglementation et des décrets du Conseil.

Il existe par ailleurs un *Guide du processus de réglementation* qui explique les étapes du processus et constitue un outil pour les responsables de la réglementation fédérale [http ://canada.justice. gc.ca/fr/jus/far/index.htm].

B) Double numérotation

Les décrets adoptés par le Conseil des ministres fédéral portent un numéro C.P. (Conseil privé). Ce numéro est rarement utilisé pour référer au règlement. Si le règlement est enregistré auprès du greffier du Conseil privé en vertu de la *Loi sur les textes réglementaires*, on lui attribuera un numéro spécifique de DORS (Décrets, ordonnances, règlements statutaires) ou TR (Textes réglementaires).

La *Codification des règlements du Canada* a donné à tous les règlements refondus une nouvelle référence.

Si on désire connaître le numéro (antérieur à la refonte) du règlement, il faudra consulter un *Index codifié des textes réglementaires* antérieur à 1978, car cette information n'est pas donnée sous forme de note à la fin des différents chapitres.

En revanche, si on possède une référence à un règlement antérieur à la refonte et qu'on veut connaître le numéro correspondant dans la refonte, on n'a qu'à consulter la table de concordance de numéro à numéro qui se trouve dans le volume *Table des matières/ Annexe* des C.R.C.

C) Règlements non compris dans la refonte

La *Codification des règlements du Canada*, 1978 comprend :

– les décrets, ordonnances et règlements statutaires publiés dans la Codification de 1955 ;

- les règlements, textes réglementaires et autres documents publiés dans la partie II de la *Gazette du Canada* depuis la Codification de 1955 ; et

- les règlements non publiés, avant l'entrée en vigueur de la *Loi sur les textes réglementaires*, dans la *Gazette du Canada*, mais enregistrés depuis lors par le greffier du Conseil privé en vertu de l'article 32 de ladite loi, qui étaient en vigueur au 31 décembre 1977 et qui sont d'application générale. Elle comprend aussi certains règlements non inclus dans la Codification de 1955 et certains décrets non publiés qui sont encore en vigueur et d'application générale.

Sont ainsi exclus de C.R.C., 1978 : les règlements temporaires, les règlements locaux, les règlements transitoires, et les règlements essentiellement modificateurs. (Dans ce cas les dispositions ont été incorporées à l'un ou l'autre des règlements codifiés). Enfin, les règlements périmés ou dont l'objet est accompli.

D) Les exemptions de publication

La plupart des règlements sont publiés. Comment savoir si la publication est obligatoire ou non ? La réponse se trouve essentiellement dans la *Loi sur les textes réglementaires*, L.R.C. (1985), c. S-22 (citée, dans cette section, la « loi ») et dans le *Règlement sur les textes réglementaires*, C.R.C., 1978, c. 1509 (cité dans cette section, le « règlement »).

Pour bien saisir le problème, il faut lire simultanément les dispositions suivantes :

→ **Le principe :**

- définition de « règlement » (art. 2 de la loi) ;

- l'enregistrement auprès du Conseil privé (art. 5 et 6 de la loi) ;

- la publication dans la *Gazette du Canada* (art. 10 à 12 de la loi).

→ **L'exception au principe :**

- la soustraction à l'enregistrement (art. 7 et 20 de la loi) ;

- la soustraction à la publication (art. 15 du règlement et 20 de la loi).

On peut donc avoir un règlement : enregistré et publié ou non, non enregistré et publié ou non.

Rappelons que le législateur a prévu, au paragraphe 11(2) de la *Loi sur les textes réglementaires*, qu'«aucun règlement n'est invalide du seul fait qu'il n'a pas été publié dans la *Gazette du Canada*».

L'*Index codifié des textes réglementaires* mentionne les règlements soustraits à l'enregistrement et à la publication sous chacune des lois lorsque c'est le cas.

E) Règlements fédéraux antérieurs à 1947

Avant 1940, il n'y avait aucune obligation de publier les règlements sauf si la loi le prévoyait. Les règlements assujettis à la publication l'étaient dans la *Gazette du Canada*, ou encore dans une partie préliminaire des volumes de lois statutaires, pour la période allant de 1875 à 1939. De 1940 à 1945, les règlements de guerre ont fait l'objet d'une publication distincte.

F) Absence de rétro concordance

La Codification des règlements de 1978 ne comporte aucune concordance avec les règlements antérieurs. Si l'on veut savoir quel était le règlement en vigueur avant la refonte, nous suggérons de consulter l'*Index codifié des textes réglementaires* au 31 décembre 1977. Une fois en possession de la référence au texte réglementaire en vigueur à cette date, on consulte alors la table de concordance DORS → CRC de la refonte et on obtiendra la référence au chapitre de la Codification des règlements.

8.3 ENTRÉE EN VIGUEUR ET MODIFICATIONS

8.3.1 Repérage de la date d'entrée en vigueur

8.3.1.1 *Informations générales*

La date de publication des règlements fédéraux n'est pratiquement jamais utile pour connaître la date d'entrée en vigueur. En vertu d'un système d'enregistrement au greffe du Conseil privé, c'est la date d'enregistrement qui est la date d'entrée en vigueur de la plupart des textes. Rappelons qu'un règlement peut être établi avant que la loi habilitante ne soit en vigueur en vertu de l'article 7 de la *Loi d'interprétation*, L.R.C. (1985), c. I-21; il n'est pas en vigueur pour autant.

C'est la *Loi sur les textes réglementaires*, L.R.C. (1985), c. S-22, qui indique le mécanisme d'entrée en vigueur par enregistrement. Elle prévoit également d'autres mécanismes qui varient selon la combinaison effectuée entre l'enregistrement et la publication. On peut diviser en deux principales les situations susceptibles de se présenter :

- le règlement est enregistré (qu'il soit publié ou non); la date d'entrée en vigueur est celle de l'enregistrement;

- si le règlement n'est pas enregistré (qu'il soit publié ou non), la date d'entrée en vigueur est alors celle de l'établissement du texte.

Pour savoir quels règlements doivent être enregistrés, il faut consulter la *Loi sur les textes réglementaires*, L.R.C. (1985), c. S-22 et ses règlements d'application.

La *Codification des règlements du Canada*, 1978, est entrée en vigueur le 15 août 1979. Voir TR/79-131 du 8 août 1979 (1979) 113 Gaz. Can. II 2812, décret adopté en vertu de l'article 13(1) de la *Loi sur la révision des lois*, S.C. 1974-75-76, c. 20.

8.3.1.2 *Outils électroniques*

A) LexisNexis Quicklaw

Sur ordinateur, Quicklaw ou LexisNexis indique à quelle date la consolidation est à jour sans toutefois donner les dates d'entrée en vigueur.

B) Site du ministère de la Justice du Canada

Il en va de même des versions Internet [http ://canada.justice. gc.ca].

8.3.1.3 *Sources papier*

A) Vérifier le règlement et la loi habilitante

Consulter le dernier article du règlement ou le dernier paragraphe du décret qui l'approuve pour voir s'il y a une date précise mentionnée.

Voir avant le début du texte, au haut de la page de la *Gazette du Canada, Partie II*, s'il y a une date d'enregistrement.

Rappelons que la date d'entrée en vigueur dans le cas de l'hypothèse la plus fréquente d'un règlement publié et enregistré, est la date de l'enregistrement.

Consulter la *Loi sur les textes réglementaires*, L.R.C. (1985), c. S-22, en cas de doute.

Voir si la loi habilitante contient une disposition sur l'entrée en vigueur.

B) Silence du règlement et de la loi habilitante

Lorsque ni le règlement, ni la loi ne mentionnent la date d'entrée en vigueur ou le moyen de la déterminer, le paragraphe 6(2) de la *Loi d'interprétation*, L.R.C. (1985), c. I-21, prévoit que le règlement entre en vigueur à zéro heure à la date de l'enregistrement, ou du jour où il a été établi (« la date de sa prise » (sic), s'il est soustrait à l'enregistrement). Voir aussi la *Loi sur les textes réglementaires*, L.R.C.

(1985), c. S-22. Bien noter que la date de publication, dans ce cas, n'est d'aucune utilité pour déterminer la date d'entrée en vigueur.

8.3.2 Modifications

8.3.2.1 *Sources électroniques*

A) LexisNexis Quicklaw

Sur ordinateur, Quicklaw ou LexisNexis indique à quelle date la consolidation est à jour sans toutefois donner les dates d'entrée en vigueur.

B) Site du ministère de la Justice du Canada

Sur Internet, consulter la version électronique de l'*Index codifié des textes réglementaires* [http ://canada.justice.gc.ca/].

8.3.2.2 *Sources papier*

La méthode est la même pour les règlements refondus et les règlements annuels.

A) Index codifié des textes réglementaires

On consulte à cette fin l'*Index codifié des textes réglementaires* le plus récent. Depuis 1997, le tableau indique les articles précis modifiés, comme c'est le cas pour les lois.

B) Gazette du Canada, Partie II

On complète par les numéros subséquents de la *Gazette du Canada, Partie II*.

C) Index des règlements du Canada

Si on désire connaître le sort d'un article en particulier, on peut consulter le *Canada Regulations Index = Index des règlements du Canada* publié sur feuilles mobiles.

D) Index supplémentaires

Après avoir consulté le texte de base, consulter les index supplémentaires annuels sur pages de couleur. La publication est mise
à jour mensuellement et de façon cumulative pour l'année civile.
Compléter par les numéros subséquents de la *Gazette du Canada,
Partie II*.

9
RÉGLEMENTATION DES PROVINCES DE COMMON LAW ET DES TERRITOIRES

9.1 __INTRODUCTION__

Ce chapitre présente de façon synthétique et synoptique l'ensemble des démarches et des principaux outils utilisables pour les provinces de common law et pour les territoires. On couvre la démarche de repérage de la réglementation ainsi que des modifications.

9.1.1 Présentation des outils papier

De façon générale, les règlements font l'objet d'une publication dans des «Gazettes officielles» dont la plupart contiennent des index cumulatifs permettant de repérer les règlements à partir du titre de la loi habilitante.

À certains endroits, la recherche est facilitée par des refontes plus ou moins régulières. Tout comme en matière législative, le repérage et la mise à jour des règlements peuvent se faire à l'aide de certains outils «commerciaux». Ces outils couvrent l'activité réglementaire générale de toutes les provinces et des territoires (ex. R.T. Franson et A.R. Lucas (éds), *Canadian environmental law*, Toronto, Butterworths, 1991 (à feuilles mobiles)).

9.1.2 Présentation des sources électroniques

Peu de provinces sont couvertes par les banques de données et pour les règlements qui s'y trouvent, il est important de vérifier les dates de la dernière mise à jour, car l'écart est parfois important, rendant cet outil plutôt inadéquat.

Quelques éditeurs officiels et privés offrent des collections de règlements à jour sur cédérom.

Ce que nous avons dit au chapitre 5 sur la législation s'applique tout aussi bien ici. En résumé, Internet constitue un moyen de repérage de plus en plus efficace.

Chaque province et territoire permet un accès aux textes réglementaires, mais la situation varie énormément de l'un à l'autre. La situation évolue rapidement, il faut constater sur place à chaque fois. CanLII [http ://www.canlii.org/index_fr.html] et le site Catherine Best « Best Guide to Canadian Legal Research » [http ://legalresearch.org] ainsi que la plupart des sites des facultés ou bibliothèques de droit demeurent d'excellents points d'entrée pour l'ensemble. Comme pour les lois, les outils papier sont encore et toujours nécessaires.

9.2 ALBERTA

9.2.1 Repérage des règlements

De manière générale, les règlements sont publiés dans l'*Alberta Gazette, Part II*. Les règlements sont ensuite publiés dans un recueil annuel. La recherche est facilitée par des outils électroniques :

- Le site de l'imprimeur de la Reine [http ://www.qp.gov.bc.ca/ statreg/] donne accès aux règlements sous la rubrique « Catalogue ». Les règles de pratique des tribunaux y sont également disponibles. La mise à jour est trimestrielle.

- La collection « Alberta » de CanLII donne accès aux règlements de cette province qui sont présentés par ordre alphabétique. La loi-mère de chaque règlement y est aussi accessible.

- Les textes complets dans Quicklaw (mise à jour trimestrielle).

- La banque AALTA-REG de Westlaw.

9.2.2 Repérage des modifications

- Consulter le dernier index cumulatif annuel dans le volume des règlements.

— Consulter le dernier index cumulatif mensuel.

— Consulter l'*Alberta Gazette Part II*, numéro par numéro.

Note : Le *CCL* donne une liste des règlements récents sous la section «Réglementation» : consulter le plus récent «Annuaire de la législation» et les numéros successifs de *Canadian Current Law* : *Legislation*.

— On peut également consulter l'*Alberta Regulations Service* (mise à jour sur feuilles mobiles) de Butterworths.

9.3 **COLOMBIE-BRITANNIQUE**

9.3.1 **Repérage des règlements**

La source principale permettant le repérage dès règlements de la Colombie-Britannique est la *British Columbia Gazette Part II*. De plus les *B.C. Regulation Bulletins* permettent d'obtenir des informations sur la date, sur la loi habilitante, sur le ministère responsable, etc. depuis 1998. Ils sont disponibles sur Internet [http ://www.publicationsduquebec.gouv.qc.ca/accueil.fr.html].

Les règlements font aussi l'objet d'une consolidation appelée *Consolidated Regulations of British Columbia* (édition sur feuilles mobiles).

Le repérage électronique est aussi possible par le biais de :

— Le site de l'Éditeur officiel [http ://www.qp.gov.bc.ca/statreg/]

— Quicklaw

— La banque BC-REG de Westlaw

9.3.2 **Repérage des modifications**

— Consulter le *Consolidated Regulations of British Columbia*.

— Consulter l'*Index of Current B.C. Regulations, Part II* (on y trouve la liste des règlements actuellement en vigueur, sous le titre abrégé de la loi habilitante).

— Consulter la *Gazette*, numéro par numéro.

Note : Le *Canadian Current Law : Legislation* donne une liste des règlements récents sous la section «Réglementation» : consulter le plus récent «Annuaire de la législation» et les numéros successifs de *Canadian Current Law : Legislation*. On peut également consulter le *B.-C. Statutes Citator*.

9.4 ÎLE-DU-PRINCE-ÉDOUARD

9.4.1 Repérage des règlements

Il est possible de repérer les règlements annuels à l'aide de la *Royal Gazette of Prince Edward Island Part II*.

Les règlements font aussi l'objet d'une révision. Ils sont alors réunis en 2 volumes appelés *Revised Regulations of Prince Edward Island*.

Les règlements sont repérables de manière électronique :

– La collection «Île-du-Prince-Édouard» de CanLII donne accès aux règlements de cette province en ordre alphabétique. Les lois habilitantes sont aussi indiquées pour chacun d'entre eux.

– PEI_REG de Westlaw.

– Le site du gouvernement [http ://www.gov.pe.ca/] ne donne pas accès à la réglementation, mais il peut être utile de vérifier sur le site des ministères qui parfois fournissent quelques informations sur la réglementation qui concerne l'un ou l'autre ministère (voir rubrique «Departments»).

9.4.2 Repérage des modifications

– Consulter le *Revised Regulations of P.E.I.*

– Consulter le *Royal Gazette of P.E.I. Part II*, numéro par numéro.

Note : Le *Canadian Current Law : Legislation* donne une liste des règlements récents sous la section «Réglementation» : consulter le plus récent «Annuaire de la législation» et les numéros successifs de *Canadian Current Law : Legislation*.

9.5 MANITOBA

9.5.1 Repérage des règlements

Les règlements annuels peuvent être repérés à l'aide de la *Manitoba Gazette Part II*. Certains règlements sont également publiés dans la *Codification permanente des lois du Manitoba*.

Les règlements ont, comme les lois, fait l'objet d'un «reenactment» en 1987 ; ces règlements révisés et consolidés sont indiqués par la lettre R suivant leur numéro de règlement.

Internet est aussi d'une grande aide lorsque vient le temps de trouver les règlements du Manitoba :

– Le site du Gouvernement présente une rubrique «règlements». Les règlements annuels y sont offerts à partir de 2000. Il y a aussi un tableau des règlements codifiés.

– La collection «Manitoba» de CanLII présente les règlements consolidés de cette province en ordre alphabétique. Les lois constitutives y sont aussi présentées.

– La banque MAN-REG de Westlaw.

9.5.2 Repérage des modifications

– Consulter la rubrique «Regulations in Force as at December 31» dans le plus récent index de la *Manitoba Gazette, Part II*, et l'*Index to Manitoba Regulations*.

– Consulter la *Manitoba Gazette*, numéro par numéro.

– Le *Canadian Current Law : Legislation* donne une liste des règlements récents sous la section «Réglementation» : consulter le plus récent «Annuaire de la législation» et les numéros successifs de *Canadian Current Law : Legislation*.

9.6 NOUVEAU-BRUNSWICK

9.6.1 Repérage des règlements

La *Gazette royale du Nouveau-Brunswick* permet le repérage des règlements annuels.

Les règlements ont fait l'objet d'une consolidation en 1884, le *Consolidated Regulations of New Brunswick* [R.N.B. 1984]. Ils sont présentés sur feuilles mobiles.

Les règlements de cette province peuvent aussi être trouvés par le biais d'Internet :

- Le site du gouvernement [http ://www.gnb.ca/0062/acts/acts-e.asp].

- La collection « Nouveau-Brunswick » de CanLII présente les règlements de cette province en ordre alphabétique. Les lois constitutives y sont aussi indiquées.

- La banque NB-REG de Westlaw.

9.6.2 Repérage des modifications

- Vérifier la date de mise à jour de l'édition sur feuilles mobiles.

- Vérifier le volume annuel le plus récent des Règlements du N.-B.

- Consulter la *Gazette*, numéro par numéro.

Note : Le *Canadian Current Law : Legislation* donne une liste des règlements récents sous la section « Réglementation » : consulter le plus récent « Annuaire de la législation » et les numéros successifs de *Canadian Current Law : Legislation*.

9.7 NOUVELLE-ÉCOSSE

9.7.1 Repérage des règlements

L'outil de base est la *Nova Scotia Royal Gazette, Part II* (à partir de 1977). On trouve un index des règlements pour la période de

1942-1970 dans S.N.S. 1970-1971. Pour les années 1972 et 1973, consulter l'index dans les recueils sessionnels des lois ; pour les années 1973 à 1977, consulter l'index du *Regulation of Nova Scotia.*

La voie électronique est aussi une voie à privilégier pour le repérage des règlements :

- Le site du ministère de la Justice [http ://www.gov.ns.ca/just/] permet d'accéder au texte intégral des règlements qui sont mis à jour régulièrement. Cliquer sur la rubrique « Regulations » ; les règlements sont listés en ordre alphabétique du titre des lois. Il est possible de faire la recherche par le titre du règlement ou par ministère.

- La collection « Nouvelle-Écosse » de CanLII présente les règlements de cette province par ordre alphabétique. Les lois constitutives sont aussi présentées.

- La banque NS-REG de Westlaw.

- Quicklaw.

9.7.2 Repérage des modifications

Consulter le plus récent index annuel de la *Nova Scotia Royal Gazette*. Les règlements sont publiés sous le titre de la loi habilitante. Consulter la *Gazette*, numéro par numéro.

Note : Le *Canadian Current Law : Legislation* donne une liste des règlements récents sous la section « Réglementation » : consulter le plus récent « Annuaire de la législation » et les numéros successifs de *Canadian Current Law : Legislation*.

9.8 NUNAVUT

Les règlements annuels sont publiés dans la *Gazette du Nunavut, Partie II*, qui est disponible sur Internet (depuis 1999) [http :// www.justice.gov.nu.ca/francais/gazette/].

De plus, les règlements de cette province sont disponibles dans la collection « Nunavut » de CanLII et dans Quicklaw et dans la banque de Carswell appelée NUN_REG.

9.9 **ONTARIO**

9.9.1 Repérage des règlements

Les règlements annuels se trouvent dans l'*Ontario Gazette, Part II*. Les règlements révisés se retrouvent dans les *Revised Regulations of Ontario, 1990*, R.R.O. 1990, pour lesquels il n'existe pas de version sur feuilles mobiles.

L'électronique est une très bonne méthode de repérage des règlements ontariens :

– Le Gouvernement de l'Ontario donne accès aux règlements sur son site « Lois en ligne » à l'URL [http ://www.e-laws.gov.on.ca/]. En format de téléchargement seulement.

– La collection « Ontario » de CanLII donne accès aux règlements de cette province par ordre alphabétique. Les lois constitutives de chaque règlement y sont présentées.

– Quicklaw.

– La banque ONT-REG de Westlaw.

9.9.2 Repérage des modifications

– Pour la période suivant la refonte, consulter la section « Table of Regulations » des recueils sessionnels des lois.

– Consulter la rubrique « Table of Regulations » des recueils sessionnels des lois.

– Consulter le dernier index biannuel d'*Ontario Gazette*.

– Consulter la *Gazette*, numéro par numéro.

– On peut également consulter l'*Ontario Regulations Service* de Carswell qui fournit la version à jour des règlements (+ index cumulatif mensuel).

– Le *Canadian Current Law : Legislation* donne une liste des règlements récents sous la section « Réglementation » : consulter le plus récent « Annuaire de la législation » et les numéros successifs de *Canadian Current Law : Legislation*.

9.10 SASKATCHEWAN

9.10.1 Repérage des règlements

Le *Saskatchewan Gazette, Part III* publie les règlements annuels de cette province. Les règlements révisés sont publiés dans les *Revised Regulations of Saskatchewan*, R.R.S., sur feuilles mobiles en 9 volumes.

Les règlements peuvent être repérés de manière électronique :

– Le gouvernement donne accès gratuitement aux règlements [http ://www.publications.gov.sk.ca/], à la rubrique «Regulations». Les règlements sont classés sous le titre des lois habilitantes et sont mis à jour régulièrement.

– CanLII offre dans sa collection «Saskatchewan» les règlements révisés de cette province accompagnés de leurs lois constitutives.

– La banque SASK-REG de Westlaw.

9.10.2 Repérage des modifications

– Vérifier la date des dernières mises à jour des R.R.S.

– Consulter les rubriques «Table of Regulations» et «Table of Revised Regulations» dans *Tables to the Statutes of Saskatchewan and Saskatchewan Regulations*.

– Consulter la *Gazette*, numéro par numéro.

– On peut également consulter la rubrique «Saskatchewan Regulations Table» du Saskatchewan Decisions Citator.

– Le *Canadian Current Law : Legislation* donne une liste des règlements récents sous la section «Réglementation» : consulter le plus récent «Annuaire de la législation» et les numéros successifs de *Canadian Current Law : Legislation*.

9.11 TERRE-NEUVE

9.11.1 Repérage des règlements

Les règlements de Terre-Neuve sont repérables grâce à la *Newfoundland Gazette, Part II*, qui publie un index cumulatif annuellement. Ils sont aussi repérables par le biais de l'Internet :

- Le site de l'Assemblée législative [http ://www.hoa.gov.nl.ca/hoa/sr].

- La collection «Terre-Neuve et Labrador» de CanLII présente tous les règlements de ces provinces et leurs lois constitutives.

- La banque NFLD-REG de Westlaw.

9.11.2 Repérage des modifications

- Consulter l'index annuel le plus récent (*Cumulative Index*) dans la *Gazette*.

- Consulter la *Gazette*, numéro par numéro.

- Le *Canadian Current Law : Legislation* donne une liste des règlements récents sous la section «Réglementation» : consulter le plus récent «Annuaire de la législation» et les numéros successifs de *Canadian Current Law : Legislation*.

9.12 TERRITOIRES DU NORD-OUEST

9.12.1 Repérage des règlements

Premièrement, la *Northwest Territories Gazette, Part II* présente les règlements de ce territoire. La révision est présentée dans les *Revised Regulation of the Northwest Territories 1990*, R.R.N.W.T. 1990.

Ils sont aussi disponibles en format électronique :

- Les règlements sont disponibles en français (ordre alphabétique) sur le site de Législations canadiennes [http ://laws.justice.gc.

ca/fr/index.html] en format de téléchargement seulement (Word-
perfect ou PDF).

– La collection «Territoires du Nord-Ouest» de CanLII donne
accès à tous les règlements de cette province et à leurs lois constitutives.

– Les règlements des Territoires du Nord-Ouest et les règles de
pratique sont disponibles dans Quicklaw (depuis avril 2001).

– La banque NWT-REG de Westlaw.

9.12.2 Repérage des modifications

– Consulter l'index cumulatif dans le volume relié de la *Gazette*
le plus récent.

– Vérifier la rubrique «Table of Regulations» dans le recueil sessionnel des lois le plus récent.

– Consulter la *Gazette*, numéro par numéro.

– Le *Canadian Current Law : Legislation* donne une liste des
règlements récents sous la section «Réglementation» : consulter le plus récent «Annuaire de la législation» et les numéros
successifs de *Canadian Current Law : Legislation*.

9.13 YUKON

9.13.1 Repérage des règlements

Le repérage des règlements du Yukon peut s'effectuer à l'aide de
la *Yukon Gazette, Part III* et des *Yukon Regulations*, présentées sur
feuilles mobiles.

– Le repérage électronique est aussi possible :

– Les règlements sont disponibles sur le site de Législations
canadiennes [http ://laws.justice.gc.ca/fr/index.html].

– La collection «Yukon» de CanLII donne accès à tous les règlements de cette province et à leurs lois constitutives.

– La banque YUKON-REG de Westlaw.

9.13.2 Repérage des modifications

– Vérifier la date des dernières mises à jour des *Yukon Regulations* et la «Table of Contents» dans le volume n° 1.

– Consulter la *Gazette*, numéro par numéro.

– Le *Canadian Current Law : Legislation* donne une liste des règlements récents sous la section «Réglementation» : consulter le plus récent «Annuaire de la législation» et les numéros successifs de *Canadian Current Law : Legislation*.

10
JURISPRUDENCE

ANNEXES (Voir à la fin du volume)

10.1 <u>INTRODUCTION</u>

Cette étape est, la plupart du temps, indispensable pour connaître l'interprétation qu'a reçue un texte. Il se peut que les tribunaux aient plus ou moins élargi ou rétréci le champ d'application d'une disposition législative. Devant plusieurs interprétations possibles, il faut s'assurer de celle qui est retenue par la jurisprudence.

Après un bref rappel sur l'importance de la jurisprudence, on passe en revue diverses approches. La recherche proprement dite de la jurisprudence québécoise et canadienne est ensuite abordée dans les sections suivantes.

10.1.1 Importance de la jurisprudence

Jurisprudence : planche de salut ou tombeau de la recherche... pourrait-on dire, selon qu'on trouve ce qu'on cherche ou non. On ne saurait négliger l'importance de la jurisprudence; non seulement est-elle source première pour une large partie de notre droit public, inspiré de la common law, encore est-elle largement utilisée en droit civil. Cela dit, voyons deux dangers qui faussent la démarche de recherche :

- *Danger de **sous-estimer** la jurisprudence.* Ce danger existe lorsqu'on a délibérément écarté la recherche de jurisprudence, hypothèse que nous déconseillons, même dans le cas d'une loi nouvelle : il peut y avoir des décisions sur des questions similaires soumises antérieurement aux tribunaux. Ce danger existe aussi lorsque, faute de temps, on ne peut chercher de

jurisprudence ; cette imprudence, plus d'un plaideur l'a regret-
tée.

– *Danger de* **surestimer** *la jurisprudence.* Ce danger existe lorsqu'on accorde à la jurisprudence une importance telle qu'on
hésitera à donner une opinion juridique ou à plaider si on n'en
trouve pas. On connaît deux variantes de la surestime de la
jurisprudence. Le mythe de l'exhaustivité qui consiste à chercher à obtenir toute la jurisprudence à partir des temps immé-
moriaux avant de sentir le sens du courant (piège encore plus
réel depuis l'avènement des banques de données informati-
sées) et la dictature de l'inédit qui consiste à accorder trop
d'importance à la jurisprudence non rapportéc par rapport à
celle qui est publiée, ce qui entraîne des pertes de temps consi-
dérables[48].

Il y a là matière à débat : on s'en tient à la mise en garde méthodologique pour le présent texte.

Il y a lieu de remarquer que le mot «inédit» n'a plus la même
portée compte tenu de la disponibilité électronique d'un nombre de
plus en plus grand de jugements.

«Inédit» s'oppose à «publié». Dans l'univers du papier, c'était le
seul moyen de rendre un texte disponible. Avec Internet, un jugement peut être très facilement accessible, même non publié.

On parlera plutôt de pertinence que d'inédit pour l'opposer à l'exhaustivité.

Projet d'une banque centrale de jugements

Le projet québécois d'une banque centrale de jugements s'inscri-
vait dans cette perspective d'exhaustivité. Il s'agissait de constituer
une base textuelle informatisée de tous les jugements rendus au
Québec dès qu'ils sont disponibles, et ce, sans analyse ou indexation.
Une expérience en ce sens avait été menée avec succès pour la Cour
d'appel. Il est technologiquement possible de l'étendre aux autres tri-

---

48. Voir l'arrêt *Roberts Petroleum Ltd* v. *Bernard Kenny Ltd.*, [1983] 2 A.C. 192 (H.L.),
p. 202, C-E, Lord Diplock : «If a civil judgment of the Court of Appeal (which has
a heavy case load and sits concurrently in several civil divisions) has not found its
way into the generalized series of law reports or even into one of the specialised
series, it is most unlikely to be of any assistance to your Lordships on an appeal
which is sufficiently important to reach this House».

bunaux. Est-ce financièrement possible? Quel intérêt cela aura-t-il au plan documentaire? Voilà autant de questions à résoudre compte tenu d'une masse évaluée à plus de 50 000 jugements par année...

Ce projet d'un «entrepôt des jugements» constituait une des principales recommandations du Rapport du Groupe de travail sur SOQUIJ [Rapport Mercier] remis au ministre de la Justice en 1995 : Ministère de la Justice. *Rapport du Comité de travail sur la Société québécoise d'information juridique*, 1995, 127 p. Voir les recommandations 20, 21 et 22 (pages 40-42 du Rapport).

Tous les espoirs étaient permis lorsque le Barreau apprît, dans la consternation, que l'entrepôt ne serait pas accessible à tous universellement (cf. *Journal du Barreau*, volume 30, numéro 19, 15 novembre 1999, page 1).

Puis survint l'important jugement de la Cour d'appel dans l'affaire *Wilson Lafleur Inc.* c. *Société québécoise d'information juridique*[49] :

« (20) Ce droit (à un accès non entravé de l'ensemble des décisions judiciaires québécoises) est reconnu par le législateur, qui a confié à SOQUIJ, son mandataire, la mission de favoriser un tel accès [...]

(34) SOQUIJ doit donc donner à Wilson & Lafleur accès à tous les jugements rendus par les tribunaux judiciaires du Québec auxquels elle a elle-même accès [...]»

À partir de ce moment on a rendu gratuitement disponibles les décisions d'un nombre croissant de tribunaux, à commencer par la Cour d'appel (1er janvier 2000), la Cour supérieure (10 septembre 2001) et la Cour du Québec (24 septembre 2001) [http ://www.jugements.qc.ca]. Il s'agit là d'un pas irréversible selon nous.

Parallèlement, le monde juridique s'est enrichi de CanLII [http :// www.canlii.org/fr/], l'Institut canadien d'information juridique, déjà

---

49. Les juges Vallerand, Fish et Philippon, décision rendue le 17 avril 2000. *Wilson & Lafleur ltée* c. *Société québécoise d'information juridique*, 2001 CanLII 9612 (QC C.A.), [2000] R.J.Q. 108, [2000] J.Q. no 1215 (QL) [http ://www.canlii.org/fr/qc/ qcca/doc/2001/2001canlii9612/2001canlii9612.html].

largement mentionné dans les chapitres sur la législation et la réglementation.

Ici encore, comme on le verra, CanLII constitue un outil de tout
premier plan dans la recherche jurisprudentielle.

10.1.2 Approches possibles de recherche

La recherche en jurisprudence peut emprunter quatre voies complémentaires dont nous mentionnons la valeur et les limites respec-
tives.

Il arrive fréquemment qu'un même outil permette les différentes
approches. Distinguons tout d'abord les diverses catégories d'outils.
L'encyclopédie présente une synthèse doctrinale d'un domaine. Le
répertoire est l'outil initial de dépouillement ; il donne le signalement
de l'information et parfois un résumé, mais sans le texte. Le recueil
est l'outil terminal de consultation, il en fournit le texte mais ne sert
pas au repérage proprement dit.

Importance accrue de la sélectivité

Ces distinctions prennent encore plus d'importance avec la disponibilité quasiment exhaustive des décisions dans l'Internet ou des
banques de données. Ces ressources n'opèrent aucune sélection ;
l'abondance peut rapidement devenir fastidieuse. D'où l'intérêt des
outils qui organisent l'information et exercent un tri entre les différents textes. La doctrine joue un rôle essentiel à cette fin, mais déjà
le répertoire et encore plus l'encyclopédie montrent la voie à suivre.

10.1.3 Les principales méthodes de recherche

A) **Méthode thématique**. C'est la plus fréquente. Elle consiste à
   rechercher des décisions de jurisprudence selon un concept de
   droit (par exemple, «obligation solidaire») ou un domaine du
   droit (par exemple, «droit de l'environnement»). Le degré de précision varie selon les instruments utilisés et la façon de poser le
   problème (choix des mots-clés).

B) **Méthode de la législation citée**. Elle consiste à rechercher la jurisprudence sous une loi donnée et, plus particulièrement, sous un article d'une loi ou d'un code. Cette approche est très utile lorsqu'on veut trouver rapidement des décisions en fonction d'un texte législatif précis. Certains outils permettent également ce type de recherche à partir des articles de règlements. Cette méthode englobe généralement les lois annotées, très nombreuses dans l'édition juridique. Nous en avons établi une liste à l'URL [http ://www4.bibl.ulaval.ca/info/legislation.html]. On peut les repérer facilement dans les fichiers des bibliothèques.

C) **Méthode de la jurisprudence citée**. Cette méthode consiste à déterminer l'impact d'une décision sur le corpus jurisprudentiel par l'analyse des références faites à cette décision dans la jurisprudence subséquente. À partir du nom des parties à une décision on accède ainsi aux décisions ultérieures qui l'ont citée, que ce soit pour l'appliquer, pour s'en démarquer ou, tout simplement, pour y référer.

D) **Méthode de la définition judiciaire**. L'expression anglaise équivalente est «words and phrases». Elle consiste à repérer la façon dont les tribunaux ont défini un mot, un concept, une réalité. Approche méconnue et, partant, sous-utilisée par les juristes québécois, elle sert souvent à sortir d'un problème difficile et s'avère d'une fécondité remarquable.

E) **Méthode par le nom des parties ou dite «selon l'intitulé» (en anglais : «by case name»)**. Nous ne considérons pas cette approche comme une méthode proprement dite, car il s'agit plutôt de trouver l'endroit exact où est publié un arrêt dont on a déjà le nom des parties, ou du moins de l'une d'elles. Toutefois, nous admettons qu'on puisse trouver rapidement une piste lorsqu'on connaît déjà une décision, voire la décision-clé d'un domaine. Si on connaît déjà ses classiques, il ne reste qu'à trouver le texte, mais on ne parle plus alors d'une recherche proprement dite.

10.1.4 Jurisprudence québécoise ou canadienne?

Contrairement à la sphère législative où la distinction Québec / Canada avait une portée territoriale et constitutionnelle définie, les recoupements entre les tribunaux, les ressorts et les compétences commandent l'abandon de cette dichotomie au profit d'un pragmatisme de l'efficacité.

La jurisprudence québécoise comprend la jurisprudence émanant des tribunaux du Québec et celle de la Cour suprême et de la Cour fédérale d'appel dans des instances en provenance du Québec (cela comprend les principales décisions en matière de droit privé rendues au Québec, les décisions relatives aux matières de compétence législative du Québec et les décisions de droit public rendues au Québec ou d'intérêt pour le Québec).

La jurisprudence canadienne comprend, elle aussi, la jurisprudence émanant de la Cour suprême et de la Cour fédérale du Canada en plus de celle des tribunaux des provinces canadiennes autres que le Québec, (cette notion comprend généralement des décisions relatives aux matières de compétence législative fédérale).

On voit immédiatement que les nombreux recoupements justifient de traiter ensemble les deux notions et les outils particuliers qui y correspondent. Nous préférons donc la division «instruments québécois/canadien» à la division «jurisprudence québécoise/canadienne».

10.2 PRÉSENTATION DES INSTRUMENTS DE REPÉRAGE

10.2.1 Instruments québécois

10.2.1.1 *Outils électroniques*

A) **CanLII** : offre l'accès aux textes de la plupart des tribunaux judiciaires québécois depuis 2000 environ. La présentation est uniforme d'un segment à l'autre et un bon moteur de recherche permet de s'y retrouver facilement. L'interface de recherche offre le choix entre le texte du document, le titre de la loi / intitulé / référence / dossier, la définition d'un intervalle de temps. Diverses options permettent de préciser la portée de la recherche. Un bref sommaire des fonctions de recherche est accessible en cliquant sur le bouton «Aide» apparaissant au bas de la boîte de recherche.

CanLII utilise la référence neutre (cf. Annexe A pour plus de détails). Celle-ci prend deux formes :

a) la référence neutre provient du tribunal et se traduit principalement par l'ajout de CanLII entre parenthèses. Ex. 2007 QCCA 629 (CanLII) ;

b) le tribunal n'a pas adopté la référence neutre et alors CanLII en fournit une ; la structure est identique mais CanLII devient le «recueil» et, entre parenthèses on trouve les précisions juridictionnelles. Ex. 1999 CanLII 508 (QC C.A.).

Remarque : cette méthode permet de citer également des décisions antérieures à l'adoption de la référence neutre par le tribunal, comme notre exemple l'illustre. Donc ne pas confondre :

Tribunal	QCCA	(CanLII)
Portail	CanLII	(QC C.A.)

B) AZIMUT de SOQUIJ. La Société Québécoise d'Information Juridique (SOQUIJ) offre la plus vaste ressource électronique tarifiée au Québec toutes banques confondues.

L'ensemble des banques se trouve intégré au plan de la recherche sous le nom d'AZIMUT. En 2006, SOQUIJ a créé une application qui chapeaute AZIMUT et d'autres services. Sous le nom de *Juris. doc*, on retrouve, outre AZIMUT, le *Code civil du Québec annoté*, Baudouin-Renaud, les Plumitifs et les Express électroniques.

AZIMUT comprend plus de 2000 textes répartis en une grande variété de banques. Distinguons :

a) *Les banques générales* : les textes intégraux, les résumés (qu'on retrouve dans le *Jurisprudence Express* et dans l'*Annuaire*, et *Juris 63-74*). La couverture remonte généralement à l'existence de SOQUIJ (1er avril 1976), mais certaines décisions de prédécesseurs (Datum/SEDOJ, de l'Université de Montréal) ont été récupérées, d'où Juris 63-74.

b) *Les banques spécialisées* : ces banques couvrent soit un domaine (ex. valeurs mobilières), soit un tribunal (ex. Commission des lésions professionnelles). Pour obtenir une liste à jour des banques, nous conseillons de vérifier sur le site de SOQUIJ [http ://www.soquij.qc.ca]. Les Express publiés par SOQUIJ sont disponibles en format électronique. Nous présentons plus en détail le *Jurisprudence Express* avec les outils sur papier.

Note historique sur AZIMUT

Lancé en 1999, AZIMUT offrait une innovation considérable à deux points de vue : en premier lieu, on pouvait dorénavant accéder aux banques de SOQUIJ via le Web. Il n'était donc plus requis de disposer d'une connexion et d'un logiciel spécifiques. En second lieu, toutes les banques sont devenues interrogeables en même temps. Plus précisément, il n'était plus nécessaire de recourir à un découpage par banques spécifiques, on accédait à l'ensemble d'un mégafichier.

Nous rappelons ces choses pour marquer le caractère progressif et cumulatif de certaines innovations documentaires aujourd'hui intégrées et souvent tenues pour acquises. Le progrès, en documentation, comme ailleurs, n'est jamais spontané.

C) **Le Répertoire électronique de jurisprudence du Barreau (REJB) des Éditions Yvon Blais inc**. Créé en 1997, le REJB comprend des milliers de résumés et de textes intégraux des principaux tribunaux judiciaires québécois et une sélection de jugements des Cours fédérales, des cours municipales et de diverses instances administratives.

Note historique du REJB

Le REJB fut offert gratuitement aux avocats de 1999 à janvier 2005. C'est maintenant un service tarifié. Créé par le Barreau du Québec dans la foulée des rapports sur le Virage technologique et sur L'avenir de la profession. Les objectifs poursuivis étaient d'améliorer les outils de travail, en les intégrant aux technologies de l'information, et d'assurer la continuité de diffusion de la jurisprudence québécoise. Cette décision survenait à la fin d'un partenariat d'une vingtaine d'années avec SOQUIJ qui visait à maintenir la base de la jurisprudence québécoise, soit le R.J.Q. (*Répertoire de jurisprudence du Québec*) et le AJQ (*Annuaire de jurisprudence du Québec*). En 2002, le Barreau transfère au CAIJ (*Centre d'Accès à l'Information Juridique*) la gestion et le financement du REJB en même temps que celles de CanLII ; il en résulte une duplication de l'offre d'information juridique en ligne gratuite, du moins au plan jurisprudentiel.

D) Le Centre d'Accès à l'Information Juridique (CAIJ). Le CAIJ offre aux membres du Barreau et de la magistrature, ainsi qu'aux étudiants de l'École du Barreau une approche intégrée et complète en documentation juridique : bibliothèques, banques de données en texte intégral ou à valeur ajourée et services de recherche.

Le portail du CAIJ ouvre la porte à l'ensemble des services regroupés sous le nom de JURIBISTRO [http ://www.caij.qc.ca]. Distinguons :

a) une *bibliothèque* : JURIBISTRO | BIBLIO plus de détails au chapitre «Doctrine». L'accès aux banques juridiques tarifées y est gratuit pour les membres ;

b) un *moteur de recherche* : JURIBISTRO | CONCERTO. Ce moteur permet le repérage en langage naturel de la jurisprudence pancanadienne parue dans CanLII et une sélection des jugements parus au REJB.

Si l'on préfère chercher en langage booléen, on peut le faire sur le sous-ensemble JURIBISTRO | CANLII ;

a) une *base de connaissances* : JURIBISTRO | TOPO. Outil original et novateur, cette banque comprend plus de 1 000 questions déjà posées au Service de recherche du CAIJ et permet en quelque sorte d'éviter de «réinventer la roue» ;

b) un *portail de ressources par sujets* : JURIBISTRO | THEMA. Sur chacun, on trouve des nouveautés, de la législation, de la jurisprudence, de la doctrine, des outils, des formulaires et des ressources internet parfois peu connues.

10.2.1.2 *Outils papier*

A) *Annuaire de jurisprudence et de doctrine du Québec*

Le principal outil de travail est l'*Annuaire de jurisprudence et de doctrine du Québec*. L'Annuaire collige tous les sommaires des recueils de jurisprudence des cours québécoises, ainsi que la grande majorité des sommaires des recueils de la Cour suprême du Canada et de la Cour fédérale. À ceci s'ajoutent des résumés de décisions publiées dans les recueils des grandes régies administratives québécoises. Sont également cités des articles de doctrine parus dans les revues de droit québécoises, ainsi que les principaux ouvrages de doctrine.

L'Annuaire contient :

– une Table des abréviations ;

– un Index analytique alphabétique (Abandon à Zonage) ;

– une Liste des rubriques par ordre alphabétique regroupant les grands sujets de droit ;

– une Table des Codes et lois ainsi que des textes réglementaires cités, tant fédéraux que québécois. Cette Table est utile si on veut savoir quelle interprétation les tribunaux ont donnée à une disposition législative ;

– depuis 1980, une Table de la jurisprudence citée dans les jugements relevés par l'Annuaire ;

– un Index des sommaires qui est en fait l'index alphabétique du nom des parties ;

– depuis 1979, les Résultats des jugements en appel rapportés dans les recueils de jurisprudence du Québec.

L'inconvénient principal de l'Annuaire tient à l'absence de consolidation sur plusieurs années, ce qui oblige à consulter les volumes antérieurs et le *Répertoire général de jurisprudence canadienne*. Voici le portrait de la filière depuis ses débuts :

– le corps principal de l'ouvrage, c'est le *Répertoire général de jurisprudence canadienne* (Beauchamp) de 1770 à 1913 (4 vol.), complété par :

- un Supplément (Saint-Cyr) de 1913 à 1925 (2 vol.), complété par :

- un autre Supplément (Tellier) de 1926 à 1935 (2 vol.), complété par :

- un autre Supplément (Lévesque) de 1935 à 1954 (2 vol.), complété par :

- *l'Annuaire de Jurisprudence et de doctrine du Québec* (Barreau du Québec) de 1955 à 1973, annuel, non refondu ;

Depuis 1974, *l'Annuaire de Jurisprudence et de doctrine du Québec* est publié par SOQUIJ. Il n'y a pas eu de refonte de ces volumes, sauf pour les secteurs visés par le *Répertoire de jurisprudence et de doctrine* dont seuls quelques volumes ont paru. Il n'y a pas de consolidation pour la décennie 1955-1965.

Historique de l'*Annuaire de jurisprudence et de doctrine du Québec*

Créé en 1938 par le Barreau du Québec, alors l'éditeur des recueils de jurisprudence de la Cour supérieure et de la Cour d'appel, l'Annuaire de jurisprudence, comme son titre l'indique, est publié une fois l'an. Il constitue la source principale de repérage et d'identification des jugements publiés au Québec, de même que des jugements de la Cour suprême du Canada et de certains jugements de la Cour fédérale.

En 1989, l'Annuaire prend le titre d'*Annuaire de jurisprudence et de doctrine du Québec* et couvre la doctrine québécoise classée selon les rubriques diverses. L'index est désormais distinct du répertoire lui-même, de sorte qu'une même notion peut renvoyer à plusieurs sommaires de jugement et, inversement, un même sommaire peut comprendre plusieurs notions. Les sommaires n'apparaissent en conséquence, qu'à un seul endroit dans l'Annuaire.

Notons également qu'il n'y a plus de coïncidence entre l'année civile et la date de parution de l'Annuaire. Il est en effet irréaliste d'attendre, pour publier, de disposer du texte de tous les jugements rendus dans l'année. Les jugements rendus après la date de tombée sont donc inclus dans l'Annuaire subséquent.

B) *Jurisprudence Express*

La jurisprudence récente se trouve signalée dans le journal *Jurisprudence Express* qui paraît depuis la fin de 1977, sur une base hebdomadaire. *Jurisprudence Express* signale chaque année plus de 2 000 jugements non encore rapportés des tribunaux judiciaires du Québec (exhaustivement pour la Cour d'appel) et de la Cour suprême du Canada dans son édition générale. Il existe aussi des Express spécialisés : en droit fiscal, en droit du travail, en droit disciplinaire et en droit de l'information.

Structure uniforme des résumés du J.E.

On observe une présentation régulière des informations pour tout résumé du J.E. On retrouve d'abord des mots-clés donnant un aperçu des principaux points ; on indique ensuite la nature du litige et le résultat obtenu. Un troisième bloc fournit les éléments complémentaires pour comprendre la décision ; la dernière partie résume l'essentiel de la décision.

Jurisprudence Express révèle qu'un jugement sera ultérieurement publié, qu'il a été porté en appel (grâce à un astérisque placé avant le nom des parties) et le sort des jugements en appel à la fin de chaque fascicule hebdomadaire.

Mini-Biblex : note historique

Il ne faut pas confondre ces services avec Mini-Biblex. Mini-Biblex est une bibliothèque juridique complète sur microfiches qui fournit – pour nous en tenir à la jurisprudence – une copie sur microfiches des recueils de jurisprudence du Québec. Cette série existe parallèlement à l'édition papier.

De 1975 à 1977 seulement, Mini-Biblex a offert une 2e série intitulée «Textes originaux» et dont l'objectif était de donner le texte intégral de certaines décisions résumées dans le recueil. À partir de 1978, les recueils ne comportent plus de résumés, *Jurisprudence Express* fournit des résumés, les recueils sur papier publiant une partie des décisions et la série Textes intégraux sur microfiches donnant le texte de toutes les décisions résumées au J.E. Enfin, à partir de 1995, ce service est remplacé par le cédérom *Jurisprudence Plus* pour finalement être intégré, en 1996, aux banques de textes intégraux.

Relations entre *l'Annuaire de jurisprudence et de doctrine du Québec* et le *Jurisprudence Express* (J.E.)

– Continuité entre l'Annuaire et J.E.

Jurisprudence Express constitue le moyen par excellence de se tenir à jour en attendant la publication de *l'Annuaire de jurisprudence et de doctrine du Québec.* J.E. renseigne sur le sort en appel des jugements publiés par SOQUIJ. Il publie par quadrimestre une table cumulative (pour l'année civile en cours) de la législation citée, de la jurisprudence citée, des noms des parties et un index sommaire des sujets. Bref, la plupart des tables qui se retrouveront dans l'Annuaire. Lorsque l'Annuaire est publié, il n'est plus nécessaire de conserver l'Express correspondant. Il est en effet complètement remplacé par l'Annuaire qui reprend tous les résumés contenus dans J.E., même ceux des jugements qui ne seront pas publiés.

– Différence entre l'Annuaire et J.E.

Contrairement à l'Annuaire, *Jurisprudence Express* ne comprend pas la doctrine. Il est possible d'obtenir le texte intégral de tous les jugements signalés dans J.E. (environ deux semaines après leur publication dans J.E.).

Autre différence, l'Express ne signale que la jurisprudence publiée par SOQUIJ ou susceptible de l'être, ainsi que les sommaires des arrêts de la Cour suprême; l'Annuaire dépouille tous les recueils de jurisprudence du Québec, y compris ceux des éditeurs privés, de même qu'une sélection des meilleurs jugements de recueils spécialisés (affaires sociales, logement, professions) qui ne sont pas résumés dans l'Express.

– Recherche par numéro de J.E.

Il peut arriver que l'on ne dispose que du résumé d'une décision dans le *Jurisprudence Express.* Que faire dans ce cas?

En présence d'une collection complète des J.E., on n'a qu'à s'y référer, bien entendu. À défaut, il faut savoir que tous les résumés de J.E. sont versés dans l'*Annuaire de jurisprudence et de doctrine du*

Québec ainsi que dans la Banque Express. Dans cette dernière, il suffit de rechercher le numéro de J.E. (ex. 94-179). Dans l'Annuaire, prendre le volume annuel correspondant au millésime du J.E. ; l'Annuaire présente, depuis 1984, une liste par numéro des jugements parus au J.E. Ceci conduit au numéro de sommaire dans l'Annuaire, si l'arrêt n'a pas été publié ou à la référence aux recueils eux-mêmes, si le jugement a été rapporté.

10.2.2 Instruments canadiens

10.2.2.1 *Outils électroniques*

A) CanLII

CanLII offre l'accès aux textes de la plupart des tribunaux judiciaires canadiens tant fédéraux que provinciaux. La présentation est uniforme d'un segment à l'autre. Le moteur de recherche permet de limiter à un tribunal ou à un ressort (par ex. on peut se limiter aux décisions de la Cour d'appel du Manitoba).

Ici également, on utilise la référence neutre, qu'elle provienne du tribunal ou soit attribuée *post facto* par CanLII. (cf. § 10.8.2.2 sur la référence neutre et *supra* § 10.2.2.1 pour une application au Québec).

B) Quicklaw LexisNexis

Quicklaw est un des plus grands serveurs de bases de données juridiques au monde. Il offre l'accès à plus de 2 500 banques de données comportant de la jurisprudence des tribunaux, des commissions, des conseils et des tribunaux administratifs du Canada et du Commonwealth, des lois et des règlements du fédéral et des provinces, des sources juridiques secondaires (périodiques) ou des bulletins électroniques d'analyses et de commentaires juridiques.

Certains produits correspondent à un imprimé, d'autres sont exclusifs à l'électronique. Comme exemple du premier cas, la banque des Ontario Reports (OR) correspond à l'édition papier ; la banque OJ (Ontario judgments) est unique et inédite. Quicklaw a été acquise par Lexis-Nexis au cours de l'année 2002.

On peut consulter le site Web de Quicklaw [http ://www.ql-sys.ca] et y obtenir la liste complète des banques de données à jour à l'URL [http ://www.qlsys.ca/fr/concern/materiel.html#complete].

C) *WestlaweCarswell*

Ce mégaserveur offre de nombreuses collections de jurisprudence, entre autres, les «Topical Law Reports», publiés sur papier depuis les années 70 et plusieurs autres collections héritées d'autres éditeurs au fil des fusions et acquisitions corporatives (De Boo → Carswell → Thomson, etc.).

Ce qui nous intéresse au premier chef, c'est la version électronique du *Canadian Abridgment*. Nous présentons cet outil majeur avec les outils papier. L'avantage de la version électronique, bien entendu, tient à la possibilité de faire des recoupements très précis (ex. les décisions en matière de pêcheries, entre 1948 et 1968, rendues par la Cour supérieure de la Nouvelle-Écosse). En plus, la version électronique, permet une recherche par indices du plan de classification (ex. *Criminal law* XII, 2b) ii) ; il est vrai que le papier le permet par définition, mais l'électronique ajoute deux dimensions : la mise à jour complète et les hypertextes. Outre cela, toutes les qualités connues de l'édition papier sont maintenues (organisation structurée, exhaustivité, etc.).

Depuis 1999, le *Canadian Abridgment* est également disponible via Internet sous la bannière Law Source de *WestlaweCarswell*. Law Source sert de nom pour indiquer les contenus canadiens en particulier ; on compte une banque générale et plusieurs par domaines (ex. Criminel).

Cet accès comprend le texte intégral des jugements. Outre les outils de recherche propres au *Canadian Abridgment* (volume *KEY*) on y retrouve les sous-ensembles relatifs aux citations (législation citée et jurisprudence citée) qui font défaut sur CCLD.

Quant aux textes intégraux, on trouve celui des jugements publiés dans les collections imprimées de Carswell (y compris les annotations et les articles, les jugements des principaux éditeurs juridiques depuis 1986 et un grand nombre de jugements, publiés ou non, depuis 1996.

WeslaweCarswell offre également une version électronique des deux grandes encyclopédies jurisprudentielles canadiennes :

Canadian Encyclopedic Digest : Ontario et *Canadian Encyclopedic Digest : Western.*

Note historique

Le paysage canadien des bases de données juridiques ne cesse d'évoluer. En 1997, Carswell retire ses recueils spécialisés de QL et les offre sous sa bannière *e*Carswell. QL réplique en recomposant un grand nombre de banques thématiques. *Maritime Law Book* retire ses collections de QL et les offre en abonnement via son site Web. En 1998, LexisNexis offre les collections complètes de MLB depuis 1968, le tout début.

Force est donc de conclure d'une part à l'éclatement de l'offre de service et à une couverture rétrospective de plus en plus intéressante.

Plusieurs tribunaux canadiens continuent d'offrir leurs décisions récentes sur Internet malgré l'arrivée de CanLII.

10.2.2.2 *Outils papier*

A) *Canadian Abridgment*

Le principal outil de travail est le *Canadian Abridgment*, un répertoire complet de la jurisprudence canadienne depuis 1803. Le répertoire principal comporte une série de résumés de jurisprudence (plus de 600,000 en fait) en ordre de rubriques, présentées selon un plan de classification précis. De nombreux compléments, suppléments et appendices facilitent une multiplicité d'approches.

Il y a lieu de consulter cette collection pour le repérage des décisions des tribunaux fédéraux et anglo-canadiens, ainsi que des tribunaux québécois dans les matières de common law ayant une application générale comme le droit pénal et le droit administratif. Elle regroupe sous ses nombreuses rubriques (*Absentees* à *Workmen's Compensation*), les résumés des décisions judiciaires publiées dans les recueils de jurisprudence.

La 3e édition du *Canadian Abridgment*, dont la publication a débuté en 2003, fait l'objet d'un allègement considérable du nombre de rubriques et de leur organisation plus systématique et synthétique. C'est sans doute dû à l'influence bénéfique d'un avocat civiliste québécois, Me Daniel Boyer, de l'Université McGill. Toujours est-il qu'on apprécie le gain de clarté et d'efficacité documentaires longuement espéré, compte tenu du foisonnement des éditions antérieures. (Voir la présentation dans le 1er volume de la nouvelle édition).

La 3e édition se présente structurée en 52 thèmes de recherche et beaucoup plus généraux que dans les éditions précédentes. À titre d'exemple, les nombreux moyens de transport, auparavant éparpillés (aviation, camions, etc.) se retrouvent maintenant sous la rubrique centripète *Transportation*. Cette nouvelle structure, immédiatement utile dans le papier, fournit à l'édition électronique une taxonomie ordonnée de l'univers juridique.

Note historique

Le volume 1 de la nouvelle édition 2003 comporte un historique des « Premiers soixante-dix ans » du *CA* : « *The Canadian Abridgment : The first seventy years* » / par Michael Silverstein (rédacteur en chef de 1992 à 1998), p. XI à XV.

Pour mémoire, la 1re édition couvre la période de 1935 à 1965. Le *Code civil du Québec* ne fait pas partie de cette collection. La 2e édition, couvre la période 1966 à 1985. On voit apparaître le périodique *Canadian Current Law* qui suit le même plan que le CA. La 2e édition révisée s'étend de 1986 à 2003. Le nombre d'arrêts couverts ne cesse d'augmenter depuis 1987, arrêts non rapportés des cours d'appel, puis en 1993, des cours supérieures de 1re instance. Dans les années 1990, on voit apparaître le système simplifié de mise à jour en deux étapes et la version électronique, d'abord sur cédérom, ensuite comme banque de données.

• **Couverture du *Canadian Abridgment***

La couverture du *Canadian Abridgment* remonte à 1803 ; c'est dans les années 30 (1935) qu'une première édition fit son apparition. À compter de 1974, une 2e édition devait remédier aux problèmes de la mise à jour par des suppléments annuels et à feuilles mobiles mais s'est embourbée dans un système incohérent et dissolu de mises à jour. Il fallait parfois consulter jusqu'à six étapes de mise à jour pour en arriver à une documentation complète. Au tournant des années 1990, l'éditeur, sous la gouverne du vice-président d'alors, Gary Rodriguez, décide de donner un vigoureux coup de barre et impulse l'utilisation systématique de l'information. Il en résulte une méthode de mise à jour en deux temps, maintenue dans la 3ᵉ édition : un volume de base et un supplément cumulatif, éventuellement refondu en un nouveau volume. Pour connaître les avatars et le contexte de ces changements éditoriaux majeurs, voir l'excellent article témoignant de l'évolution éditoriale et du virage électronique du *Canadian Abridgment*, dans M.L. FOOTE, «The new *Canadian Abridgment* a Review Article», (1994) 14 *Legal Reference Services Quarterly* 5-21.

Dans ses nouveaux habits, le *Canadian Abridgment* conserve ses deux caractéristiques majeures :

— il permet d'utiliser les quatre approches connues de recherche : thématique, législation citée, jurisprudence citée, définition judiciaire ;

— il couvre l'ensemble du Canada anglais et du Québec. On peut donc y trouver de la jurisprudence québécoise même si la couverture ancienne du Québec était sélective.

• **Composition du *Canadian Abridgment* :**

— une collection de base avec ses suppléments ;

— le périodique *Canadian Current Law* et ses différentes composantes.

— Pour faciliter la consultation de cette masse documentaire, l'éditeur a prévu divers modes d'accès (dont nous décrivons l'utilisation plus loin) :

— le volume *Key* contient la Table générale des matières des volumes de base. Il sert aussi d'introduction au système du *Canadian Abridgment* ;

— un Index analytique alphabétique (*General Index*) ;

— des volumes donnent une liste des arrêts (nom des parties) (*Table of Cases*) ;

— des volumes de jurisprudence citée (*Références jurisprudentielles canadiennes*) ;

— des volumes de législation citée (*Références législatives canadiennes*) ;

– des volumes de définitions judiciaires (*Words and Phrases*);

– des volumes de répertoires de la doctrine (*Index à la documentation juridique au Canada*).

• **La mise à jour du *Canadian Abridgment***

La règle générale s'exprime simplement : toutes les parties du *Canadian Abridgment* sont régulièrement mises à jour. La méthode s'adapte aux besoins. Le volume *Key* rappelle toujours les étapes à parcourir pour compléter la mise à jour : il est donc inutile de les mémoriser.

Comme on l'a vu, la tendance de l'évolution du *Canadian Abridgment* depuis 1989, va dans le sens d'une réduction du nombre d'étapes pour compléter la mise à jour. Ainsi, de façon générale, toute démarche selon l'une ou l'autre des approches devrait se faire en deux étapes : (i) volume de base, (ii) supplément cumulatif de ce même volume, repris à chaque année, de sorte qu'on a toujours qu'un seul supplément par volume. Pour ce qui vient après, on utilise le périodique *Canadian Current Law* ou les fascicules particuliers des sous-ensembles autonomes.

On peut résumer ainsi la méthode de mise à jour du *Canadian Abridgment* : exhaustivité : toutes les parties sont mises à jour ; décentralisation : chaque volume possède son supplément indépendant ; économie d'étapes : aucune recherche ne devrait normalement requérir plus de 3 étapes successives, si on tient compte du *Canadian Current Law*.

Concrètement, il n'est plus nécessaire de consulter une longue ribambelle de suppléments hétéroclites, tardifs et non cumulatifs. Les suppléments de chaque volume sont remplacés chaque année et cumulent d'année en année la nouvelle matière. Devenu trop considérable, le volume de base sera alors entièrement refondu et l'on recommencera avec le nouveau supplément cumulatif annuellement.

• **Tableau récapitulatif du *Canadian Abridgment***

Type de recherche	Outils		
THÉMATIQUE	Volume de base	Supplément	Canadian Current Law
	Index	Supplément	Canadian Current Law
LÉGISLATION CITÉE	Références législatives canadiennes	Supplément	Canadian Current Law
JURISPRUDENCE CITÉE	Références jurisprudentielles canadiennes	Supplément	Canadian Current Law
DÉFINITION JUDICIAIRE	Words and Phrases	Supplément	Canadian Current Law

• **Relations entre le *Canadian Abridgment* et *Canadian Current Law* (C.C.L.)**

Continuité entre l'Abridgment et C.C.L. : comme on l'a déjà noté, le périodique *Canadian Current Law* assure la mise à jour de la collection du *Canadian Abridgment* pour l'ensemble des rubriques et des tables. Selon les besoins, la matière du C.C.L. est périodiquement versée dans l'un ou l'autre supplément relié.

Pour retrouver dans C.C.L. des arrêts portant sur une rubrique précise déjà connue, il s'agit de noter quelle place elle occupe dans le plan de classification. Cette référence est donnée entre parenthèses dans les suppléments et dans C.C.L.

Différences entre l'Abridgment et C.C.L. : toutes les sections et tables fournies par C.C.L. ne sont pas destinées à se retrouver dans les volumes du *Canadian Abridgment*. Il est donc possible de vouloir consulter C.C.L. à son mérite pour ces rubriques de mise au courant. Mentionnons les sections relatives :

– à l'état de la législation (Progress of Bills) ;

– aux modifications et entrées en vigueur (Statutes Amended, Proclaimed or Repealed) ;

– aux règlements (Regulations) ;

– au signalement des décisions récentes de la Cour suprême du Canada ;

– aux indemnités (Quantum) ;

– aux sentences (Sentencing Digests).

• **Utilisation du *Canadian Current Law* (C.C.L.) pour la jurisprudence récente : le segment Sommaires de la Jurisprudence = Case Digests**

Chaque livraison de C.C.L. donne la matière nouvelle, et tous les recueils de jurisprudence du Canada anglais y sont dépouillés. La couverture du Québec se fait graduellement depuis quelques années, sans toutefois être exhaustive. La présentation comprend des titres et des textes en français. *Canadian Current Law* comporte autant de parties, parfois physiquement détachées, qu'il y a d'approches au *Canadian Abridgment* ; on retrouve ainsi une section ou partie : sommaires de la jurisprudence, législation, définitions judiciaires. Les fascicules portant sur les citations, législatives et jurisprudentielles (i.e. Références législatives canadiennes et Références jurisprudentielles canadiennes) ont leur propre supplément. Le contenu du C.C.L. est périodiquement intégré dans des Suppléments.

On complète C.C.L. par la consultation des numéros des grandes collections de jurisprudence postérieurs au dernier C.C.L. : mentionnons *Dominion Law Reports, Western Weekly Reports* et *Atlantic Provinces Reports*, de même que les recueils spécialisés pertinents (ex. *Canadian Bankruptcy Reports*), sans oublier la Cour suprême (signalements disponibles via *Jurisprudence Express*) et la Cour fédérale, qui ont leur propre recueil, mais dont les arrêts sont rapportés plus rapidement dans *National Reporter* et *Dominion Law Reports*. Certaines de ces collections sont disponibles et mises à jour rapidement sur ordinateur.

B) *Canadian Encyclopedic Digest* (C.E.D.)

Le *Canadian Encyclopedic Digest* (C.E.D.) est une encyclopédie juridique complète du droit de l'Ontario. En l'absence d'encyclopédie juridique au Québec ou au fédéral, C.E.D. peut s'avérer utile dans plusieurs domaines de recherche.

C'est une encyclopédie et non un répertoire (de type annuaire) ; cela signifie qu'on y trouve d'abord une synthèse doctrinale avec la mention en note de la jurisprudence applicable. La jurisprudence est principalement celle de l'Ontario. Notons que la version C.E.D. (Western) n'est plus disponible qu'en version électronique.

La matière est découpée en chapitres (appelés « Titles ») couvrant tous les domaines du droit (d'*Absentees* à *Workmen's* compensation – donc en ordre alphabétique de rubriques). Les fascicules en feuilles mobiles sont mis à jour par remplacement complet ou par l'ajout de suppléments sur feuilles de couleur, selon l'ampleur des changements visés. On retrouve la rubrique pertinente soit directement, lorsqu'on a raison d'en soupçonner l'existence (ex. Banking), ou par l'index dans le volume *Research Guide and Key* lorsque la matière risque d'être répartie en plusieurs rubriques (ex. police, renvoyant à droit criminel et à droit municipal, selon les cas). L'index indiquera les « Titles » pertinents.

Dans tous les cas l'*Encyclopédie* fournit l'équivalent d'un ouvrage de doctrine sur le sujet. Le juriste du Québec, même civiliste, peut y trouver son compte, comme l'illustrent les exemples suivants :

– *Questions générales de droit public fondamental.* Ex. Couronne, Parlement, législation, droits fondamentaux, etc.

– *Matières fédérales* : tous les titres de compétence prévus à l'article 91 de la *Loi constitutionnelle de 1867* ou reconnus tels par la jurisprudence, sont couverts : divorce, droit d'auteur, Indiens, radio et télévision, etc.

– *Matières statutaires provinciales* : on sait que les lois s'inspirent souvent les unes des autres. L'Ontario, faisant office de chef de file dans certains domaines, il n'est que plus logique de regarder l'interprétation jurisprudentielle faite de lois statutaires ontariennes *in pari materia*. Ex. l'environnement, les professions, la chasse et la pêche, les services de santé, etc.

– *En droit civil ontarien* : le comparatiste trouvera dans C.E.D. un sommaire du droit civil applicable, substantif comme procédural. Exemples : nantissements, contrats, instance, injonction, tarif judiciaire, etc.

Dans certains domaines, enfin, C.E.D. constitue la seule source disponible en droit canadien, car il n'existe pas de traité doctrinal contemporain et complet sur le sujet. Ex. droit militaire, droit électoral, arbitrage, droit agricole, etc.[50].

Notons que Butterworth's a entrepris en 2006 la publication d'une encyclopédie *Halsbury's Laws of Canada* sur le modèle éponyme anglais. La collection pourrait comprendre quelque 60 volumes à terme.

C) *Butterworth Ontario Digest*

B.O.D. fournit un bref résumé de la jurisprudence ontarienne depuis 1901. Il est tenu à jour par *Canadian Weekly Law Sheet*. Auparavant, on peut consulter *Digest of Ontario Case Law* couvrant la période de 1823-1900. L'index des sujets de B.O.D., dans le volume 12, comprend des références aux notices de *Digest of Ontario Case Law*.

Pour la suite du présent texte, on ne s'occupera que du *Canadian Abridgment*, vu son caractère exhaustif et pancanadien plus important.

10.3 PRINCIPALE MÉTHODE DE RECHERCHE : THÉMATIQUE

10.3.1 Pour repérer de la jurisprudence par sujets : QUÉBEC

10.3.1.1 *Outils électroniques*

- Consulter la banque **Azimut** de SOQUIJ.

- Alternativement et gratuitement, consulter CanLII (pour les décisions depuis 2000 environ).

- Sur le site Web de SOQUIJ, voir les derniers signalements de La Dépêche [http ://www.soquij.qc.ca/ladepeche/index.shtml], le journal électronique quotidien de signalement de la juris-

---

50. Il suffirait d'ajouter à C.E.D. des fascicules en droit civil québécois et en common law en français pour en faire le nœud originel d'une véritable encyclopédie juridique canadienne complète, bilingue et bi-juridique !

prudence récente. **Note** : ces jugements sont déjà intégrés dans les banques.

10.3.1.2 *Outils papier*

– Consulter l'*Annuaire de jurisprudence et de doctrine du Québec* le plus récent et remonter dans le temps avec les Annuaires antérieurs. On cherche en ordre alphabétique de rubriques et de sous-rubriques.

– Compléter par *Jurisprudence Express*; il suffit de consulter l'index cumulatif sur l'année de J.E. et les numéros postérieurs à la date de l'index. Il faudra souvent consulter plus d'une année de J.E. vu la parution tardive de l'Annuaire.

10.3.2 Pour repérer de la jurisprudence par sujets : CANADA

10.3.2.1 *Sources électroniques*

– Utiliser la version électronique du *Canadian Abridgment* sur la plate forme Westlaw*e*Carswell.

– Diverses banques sur LexisNexis Quicklaw.

– On peut également utiliser CanLII si on se contente des décisions disponibles depuis 2000 environ.

10.3.2.2 *Sources papier*

– Utiliser les volumes de base du *Canadian Abridgment* en cherchant en ordre alphabétique de rubriques.

– Si on ignore la rubrique pertinente, on utilise le volume *Key*, qui constitue une table des matières systématique de l'ensemble des volumes. Au besoin, consulter les volumes de l'Index (si on ignore la rubrique et qu'on ne puisse la repérer avec le volume *Key*).

– Ne pas oublier de consulter le supplément pour chaque volume et compléter le supplément par les fascicules pertinents de *Canadian Current Law*.

10.4 APPROCHES COMPLÉMENTAIRES

10.4.1 Législation citée

10.4.1.1 *Pour repérer de la jurisprudence en fonction d'une loi : QUÉBEC*

A) Outils électroniques

- Utiliser la fonction LÉGIS-CITÉE de la banque AZIMUT.

- Pour le *Code civil du Québec*, on peut utiliser les versions électroniques de Baudouin-Renaud (Wilson et Lafleur / Soquij) ou *Droit civil en ligne* (Éditions Yvon Blais inc.).

B) Outils papier

- Consulter la Table de la législation citée publiée par SOQUIJ. Cette table couvre : le *Code civil du Québec*, le *Code de procédure civile*, la législation québécoise (depuis 1965) et la législation fédérale (depuis 1970). Les références sont données en grandes sections :

  • Loi constitutionnelle de 1867 ; Chartes et règlements municipaux (ordre alphabétique des municipalités) ;

  • *Code civil du Québec* ; *Code criminel* ; *Code de procédure civile.*

  • Autres codes (route, professions, municipal).

  • Lois fédérales (ordre alphabétique) ; Lois préconfédératives (ordre alphabétique) ; Lois québécoises (ordre alphabétique) ; Textes réglementaires fédéraux (ordre alphabétique) ; Textes réglementaires québécois (ordre alphabétique).

  • Traités et conventions internationales (ordre alphabétique). Dans chaque section, les références sont données selon l'ordre des articles en commençant par la documentation récente.

- Pour les années non couvertes, utiliser l'*Annuaire de jurisprudence et de doctrine du Québec* à la rubrique « Table des codes et lois cités ». Compléter par les « Tables de la législation citée » publiées avec l'index cumulatif pour l'année de *Jurisprudence Express.*

Notes : Avant 1938, le *Quebec Statute and Case Citator* donne la jurisprudence par lois, depuis les S.R.Q. 1925, jusqu'en 1937. Avant 1925, il faut procéder par sujets. On peut également utiliser les volumes *Références législatives canadiennes* décrits avec les instruments canadiens.

– Voir aussi les diverses lois annotées lorsqu'elles existent. Voir les fichiers des bibliothèques pour les repérer facilement en ajoutant les mots «annotée» ou «annotated» dans les titres avec l'astérisque de troncature s'il est offert aux chercheurs (ex. Immigration annot*).

10.4.1.2 *Pour repérer de la jurisprudence en fonction d'une loi : CANADA*

A) Outils électroniques

– Consulter le segment approprié de la version électronique du *Canadian Abridgment.*

– Dans CanLII, on peut chercher une loi comme occurrence dans un texte ou consulter la rubrique Reflex.

– Dans Quicklaw, peu de banques de données permettent d'effectuer une recherche dans le champ LÉGISLATION CITÉE. C'est cependant le cas pour les arrêts de la Cour suprême (ACS). Quoi qu'il en soit, on peut arriver à un résultat similaire (dans toutes les banques) en recherchant les mots-clés du titre de la loi dans le texte intégral des jugements.

B) Outils papier

– Consulter les volumes *Références législatives canadiennes* du *Canadian Abridgment.* Ces volumes couvrent, d'une part, la législation impériale et fédérale et, d'autre part, la législation de chaque province canadienne. Les lois sont présentées en ordre alphabétique de titre et sous chacune, les références suivent l'ordre des articles. Compléter avec les suppléments.

– On peut également utiliser à cette fin le *Canada Statute Citator* et le *Canada Statute Annotations* qui couvrent les lois fédérales de 1941 à aujourd'hui. On pourrait également utiliser la *Table de la législation citée* et l'*Annuaire de jurisprudence et de doctrine du Québec*; rappelons que la couverture y est incomplète quant à la production canadienne.

10.4.2 Jurisprudence citée

10.4.2.1 *Pour repérer de la jurisprudence citée : QUÉBEC*

A) Outils électroniques

– Utiliser la fonction JURIS-CITÉE de la banque AZIMUT.

– Utiliser la rubrique Reflex de CanLII.

B) Outils papier

– L'instrument de travail de départ, c'est la *Table de la jurisprudence citée*. Cette Table relève la jurisprudence citée dans les principaux recueils. Compléter avec l'Annuaire, consulter les R.J.Q. ou le J.E.

– On pourra également consulter les *Références jurisprudentielles canadiennes* qui couvrent bien le Québec depuis les années 1980.

Note historique

Avant la publication de la *Table de la jurisprudence citée*, le repérage de la jurisprudence citée s'effectuait principalement grâce à l'*Index Gagnon* 1925-65, 1996-71, 1972-74, 1975-76, 1977 et 1978.

L'*Index Gagnon* est d'abord et avant tout une imposante compilation de tous les arrêts cités par la jurisprudence québécoise (et en partie canadienne) depuis le début des années 20. L'ouvrage se présente essentiellement comme une liste alphabétique d'intitulés d'arrêts. À elle seule, cette liste n'indique pas le sujet des arrêts, mais seulement la référence qu'on va ensuite consulter.

Cette compilation en impose tant par la qualité que par la quantité. Parce qu'on y décèle une précision quasi parfaite, on peut corriger à l'aide de l'Index des erreurs contenues dans les volumes de jurisprudence québécoise couverts par l'Index. On y retrouve la quasi-totalité de la jurisprudence québécoise citée. Ne pas confondre ici la date à laquelle l'auteur a commencé de couvrir les recueils de jurisprudence (le début des années 20) et celle des arrêts cités eux-mêmes. Il va de soi que l'Index contient des arrêts antérieurs aux années 20 et même d'avant la Confédération, puisque ces derniers ont été cités dans des arrêts des années 20 et suivantes. Il est aussi possible de retracer n'importe quel arrêt étranger qui aurait été cité par nos tribunaux, ce qui est particulièrement valable et utile dans le cas d'arrêts anglais, américains, australiens, néo-zélandais, etc.

Particularités de la consultation de l'*Index Gagnon* : L'ordre alphabétique déconcerte parfois l'usager à plus d'un point de vue, mais il suffit de connaître certains détails pour s'y retrouver. Ainsi, il faut toujours savoir le nom et l'orthographe exacts des intitulés de cause que l'on recherche, sinon on ne trouvera rien. De même l'ordre des parties a peut-être changé du fait de l'appel à un tribunal supérieur. La Couronne est toujours symbolisée R. et classée en tenant compte seulement de l'ordre alphabétique des parties défenderesses. Il faut un temps, mais on y arrive, pour lire sans difficultés les intitulés. Quant à l'abréviation R., elle s'avère plus fonctionnelle que la multiplicité des expressions «Sa Majesté la Reine», «The King», etc.

Autres usages de l'*Index Gagnon* : De façon ancillaire à son usage principal, l'Index Gagnon peut aussi servir à plusieurs fins. Entre autres grâce à sa grande précision, il permet de corriger des erreurs dans les références et ainsi de trouver une jurisprudence autrement perdue à cause d'une imprécision. Lorsqu'on a seulement une référence pour une décision donnée sans posséder la collection où elle se trouve, il est utile de trouver une référence parallèle dans une autre collection, grâce à l'*Index Gagnon*. On peut également se servir de *l'Index Gagnon* pour savoir si la doctrine a fait un commentaire d'un arrêt qui nous intéresse (surtout *R. du B.* et *R. du B. Can.*). Enfin, le «Tableau des juges» qu'on retrouve au tout début nous permet de savoir en un coup d'œil, les jugements publiés qu'un juge a rendus.

10.4.2.2 *Pour repérer de la jurisprudence citée :*
CANADA

A) Outils électroniques

– Consulter le segment «Keycite Canada» de Law Source.

– Dans CanLII, on peut utiliser la rubrique Reflex à cette fin.

– Consulter la banque Quickcite ou la fonction «citation» dans
l'une ou l'autre banque pour les banques LexisNexis Quicklaw
(Notez que Quickcite existe en français depuis 2002).

Remarque sur l'électronique

Les systèmes électroniques couvrent tous les aspects de la
méthode de la jurisprudence citée et apportent deux fonctionnalités
supplémentaires par rapport au papier :

– **Modularité** : les systèmes permettent la recherche sur l'ensemble
du Canada ou par région géographique. Ils couvrent, bien
entendu, tant les recueils généraux que les recueils thématiques
(ex. Canadian Criminal Cases, Reports of Family Law).

– **Combinaisons** : l'informatique permet de nombreuses combinaisons pour raffiner la recherche. Outre les commandes habi-
tuelles, il est possible d'afficher le texte complet de toute
décision à laquelle le système réfère. Il s'agit là d'une fonction
de type hypertexte très appréciable. On peut également obtenir
l'historique complet d'une décision quelconque. Il est en tout
temps possible de passer des causes citantes aux causes citées
et vice-versa.

Pour chaque décision on donne les citations parallèles, on précise
quelle question de droit fait l'objet d'une citation, lorsqu'il y en a
plusieurs. Les références renvoient à la page précise du recueil
où notre décision est citée. Les références parallèles des causes
citantes sont également fournies.

On peut donc faire à la fois l'historique d'une décision (1re instance,
appel, etc.) et un suivi intelligent de la jurisprudence. On sait si
elle a été suivie, distinguée, rejetée, etc.

B) Outils papier

- On consulte les volumes *Références jurisprudentielles canadiennes.* Ces volumes sont tenus à jour par des suppléments.

- On peut également utiliser les *Dominion Law Reports Annotation Service*, publiés annuellement avec les D.L.R.

10.4.3 Définition judiciaire

10.4.3.1 *Pour repérer une définition judiciaire :*
　　　QUÉBEC

A) Outils électroniques

- Voir la banque AZIMUT de SOQUIJ. Les définitions judiciaires sont également repérables dans la banque EXPRESS par des astérisques.

B) Outils papier

- Consulter la rubrique «interprétation» de l'*Annuaire de juris- prudence et de doctrine du Québec.* Les mots et expressions définis par les tribunaux dans l'année s'y trouvent énumérés en ordre alphabétique et sont suivis d'un renvoi au paragraphe pertinent de l'Annuaire.

- Dans l'index cumulatif de *Jurisprudence Express*, les mots et expressions définis judiciairement apparaissent également sous la rubrique «interprétation».

- La *Revue du Notariat* a publié, de décembre 1974 à avril 1975, une liste d'environ 250 définitions judiciaires canadiennes en français. Voir R. BOULT, « Recueil de définitions judiciaires », (1974-75) 77 *R. du N.* 182, 258, 332, 389, 445. L'index complet se trouve à la page 594.

10.4.3.2 *Pour repérer une définition judiciaire :*
　　　CANADA

A) Outils électroniques

- Consulter la version électronique sur WeslaweCarswell de l'*En- cyclopedia of Words and Phrases, Legal Maxims* qui ajoute

l'avantage de fournir un extrait de la décision judiciaire pertinente.

B) Outils papier

– Consulter les volumes *Words and Phrases Defined in Canadian Courts and Tribunals.* Ces volumes comprennent, en
ordre alphabétique, les définitions qu'ont données les tribunaux de divers mots et expressions. Compléter par les volumes
supplémentaires et le *Canadian Current Law.*

En 1993, Carswell a publié une nouvelle édition entièrement
refondue et augmentée sous le titre *Words and Phrases Defined
in Canadian Courts and Tribunals* qui comprend, en 8 volumes,
plus de 50 000 entrées.

L'innovation principale consiste à rappeler le domaine du droit
d'où est tirée la définition, ce qui permet la mise en contexte.
Contrairement aux volumes antérieurs, on bénéficie d'extraits
des jugements eux-mêmes. On prévoit un supplément annuel
cumulatif pour la mise à jour.

• Si les instruments canadiens s'avèrent insuffisants, on pourra
consulter l'un ou l'autre des instruments anglais suivants :

• *Words and Phrases judicially defined* (Burrows)

• Le *General Index de Halsbury's Laws of England* à la section
« Words and Phrases »

• *Words and Phrases legally Definied* (Butterworths)

• L'imposant ouvrage américain *Words and Phrases.*

10.5 VALIDITÉ DANS LE TEMPS

Après avoir trouvé de la jurisprudence et y avoir puisé le principe
juridique applicable, il reste une dernière chose à vérifier : l'arrêt
peut-il encore servir aujourd'hui ? Il s'agit du problème de sa portée
dans le temps ou de la tendance jurisprudentielle.

10.5.1 Quelques remarques préliminaires

La question de l'autorité de la jurisprudence est elle-même une question de fond : l'autorité vient du *ratio decidende* d'une suite de décisions des plus hauts tribunaux. Inutile de préciser qu'une seule décision ne fait pas nécessairement d'elle-même jurisprudence.

Pour examiner la portée d'une décision dans le temps, on peut envisager deux variantes selon que l'on ait affaire à une loi nouvelle ou non.

A) Législation entièrement nouvelle

Cela n'implique pas automatiquement caducité de la décision.

Il peut, en effet, arriver que la jurisprudence ancienne soit encore valide sur plusieurs points, surtout quant aux principes. Le principe dégagé dans un arrêt, même ancien, peut demeurer susceptible d'application même si toutes les données juridiques et factuelles sont différentes de celles de la question à solutionner, et ce, particulièrement pour la jurisprudence du Conseil privé et de la Cour suprême. Ceci est encore vrai dans le cas du *Code civil du Québec* où une bonne partie de la jurisprudence rendue sous le *Code civil du Bas-Canada* demeure applicable.

Contexte différent. On doit tenir compte du contexte historique et social dans lequel une décision s'insère. Il peut y avoir une évolution, depuis lors, ce qui implique la possibilité d'une décision différente de nos jours. Exemples d'évolution des faits (guerre, crise économique), des mœurs (avortement), de la pensée politico-sociale (la responsabilité du fabricant). Une décision peut donc devenir caduque par le seul écoulement du temps et sans que ne soient intervenues de nouvelles lois.

B) Législation identique ou semblable

On suivra deux démarches selon que le point de départ se situe aujourd'hui ou dans le passé.

– **D'aujourd'hui à hier**. On connaît la disposition législative aujourd'hui et on veut savoir si elle se lisait de la même façon dans le passé. On prend la version du texte de la dernière refonte et on remarque qu'à la fin de chaque article, il y a un renvoi à la disposition correspondante de la refonte antérieure ou un renvoi à la loi qui l'a édictée. On peut ainsi savoir quand un texte fut introduit dans notre droit pour la première fois. Si le texte a changé, la décision jurisprudentielle ancienne ne s'applique sans doute plus.

– **D'hier à aujourd'hui**. À l'inverse maintenant : supposons qu'on ait trouvé une décision jurisprudentielle sur un sujet et sous une loi quelconque et qu'on veuille savoir si cette loi existe encore telle quelle dans notre droit. On travaille avec le *Tableau de l'historique et du traitement des lois* ou la *Table de concordance* qu'on retrouve dans un volume de chaque refonte.

10.5.2 Jurisprudence postérieure à la décision et décisions portées en appel

Le meilleur moyen de déceler la permanence de la jurisprudence postérieure ou la création d'une nouvelle tendance, c'est de voir si un arrêt a été pris en considération par un autre tribunal, ou le même tribunal à un autre moment.

La notion de «jurisprudence citée» tend à inclure également l'information sur le sort des décisions en appel, bien que cela ne soit pas toujours le cas.

Pour cet aspect on aura recours aux ressources électroniques principalement, tellement leur utilisation est devenue conviviale.

10.5.2.1 *Pour savoir si une décision a été citée ou portée en appel : QUÉBEC*

A) Outils électroniques

– Utiliser le Citateur de SOQUIJ qui permet maintenant d'analyser le cheminement de la jurisprudence citée dans quelque 40 000 décisions depuis 1991. On peut savoir quelles décisions l'ont citée, appliquée ou s'en sont éloigné. Lorsqu'une décision est citée, il suffit de cliquer sur le bouton «Le Citateur» dans le résumé ou dans le document.

– Sur CanLII, c'est la fonction Reflex qui joue le même rôle. Il suffit de cliquer sur le bouton « Fiche Reflex » apparaissant à l'entête des documents.

B) Outils papier

– On utilise les *Tables de la jurisprudence citée* de SOQUIJ, qu'il faut compléter par les annuels de l'Annuaire de jurisprudence et de doctrine subséquents.

– Pour les appels récents, utiliser *Jurisprudence Express*. Cette publication indique, au moyen d'un astérisque, les causes portées en appel et informe régulièrement sur le sort des causes portées en appel si elles ont été signalées dans l'Express.

– Cette information est reprise dans l'*Annuaire de jurisprudence et de doctrine du Québec* (« Résultats des appels des jugements rapportés dans les recueils de jurisprudence »).

– On peut également consulter les *Index Gagnon* et leur cahier des causes portées en appel. Enfin, la plupart des recueils de jurisprudence l'indiquent dans les tables et, au Québec, les *Recueils de jurisprudence du Québec* indiquent par un astérisque, dans la table annuelle des parties, les causes portées en appel.

10.5.2.2 *Pour savoir si une décision a été citée ou portée en appel : CANADA*

A) Outils électroniques

– Utiliser le segment « Keycite Canada » des banques Westlawe-Carswell ou la banque Quickcite de LexisNexis.

B) Outils papier

– Références jurisprudentielles canadiennes du *Canadian Abridgment*.

– On peut également consulter le *Dominion Law Reports Annotation Service* le plus récent (un nouveau volume chaque année). Pour les appels au Conseil privé des arrêts de la Cour suprême, il y a une mention et la référence dans le *Supreme Court of Canada Reports Service.*

10.6 QUESTIONS DE RÉFÉRENCE

Nous abordons ici quelques éléments de référence propres à l'électronique et en lien complémentaire avec les citations de référence.

10.6.1 Généralités sur la référence

Références et abréviations jurisprudentielles, comment s'y retrouver? Une fois une décision publiée ou rendue sur le Web, il faut pouvoir y référer pour l'identifier.

Une référence documentaire bien conçue répond toujours à la double question de l'identification (quoi?) et de la localisation (où?). Ce sont les deux critères nécessaires et suffisants pour s'en tirer. Deux éléments qu'on appliquera maintenant à la référence jurisprudentielle :

- l'identification se fait par le nom des parties : *Bérubé c. Turcotte*;

- la localisation se fait par l'indication du recueil de publication, de la banque de données ou du site Web de la collection d'où cette décision est tirée : 2007 CSC 29. Conséquence : on utilise des abréviations pour désigner ces collections. Corollaire : la connaissance de quelques-unes vous dépannera dans la plupart des cas. Donc :

QUESTION	QUOI?	OÙ?
Élément	Identification	Localisation
Moyen	Nom des parties	Nom de la collection, banque de données ou site Web
Exemple	*Durand c. Marmette*	[2006] 2 R.C.S. 629

Concrètement, voici une référence typique, susceptible de se retrouver dans tout texte juridique québécois ou canadien consulté :

« 2001 CSC 40, [2001] 2 R.C.S. 657, [2001] A.C.S. no 42 (QL), inf. [1998] J.Q. no 2546 (QL), J.E. 98-1855 ».

Il est hors de question d'apprendre des centaines d'abréviations pour s'y retrouver. On peut regrouper les principaux cas de figure dans une sémiotique de l'abréviation jurisprudentielle.

10.6.2 Clés de décryptage des références

Utilisons deux clés sémiotiques fondées l'une sur la structure de la référence, l'autre sur les lettres utilisées.

La structure est invariable :

Nom des parties / année / collection / n° ou page

Dumont c. *Mayer*, 2007 QCCA 322

Il ne reste qu'à examiner les variables.

A) 1er aspect : la structure

Comment procéder pour s'y retrouver ?

Nous vous proposons une méthode efficace et progressive en cinq étapes :

– Premier critère : la longueur du numéro

Exemple : **C.S. Saint-François (Sherbrooke) 450-05-003470-990, le 17 octobre 1998**

De quoi s'agit-il ? Un numéro de ce type est un **numéro de greffe du tribunal**. Un indice : la longueur du numéro. En principe ces textes ne sont pas publiés. Ils sont cependant disponibles gratuitement sur le Web depuis septembre 2001 via Soquij ou CanLII ou dans les banques Azimut (Soquij), JEL (Quicklaw) ou REJB (Yvon Blais). Avant cette date, si le texte a été résumé par Soquij dans le J.E. Exemple J.E. 2000-2243, on pourra le retrouver dans la collection des textes intégraux sur microfiches ou cédérom.

– Deuxième critère : l'absence de crochets, de parenthèses ou de points

Exemple : **2001 CSC 40**

De quoi s'agit-il? D'une *Référence neutre* (=RN). La RN est une référence unique, permanente et indépendante de toute publication. La RN reprend la structure d'une référence jurisprudentielle de l'imprimé (date - abréviation - page) sans ponctuation toutefois et où la page est remplacée par un numéro de document, comme dans les références électroniques. Les ressorts provinciaux sont précédés d'un préfixe géographique qui joue un rôle mnémonique. Ex. BC= Colombie-Britannique : BCCA = Court of Appeal for British Columbia. Nous donnons plus de détails en Annexe A.

– **Troisième critère : la présence de crochets ou de parenthèses pour la date**

Exemple : **[2001] 2 R.C.S. 458, [2001] A.C.S. no 42 (QL), inf. [1998] J.Q. no 2546 (QL)**

De quoi s'agit-il? C'est le cas traditionnel et classique de la **référence à une publication imprimée ou à une banque de données**. Il ne reste plus qu'à repérer la collection dans la bibliothèque ou à consulter la banque sur le serveur approprié.

– **Quatrième critère : la présence d'un millésime suivi d'un numéro**

Exemple : **J.E. 2001-1876, REJB 2002-34395**

De quoi s'agit-il? Du **numéro d'un *résumé*** dans une banque ou un répertoire. Les deux principaux cas sont les suivants :

– J.E. 2001-1099 : Référence au Jurisprudence-Express. Ce numéro est le numéro d'un résumé repérable dans la Banque des résumés de Soquij. Il correspond à l'hebdomadaire papier.

– REJB 2002-34395 : Référence au *Répertoire Électronique de Jurisprudence du Barreau*.

– **Cinquième critère : aucune date**

Exemple : **AZ-50101111**

De quoi s'agit-il? Ce numéro est un **numéro de notice**. Il permet de repérer le texte dans la banque des textes intégraux de Soquij via AZIMUT.

B) 2ᵉ aspect : les lettres

Un truc pour «deviner» le plus d'abréviations possibles ? Nous sommes en droit (= D) plus précisément en jurisprudence (= J); il s'agit de recueils (= R) (en anglais : reports) publiés au Québec (= Q), ou au Canada (= C), ou dans une autre province (A à Y) et parfois spécialisés dans un domaine du droit (A = administratif; F = fiscal *und so weiter*). En anglais droit = law (= L). Voici quelques applications à titre d'exemples.

R.J.Q. = Recueil de jurisprudence du Québec

B.C.L.R. = British Columbia Law Reports

O.L.R. = Ontario Law Reports

R.D.F.Q. = Recueil de droit fiscal québécois

C.N.L.R. = Canadian Native Law Reporter

Nous donnons une liste d'abréviations juridiques canadiennes en Annexe C.

10.6.3 Peut-on établir un hyperlien direct à une décision?

La réponse est OUI. On peut percevoir une tendance qui consiste à ajouter l'URL d'une décision dans la série des références. Pour ces dernières, voir les Annexes A et B sur la référence neutre et les nouvelles tendances dans les citations.

Sur CanLII et dans la plupart des banques, il est très facile de noter l'URL précis d'une décision.

Sur [http ://www.jugements.qc.ca] il faudra ajouter à l'URL général le numéro de la décision pour obtenir l'adresse complète.

Voici quelques trucs repris de la FAQ de SOQUIJ [http ://www. jugements.qc.ca] :

– Chaque décision possède son adresse propre. Toutefois, vous ne pouvez pas faire un lien directement avec le texte HTML ou Word d'une des décisions. L'adresse d'une décision est composée des éléments suivants :

– Le protocole (http : //), l'adresse du site (www.jugements.-
  qc.ca/), l'abréviation de la cour (ca/ pour Cour d'appel ou tt/pour
  Tribunal du travail), la date de la liste mensuelle en format
  aaaamm suivie de la mention fr.html (200102fr.html) et, finalement, le numéro de la décision (#AZ-5009909). *Exemple* :
  [http ://www.jugements.qc.ca/ca/ 200102fr.html#AZ-
  5009909].

– Pour trouver le numéro AZ d'une décision, accédez à la liste
  mensuelle contenant la décision (ex. liste mensuelle de la Cour
  d'appel de février 2001) et placez votre curseur sur le lien
  HTML ou Word de la décision. Le numéro de la décision s'affiche
  sur la ligne «statut» située au bas de votre écran. *Exemple* : Le
  numéro AZ de la décision *Barreau du Québec* c. *Tribunal des
  professions* rendue par la Cour d'appel en février 2001 est AZ-
  50082874. L'adresse de cette décision est donc [http ://www.
  jugements.qc.ca/ca/200102fr.html #AZ-50082874].

– Si vous voulez faire un lien avec cette décision, il suffit d'utiliser
  cette adresse pour créer votre lien.

10.6.4 Concordance AZ et URL

On remarque par ailleurs que le suffixe AZ est de la nature des
numéros de notice dans AZIMUT. Or, il serait erroné de croire que
la décision sera automatiquement dans les banques de SOQUIJ.

Comme la plupart des décisions judiciaires sont disponibles sur
Internet (depuis 2000/2001), on peut se demander quel est le lien
entre l'URL de la décision et le n° de notice dans AZIMUT (AZ).
Autrement dit quelqu'un qui dispose d'une URL peut-il donner automatiquement un n° AZ en citation? Réponse : NON. Nuançons.

Le n° AZ est contemporain du versement dans la Banque de
SOQUIJ ; mais il ne suffit pas qu'il existe un n° AZ pour conclure que
la décision sera intégrée au système de SOQUIJ. C'est que ce même
numéro a servi entre temps à établir l'URL du jugement dans la section
Décisions des tribunaux du site Web (gratuit) de SOQUIJ.

Toutes les décisions du site des Décisions des tribunaux se
retrouvent également dans AZIMUT dans la Banque de textes intégraux mais pas nécessairement dans la banque Résumés.

Le schéma suivant résume notre compréhension de la situation :

1re étape : Toute décision des tribunaux judiciaires québécois qui correspond aux critères pour figurer sur le site des Décisions des tribunaux du Québec (gratuit) : a) est placée sur le site gratuit ; b) est également versée dans la Banque des textes intégraux.

2e étape : Si la décision est sélectionnée par SOQUIJ en vertu de son règlement sur la sélection alors a) un résumé sera établi et publié dans le J.E. et la banque Résumés ; b) certaines décisions seront signalées dans La Dépêche ; c) un numéro AZIMUT peut servir au repérage ; d) la décision sera publiée en entier ou en résumé dans l'une ou l'autre des publications de SOQUIJ.

En conclusion, il est possible de donner le n° AZ au stade de l'apparition du jugement sur le site des textes des Décisions des tribunaux du Québec et, grâce à ce numéro, on va pouvoir retracer le texte dans la Banque de textes intégraux sur AZIMUT, Documentation juridique en ligne ; cependant, si la décision n'est pas retenue pour les produits de SOQUIJ, elle ne sera pas résumée et donc le n° AZ ne pourra servir dans la banque Résumés SOQUIJ sur AZIMUT.

10.6.5 Que faire lorsqu'on ne connaît que le numéro de notice dans AZIMUT ?

Comment repérer une décision dont on ne connaît que le numéro de notice – Ex. [C.A.] AZ-50102700 – dans une banque de données, en l'occurrence AZIMUT de SOQUIJ ? On aura obtenu ce numéro en consultant La Dépêche [http ://www.soquij.qc.ca/la-depeche/index. shtml], le journal quotidien de signalement de la jurisprudence récente, ou en note en bas de page dans une référence doctrinale.

Le numéro AZ n'est d'aucune utilité si on n'est pas dans la banque AZIMUT. Comme La Dépêche ne donne AUCUNE information permettant d'identifier la décision, il faudra jouer à la devinette par l'approximation des dates ou par essais et erreurs ; il nous manque : le nom des parties, la date, le numéro du greffe, le nom du juge. La seule chose que l'on connaisse, c'est le tribunal, dont la référence AZ donne l'abréviation [C.A., C.S., C.Q., T.T., T.P.].

Pour atténuer cet irritant, il est possible de consulter, sur papier, le *Jurisprudence Express* (J.E.) afin d'obtenir un résumé du jugement accompagné, cette fois, du nom des parties, de la date et d'autres informations utiles pour le repérage. Comme il s'agit d'un hebdomadaire et du format papier, il existe bien entendu un délai de quelques jours, parfois de quelques semaines avant son signalement.

10.7 JURISPRUDENCE ADMINISTRATIVE

Malgré l'augmentation constante du nombre de recueils spécialisés, beaucoup de décisions de tribunaux administratifs demeurent inaccessibles. Il faut en principe s'adresser au tribunal administratif compétent pour obtenir les textes des décisions et s'armer de patience, car la recherche n'est pas toujours facile, ni toujours permise. Concédons tout de même un progrès sous l'impulsion des diverses lois d'accès à l'information et, depuis le 1er avril 1998, au Québec, de la création du Tribunal administratif du Québec (TAQ). Compte tenu du caractère volatil des développements, nous préférons ne pas en donner la liste. Une vérification sur Internet peut cependant s'avérer utile, car la tendance actuelle des instances administratives est de rendre disponibles certaines de leurs décisions. On peut songer ici aux décisions de la Commission d'accès à l'information [http ://www. cai.gouv.qc.ca].

Tribunal administratif du Québec (TAQ)

A) Recueils de décisions

L'Express TAQE contient le résumé d'environ 300 décisions provenant des quatre sections du Tribunal administratif du Québec :

– Section des affaires sociales

– Section des affaires immobilières

– Section du territoire et de l'environnement

– Section des affaires économiques

Il y a environ cinq parutions de l'Express dans l'année. Les décisions sont sélectionnées par le tribunal administratif du Québec.

B) Le Recueil TAQ

À la fin de l'année jurisprudentielle, tous les résumés contenus dans l'Express TAQE sont reproduits dans le Recueil TAQ. Le texte intégral de 200 décisions y est publié. Des tables et index sont fournis à la fin du recueil, ainsi qu'aux troisième et cinquième numéros de l'Express. Le chercheur dispose d'un plan de classification, d'un index, d'une table des noms des parties, d'une table de la législation citée et d'une table de la jurisprudence citée.

Sur le site Web de SOQUIJ, on peut trouver une mention des jugements rendus par le TAQ, retenus pour publication [http ://www. soquij.qc.ca] ; cliquer sur la section «Décisions publiées du TAQ».

Le texte intégral est disponible sur AZIMUT sous la rubrique «Tribunaux spécialisés et organismes». Mentionnons que le TAQ, comme plusieurs organismes publics, a son propre site Web sur lequel on peut trouver une présentation du TAQ ainsi que des renseignements pratiques [http ://www.taq.gouv.qc.ca].

11
DOCTRINE

11.6   POUR ALLER PLUS LOIN

11.6.1 Publications indicatives de nouveautés
11.6.2 Répertoires non juridiques pertinents
11.6.3 Fichiers d'autres bibliothèques
11.6.4 Thèses universitaires
11.6.5 Bulletins juridiques des cabinets d'avocats et d'autres
        professionnels
11.6.6 Multidisciplinaire

11.1 **INTRODUCTION**

L'expression «la doctrine» en droit, recouvre l'ensemble des écrits des auteurs sur les sources du droit; elle désigne traditionnellement et génériquement l'ensemble des écrits sur les sources premières et secondaires du droit (législation, jurisprudence). Sous une apparente unité, ce terme embrasse quand même une multitude d'espèces différentes de productions littéraires : monographies, thèses, rapports de recherche, articles de périodiques, etc. Par commodité, l'expression doctrine s'entend de toute documentation, bibliographique ou autre, utile à la démarche de recherche documentaire en droit, telle que décrite dans le présent ouvrage.

Si la doctrine vient au dernier rang des sources de droit lorsqu'on les présente en ordre d'importance, il faut bien reconnaître qu'elle joue un rôle de premier plan et vient souvent en tout premier lieu dans une démarche de recherche documentaire. Pourquoi, en effet, réinventer la roue et faire une recherche laborieuse, coûteuse en temps et en ressources, si un auteur a déjà balisé la route et trouvé des solutions? Il suffira de partir de là et de compléter, parfois de vérifier, pour obtenir un bon résultat.

L'arrivée consécutive de l'informatique et du Web a produit son effet sur la documentation doctrinale, comme sur les autres sources. Notons en particulier les phénomènes suivants :

- certains périodiques juridiques, tout en maintenant leur version papier, offrent une version en base de données (Lexis/ Nexis, par exemple), d'autres offrent le texte complet sur le Web; dans ce dernier cas toutefois, la parution Web sera parfois décalée d'un numéro ou deux par rapport à l'édition sur papier ;

– certains périodiques n'existent qu'en version électronique. Au début, ces périodiques, sans doute par mimétisme du fond et de la forme, ne traitent que des aspects juridiques de l'informatique ou de l'Internet ; on en trouve maintenant dans plusieurs domaines ; et enfin,

– phénomène nouveau, des monographies et des traités font de plus en plus l'objet d'une mise à jour sur le Web (c'est le cas du présent ouvrage) ou deviennent, en parallèle à l'édition papier, une base de données autonome sur un serveur (c'est le cas, par exemple de l'ouvrage classique *Payne on Divorce*, disponible sur Quicklaw).

11.1.1 Importance de la doctrine

Malgré qu'elle soit dernière en autorité et encore loin d'avoir un statut prestigieux comme dans certains pays de droit écrit, la doctrine, au Québec et au Canada, gagne sans cesse du terrain en qualité et en quantité. Les tribunaux semblent, en effet, plus enclins à citer de la doctrine, surtout dans les nouveaux domaines ; il se publie également de plus en plus d'ouvrages juridiques spécialisés ; malgré cela, il manque encore d'ouvrages dans des domaines fondamentaux ; dans les domaines couverts, il manque souvent d'ouvrages de synthèse où le principe dominerait l'application.

C'est dire qu'il y a doctrine et doctrine. Dans certains cas, on trouvera une mine d'or, dans d'autres le travail reste à faire. Parfois l'ouvrage sera trop général ; d'autres fois, trop pointu. Quoi qu'il en soit, la lecture d'un traité ou d'un article de périodique constitue souvent un bon point de départ à une recherche ; souvent même, cette lecture vaut recherche faite et il n'y a qu'à la mettre à jour.

La doctrine, en général, remplit un double but : d'une part, elle permet d'effectuer une synthèse du droit applicable, d'autre part, elle rend possible une critique du droit, car elle en montre les lacunes et en propose la réforme. Les périodiques permettent, en plus, de compléter un livre en y ajoutant le matériel postérieur et de déceler les nouvelles tendances et les développements les plus récents. Dans ce dernier cas, notons particulièrement l'apparition d'un grand nombre de périodiques à vocation très spécialisée. Lorsqu'on travaille dans un domaine précis, on doit tenter de trouver le périodique consacré à ce domaine de spécialisation.

Dans ce chapitre, nous présentons la recherche de la doctrine québécoise et canadienne.

11.1.2 Approches possibles de la recherche

Comme pour la jurisprudence, mais de façon moins tranchée, on peut distinguer plusieurs approches complémentaires de recherche doctrinale. On distinguera l'approche principale, par sujet, des approches plus près d'une source du droit (loi ou jurisprudence); les deux dernières approches donneront lieu respectivement au commentaire législatif et au commentaire jurisprudentiel. On pourra compléter par la consultation des recensions bibliographiques.

11.1.3 Remarques méthodologiques

A) **Utilité des ouvrages généraux**. En doctrine juridique, il faut souvent renoncer à trouver une monographie détaillée sur chaque ramification d'un problème. Dans bien des cas, la qualification du problème suffit à guider vers un traité général de droit, lequel contient, la plupart du temps, les éléments de réponse, sinon la réponse.

B) **Pertinence et exhaustivité**. Rappelons la relation inversement proportionnelle entre la pertinence et l'exhaustivité : en doctrine, c'est une règle d'or à suivre, car plus il y a de documents, plus il y en a d'inutiles.

C) **Compilation et sécurité**. Il ne faut pas considérer la doctrine comme une source certaine de droit. On la consulte surtout à titre de compilation utilitaire, pour prendre connaissance de notre sujet. Il faut ensuite voir et vérifier au complet le texte de la loi, du règlement ou de la décision jurisprudentielle qu'elle mentionne et voir s'ils sont encore valables.

D) Bibliographie et bibliothèque. On peut trouver un traité ou une monographie en consultant une bibliographie ou le fichier d'une bibliothèque. Les deux approches comportent avantages et inconvénients. La consultation d'une bibliographie permet d'établir l'existence d'un document mais ne tient pas compte de sa disponibilité réelle dans une bibliothèque donnée. La consultation d'un fichier d'une bibliothèque, en revanche, assure de la disponibilité d'un document sur place mais n'informera pas de l'existence ailleurs de titres pertinents.

E) Doctrine canadienne et doctrine québécoise. En l'absence de doctrine québécoise (en français) sur un sujet, il demeure souvent intéressant de consulter les ouvrages de doctrine anglo-canadienne parce qu'ils comprennent de plus en plus souvent un chapitre sur le droit du Québec. S'ils n'en contiennent pas, ils demeurent valables pour le droit anglo-canadien ou le droit public en général ou à titre comparatif.

11.1.4 Description de l'univers doctrinal

La doctrine présente des similitudes et des différences avec les autres sources du droit.

Comme c'est devenu le cas pour la jurisprudence, la limite territoriale n'a plus cours ici. Plus encore qu'en jurisprudence, la doctrine est mondiale ; on peut naviguer sans frontières dans l'ensemble des systèmes juridiques. C'est par extension et commodité qu'on parle d'une source de droit, car on quitte ici définitivement le caractère obligatoire qu'avaient la législation et, dans une moindre mesure, la jurisprudence. Plus généralement, on s'éloigne avec la doctrine, de l'univers purement juridique. L'élargissement de la base documentaire correspond à l'ouverture à d'autres perspectives (sociales, économiques, psychologiques, théoriques) traitées dans des périodiques juridiques, mais aussi, dans un nombre sans cesse croissant de publications scientifiques.

La documentation périodique constitue une source importante et gigantesque de documentation. Il existe dans le monde plus de 100 000 périodiques scientifiques et 1 500 périodiques exclusivement juridiques dont plus d'une centaine au Canada. Ces chiffres établissent hors de tout doute la double nécessité de renoncer à l'exhaustivité et celle de recourir à un index ou à un répertoire de dépouillement. Empruntons tout d'abord trois voies d'accès qui nous aideront à comprendre l'univers de la doctrine

A) Typologie du périodique juridique

Pour simplifier, on peut regrouper les périodiques juridiques selon les catégories suivantes :

– le périodique juridique est exclusivement consacré au droit et est habituellement publié par une faculté de droit, une association professionnelle de juristes ou une association/fondation spécialisée. Le périodique juridique peut être général (i.e. couvrir tous les domaines du droit) ou spécialisé dans un domaine. À mi-chemin on retrouve les périodiques juridiques généraux qui publient sur un thème donné, à l'occasion, un numéro spécial et les périodiques consacrés à la relation entre le droit et une discipline ou un thème (ex. Droit et énergie) ;

– le périodique para-juridique est un périodique spécialisé dans un domaine très près du droit (ex. économie, criminologie) et dans lequel sont publiés régulièrement des articles, soit entièrement juridiques, soit reliés au droit ;

– le périodique pluridisciplinaire est un périodique, général ou spécialisé, qui comporte, sur un sujet donné, des articles de plusieurs disciplines y compris le droit ;

– le périodique non juridique, lui aussi général ou spécialisé, peut comprendre un article juridique à l'occasion.

Ces catégories permettent de comprendre le niveau inégal dans la qualité et l'envergure des articles, la variété de la couverture et des méthodes d'analyse dans les répertoires et l'éparpillement et les recoupements entre les sujets et les revues.

Elles établissent également un critère d'efficacité pour la recherche qui permet de décider d'avance des efforts à consentir et à concentrer. Il existe, en effet, en bibliothéconomie, une loi de dispersion dite «loi de Bradford» qu'on peut formuler ainsi : on trouve habituellement les 2/3 de la documentation pertinente dans un noyau de périodiques («core journals») situés dans la discipline. Pour obtenir l'autre 1/3, il faut parcourir un nombre beaucoup plus élevé et beaucoup plus éparpillé de documents.

B) Dynamique de l'évolution documentaire

Comment s'explique cette diversité? Elle s'inscrit dans le cycle socio-dynamique du développement de toute la documentation scientifique. L'évolution des périodiques colle à la réalité et dépend de plusieurs facteurs. Le vecteur d'évolution va dans le sens de la carence à la pléthore. Voici comment on l'explique : une idée nouvelle surgit, elle entraîne la publication d'un article dans un périodique (général ou spécialisé). On retrouve ensuite de plus en plus d'articles sur le sujet. Ceci conduit éventuellement à la naissance d'un périodique spécialisé sur le sujet (ex. Bulletin de droit nucléaire). On verra surgir d'autres périodiques spécialisés sur le même sujet. Ceci entraînera à son tour la nécessité d'index spécialisés de dépouillement du contenu de ces périodiques soit pour une discipline, soit pour un thème.

Après l'analyse vient la synthèse! Alors s'ouvre l'ère des traités dont certains ne seront guère plus, au début, qu'une revue de la documentation disponible ou une anthologie des textes de base. Ensuite et enfin, arrivent la véritable synthèse doctrinale, le précis, le volume qui font le point et deviennent, à leur tour, point de départ d'un nouveau cycle. Le domaine de la bioéthique et du bio-droit représente un bon exemple de ce phénomène.

Publier à tout prix? Cette dynamique s'inscrit dans le contexte de la carrière universitaire qui valorise la publication et en fait un critère de promotion (cf. le célèbre adage «publish or perish»). Publier ou périr, en effet, c'est la question que l'on se pose dans certains milieux académiques et scientifiques. La tendance à publier, et de plus en plus, exerce une influence certaine sur l'ampleur des bibliographies qu'on retrouve à la fin des chapitres ou des traités importants dans presque tous les domaines du droit. Puisque chaque médaille a son revers, mentionnons tout de même deux effets importants de ce bilan :

- à l'actif, les bibliographies contenues dans les ouvrages de doctrine sont parfois si complètes qu'on peut les utiliser comme point de départ fiable et éviter ainsi de refaire la recherche documentaire;

- au passif, la facilité avec laquelle les moyens informatiques et la photocopie permettent la réalisation de ces bibliographies rend souvent les auteurs moins sélectifs au prix du maintien de références secondaires, vétustes ou inutiles.

C) Étendue de la doctrine

On s'attendrait à trouver les articles juridiques exclusivement dans les périodiques juridiques. Or il n'en n'est rien. Deux avenues sont en effet couramment utilisées pour véhiculer des articles juridiques :

– Le <u>recueil de jurisprudence</u>. Plusieurs recueils de jurisprudence spécialisés publient régulièrement des commentaires de jurisprudence ou articles de doctrine à l'occasion d'une décision importante.

– Le <u>périodique non juridique</u>. Plusieurs périodiques spécialisés dans un domaine comportent régulièrement une chronique juridique ou publient des articles juridiques. C'est en particulier le cas des domaines d'affaires (assurances, banques, comptabilité, etc.).

Le problème théorique de la dispersion est atténué du fait que la plupart des outils de dépouillement des articles couvrent ces deux dimensions.

À cette étendue formelle, s'ajoute une étendue géographique. La doctrine n'observe pas les mêmes frontières que la loi ou la jurisprudence. Les idées sont universelles et circulent librement. Il n'est pas rare de chercher dans la doctrine étrangère la solution (ou le raisonnement qui y mène) à une question de droit interne. C'est aussi pour cela que l'on dit parfois de la doctrine qu'elle est une source persuasive du droit. La conséquence à tirer de cet état de fait, c'est qu'il faudra connaître et utiliser les répertoires doctrinaux étrangers, à un haut degré même si on ne fait pas de droit comparé.

11.2 <u>FORMES DE LA PUBLICATION</u>

11.2.1 Présentation des outils électroniques

A) Documentation juridique au Canada (version électronique)

D.J.C. est disponible sous format électronique sur Quicklaw. La couverture remonte alors à 1987.

Les entrées sont dans la langue des documents avec renvois à l'autre langue. Il faut donc utiliser les renvois pour s'assurer qu'on a tout ce qui est publié sur un sujet.

Les références jurisprudentielles dans l'Index sont reliées aux textes intégraux, aux comptes rendus jurisprudentiels ainsi qu'aux relevés de la banque de référence QUICKCITE (historique et traitement judiciaire) associés aux décisions.

B) *Annuaire de jurisprudence et de doctrine du Québec*

Cet outil est disponible par ordinateur, dans la banque DOCTRINE de SOQUIJ (auparavant banque EXPRESS). Dans cette banque, l'information remonte à 1980. En droit civil québécois, on peut consulter NOTARIUS, accessible par Internet (sur abonnement).

NOTARIUS comprend : *La Revue du Notariat*; les textes sont complets depuis 1985 et signalés, seulement pour la période de 1898 à 1984. On trouve également les Cours de perfectionnement en textes complets depuis 1985 et signalés pour la période antérieure. Le Répertoire de droit – Nouvelle série – Section Doctrine comprend les textes depuis 1994 et signale les textes antérieurs.

C) *JuriBistro*

Desservant l'ensemble des juristes québécois, les bibliothèques du CAIJ offrent un outil de recherche doctrinal JuriBistro à l'adresse [http ://www.caij.qc.ca]. Plus particulièrement, JuriBistro est divisé en trois parties : Biblio, Topo, Thema, Concerto.

- **Biblio** : Biblio donne accès aux collections du CAIJ. Il est possible d'y chercher des ouvrages ainsi que des périodiques.
- **Topo** : Topo présente des questions précises, classées par domaines de droit, et en indique les réponses. Les références doctrinales utilisées sont indiquées de manière détaillée (pages) dans les réponses.
- **Thema** : Thema couvre 17 domaines de droit concernant lesquels la doctrine la plus pertinente est indiquée, notamment sous forme de bibliographie. Il s'agit d'un bon point de départ afin d'effectuer une recherche.
- **Concerto** : Concerto est un outil de recherche en langage naturel permettant notamment le repérage d'extraits doctrinaux à l'aide de mots-clés. Il est particulièrement intéressant en ce

qui concerne les recherches à travers la Collection de droit de l'École du Barreau du Québec.

D) Périodiques électroniques

De plus en plus de textes d'articles de périodiques sont disponibles dans des bases textuelles offertes par des serveurs. Il existe des répertoires de périodiques disponibles sur ordinateur.

– **Périodiques juridiques disponibles sur Internet** : Ces périodiques, encore peu nombreux, ont été lancés directement sur Internet et sont accessibles pour la plupart gratuitement. Ex. Lex electronica : *La Revue internationale du droit des technologies de l'information* [http ://www.lex-electronica.org/].

– **Périodiques juridiques accessibles sur abonnement en bloc**

• **Hein-On-Line** [http ://heinonline.org/]. Ce serveur commercial, nouveau venu dans le numérique, est le plus ancien et le plus complet dépositaire des textes anciens de la plupart des revues juridiques américaines. La plupart des revues juridiques canadiennes ayant cédé leurs droits de reproduction à Hein, on devrait également les retrouver éventuellement. Le projet offre un accès électronique et rétrospectif à plus de 700 titres. La conversion au numérique s'attaque d'abord aux textes les plus anciens.

• **Kluwer Online** [http ://www.lexisnexis.ca/fr/default.aspx]. Des quelque 700 titres, toutes disciplines confondues, que comprend l'abonnement à Kluwer Online, on en compte environ 80 en droit.

• **LexisNexis** de Butterworths [http ://www.lexis-nexis.com/lncc/] : fournit le texte de quelque 400 revues juridiques américaines plein texte depuis 1992 environ. Chaque périodique est une banque distincte.

• **Westlaw** de West Group [http ://www.westlaw.com/] : fournit le texte de quelque 600 revues juridiques américaines plein texte depuis 1982 environ. Chaque périodique constitue une banque distincte.

• **Quicklaw** *[http ://www.lexisnexis.ca/fr/default.aspx]* offre le texte d'un bon nombre de périodiques juridiques canadiens. Il donne aussi accès à une cinquantaine de traités juridiques, dont ceux de la collection d'Irwin Law « Essentials of Canadian Law ». Les traités et les périodiques sont répertoriés sous 48 domaines de droit.

• **LegalTrac** bien qu'il s'agisse d'un index de périodiques, parfois le texte intégral est disponible directement au moyen d'un hyperlien.

– **Vers une liste globale**

Cela fait beaucoup de choses à considérer. Comment savoir où l'on peut trouver un périodique électronique dans l'un ou l'autre serveur sans les consulter tous successivement ? C'est ici qu'entre en jeu l'ingénieuse liste globale réalisée par la Bora Laskin Law Library de l'Université de Toronto [http ://www.law-lib.utoronto. ca/resources/locate/ journals.htm].

Voir : *Alphabetical Listing of Electronic Law Journals*. La liste permet de connaître en un seul endroit les périodiques disponibles sur Lexis-Nexis, Westlaw, Quicklaw, les ressources électroniques de l'Université de Toronto ou Internet. Les hyperliens mènent directement à une fenêtre dans laquelle on n'a qu'à inscrire les mots de passe appropriés d'accès au serveur.

On comprend que l'accès à la liste n'implique pas qu'on ait accès aux textes si on n'est pas abonné au fournisseur ; par ailleurs, si la bibliothèque dont on utilise l'ordinateur a souscrit à un abonnement auprès d'un serveur, on peut accéder directement à certains textes[51].

11.2.2 Présentation des outils papier

A) *Index to Canadian Legal Periodical Literature (= ICLPL)*

Ce répertoire couvre la doctrine périodique depuis 1961, à l'exception des monographies. *ICLPL* regroupe les périodiques juridiques canadiens et les articles juridiques publiés dans des périodiques non juridiques. Les articles sont cités par sujets selon des mots-clés

---

51. Il s'agira principalement de bibliothèques universitaires. L'accès pourrait être limité aux membres de l'Université.

anglais. On trouve une table de concordance français-anglais au début des refontes.

Consulter, dans l'ordre, les derniers fascicules courants trimestriels (publiés avec plusieurs mois de retard); les dernières refontes annuelles qui regroupent les fascicules parus dans une année et ensuite les refontes générales qui couvrent les années 1961-1970 et 1971-1975. Des sections distinctes mentionnent les commentaires d'arrêts et les recensions bibliographiques.

B) *Annuaire de jurisprudence et de doctrine du Québec*

L'*Annuaire de jurisprudence et de doctrine du Québec* – comme on l'a déjà noté au chapitre de la jurisprudence – a toujours couvert en partie la doctrine.

Toutefois, à partir de 1989, il prend le titre d'Annuaire de jurisprudence et de doctrine du Québec et la couverture doctrinale devient plus systématique et complète pour les ouvrages et périodiques québécois tout en demeurant sélective pour l'ensemble du Canada (monographies en particulier).

C) *Documentation juridique au Canada = Canadian Legal Literature,* partie de *Canadian Current Law*

Cet index est le plus complet et le plus perfectionné des répertoires bibliographiques juridiques (il n'en fut pas toujours ainsi et nous verrons pourquoi).

- **Par sa couverture.** D.J.C. comprend les monographies, les articles de périodiques, les documents gouvernementaux, les documents sonores ainsi que plusieurs articles publiés dans des domaines connexes au droit (criminologie, comptabilité, sociologie, affaires, etc.).

- **Par son indexation.** On peut repérer une entrée en utilisant les descripteurs normalisés en français ou en anglais à partir de 1985[52]. De nombreux renvois, soit à l'autre langue, soit aux domaines complémentaires assurent une plus grande efficacité.

- **Par les autres approches de recherche.** Outre les entrées principales à la doctrine par sujet, D.J.C. permet de repérer un

---

52. Auparavant, les entrées suivaient la nomenclature du *Canadian Abridgment*.

texte par auteur, par décision jurisprudentielle, par ouvrage recensé ou même par loi commentée.

Cet ouvrage remonte à 1980. L'ensemble comprend une compilation de base et des volumes supplémentaires. Plusieurs approches ont été ajoutées au fil des ans. Tous les volumes comportent un index analytique. L'index des auteurs du volume 3 (1981-1984) couvre également la compilation de base (jusqu'à 1980). À partir de 1985, on ajoute une table de la jurisprudence (commentée dans la doctrine) et un index des chroniques bibliographiques et, enfin, depuis 1988, on retrouve une Table de la législation utile pour repérer les commentaires/présentations des lois nouvelles. Depuis 1987, la production d'une année est consolidée en un volume. Une refonte 1985-2000 a paru. La mise à jour se fait via *Canadian Current Law* : index à la documentation juridique au Canada.

D) Les références essentielles en droit québécois et les lois annotées

Il suffit parfois de 4 ou 5 références importantes pour aborder une recherche et même la mener à terme. Mais quels ouvrages choisir ? C'est la question à laquelle répondent *Les références essentielles en droit québécois*[53]. Sur une centaine de sujets courants de recherches à faire en droit, on indique les cinq plus importantes sources documentaires à consulter, bref les 20 % des titres qui répondent à 80 % des questions.

Cet ouvrage est tenu à jour [http ://www4.bibl.ulaval.ca/ress/droit/bouton1.html].

Un autre type d'outil doit être signalé à cette fin : les lois annotées. Strictement parlant, sauf celles qui sont commentées, il ne s'agit pas de doctrine. Mais la compilation jurisprudentielle qu'elles impliquent et le rattachement aux articles de la loi jouent pour le chercheur pressé le même rôle que les nombreuses notes de bas de page d'un traité. Parfois même, des extraits de la jurisprudence permettent d'apercevoir rapidement la solution recherchée.

Nous donnons une liste des principales lois québécoises et fédérales annotées à l'URL [http ://www4.bibl.ulaval.ca/info/legislation.html].

---

53. D. LE MAY et J. MERCIER, Montréal, Wilson & Lafleur ltée, 1996, 107 pages.

E) *Bibliographie du droit canadien (BOULT)* : pour l'histoire

Cette bibliographie a le principal avantage de donner les références aux articles parus depuis la confédération jusqu'à 1980 environ. Toutefois l'approche par sujets est laborieuse en ce qu'il faut parcourir de longues listes énumérées en vertu de catégories très générales.

De plus, cette bibliographie n'est pas exhaustive mais sélective ; on aura avantage à la consulter car elle indique des articles fort valables que des index plus récents ne mentionnent pas.

Puisque la bibliographie de Boult constitue la seule ressource disponible pour repérer la doctrine antérieure aux années 1960, mieux vaut en connaître les contours et limites[54].

La Bibliographie suit un plan classique qui débute avec les bibliographies et les ouvrages généraux répartis selon la hiérarchie des sources de droit (loi-jurisprudence-doctrine). La doctrine par sujets se retrouve dans les chapitres VI à XXV selon les divers domaines : histoire, droit administratif... droit criminel... droit fiscal... droit civil... procédure civile, etc.

Dans chaque chapitre l'ordre suivi est invariable : d'abord les traités et manuels, puis les articles de périodiques, chaque catégorie en ordre alphabétique d'auteurs et le tout, en ordre strictement séquentiel numérique. Ces numéros s'avèrent utiles pour les divers renvois qui peuvent s'effectuer sans ambiguïté.

L'index mérite une remarque particulière. Cet index, appelé «Table alphabétique des matières», est insuffisant, lourd et dangereux à utiliser. Insuffisant, parce que toutes les notions de base ne sont répertoriées (ex. on n'y trouve pas les mots et expressions : compétences législatives, partage des pouvoirs, B.N.A. Act, etc.). Lourd, parce qu'une même entrée peut être suivie de plus d'une douzaine de numéros de pages auxquels il faut recourir (pourquoi pas aux numéros des entrées?) pour savoir si la référence est pertinente. Dangereux parce que «les renvois n'indiquent pas les ouvrages et articles écrits dans la langue des mots d'appel». Il faut alors dans chaque cas, pour être exhaustif, traduire le mot-clé dans l'autre langue. Ce critère est artificiel et contraire à la véritable dualité juridique qui en est une

---

54. Nous en avons fait une recension publiée à : (1978) 19 *C. de D.* 559. Nous en reprenons l'essentiel dans ce texte.

de systèmes (droit civil/common law) plutôt que de langue. La division rend ainsi plus difficile le repérage des articles écrits en anglais par des civilistes anglophones québécois et celui des articles écrits en droit public par des francophones. L'index publié avec le Supplément de 1980 permet de trouver des références tant dans le volume de base que dans le supplément.

11.3 PRINCIPALE APPROCHE DE RECHERCHE : MÉTHODE THÉMATIQUE

Nous présentons ici la méthode thématique de recherche de la doctrine canadienne et québécoise.

A) Consulter l'ouvrage *Les Références essentielles en droit québécois* : les 5 premières références en importance sur plus de 100 sujets. Consulter la mise à jour des Références essentielles sur le Web à l'URL [http ://www4.bibl.ulaval.ca/ress/droit/bouton1.html].

B) *Documentation juridique au Canada = Canadian Legal Literature*. Dépouille tous les périodiques juridiques canadiens. Mise à jour via *Canadian Current Law*. À la fin de l'année, un volume relié remplace les numéros parus dans l'année. Disponible sur informatique via le réseau Quicklaw (base ICLL, remonte à 1987). On y trouve également le signalement des monographies.

C) *Index to Canadian Legal Periodical Literature*. Depuis 1961. Trois numéros par an plus refonte annuelle.

D) *Annuaire de jurisprudence et de doctrine du Québec*. Couvre la doctrine québécoise produite annuellement (depuis 1989). Disponible sur informatique sur le serveur SOQUIJ (banque DOCTRINE : dans cette banque, on remonte à 1980).

E) En droit québécois, mentionnons également **NOTARIUS** qui comprend :

- La Revue du Notariat : textes complets depuis 1985. Pour la période antérieure à 1985 on obtient, comme dans une bibliographie, le signalement des articles qu'il faut ensuite retrouver dans l'édition papier.

- Les *Cours de perfectionnement* : textes complets depuis 1985. Comme pour la *Revue*, on obtient le signalement des cours antérieurs.

- Le *Répertoire de droit – Nouvelle série – Section Doctrine* : textes complets et mises à jour depuis 1994. Signalement des textes antérieurs. Rappel : il faut un abonnement pour accéder à NOTARIUS.

F) Pour aller plus loin :

On peut avantageusement consulter la bibliographie accompagnant un ouvrage de doctrine récent et ne compléter que depuis la date où cette bibliographie est à jour.

Pour la période de 1980 à 1961, utiliser l'Index to *Canadian Legal Periodical Literature* (rappel : ne couvre pas les monographies).

Avant 1961, consulter la Bibliographie du droit canadien de R. Boult.

Les outils de recherche des systèmes étrangers contiennent régulièrement le signalement de textes portant sur le droit québécois et canadien. Une recherche qui se veut exhaustive ou qui veut enrichir les entrées devrait couvrir au moins *Index to Foreign Legal Periodicals* et *LegalTrac*.

11.4 APPROCHES COMPLÉMENTAIRES

11.4.1 Commentaires législatifs

- À compter de 1988, *Documentation juridique au Canada* comporte une «Table de la législation» où l'on retrouve la doctrine spécifique à une loi fédérale ou provinciale.

– Compléter avec *Canadian Current Law* : *Documentation juridique au Canada*.

– On peut également utiliser *Index to Canadian Legal Periodical Literature* : les articles portant sur la législation sont repérables comme sous-rubriques, aux sujets.

11.4.2 Commentaires d'arrêts

– À compter de 1985, *Documentation juridique au Canada* inclut une «Table de la jurisprudence» qui permet de retrouver un commentaire doctrinal d'une décision.

– Compléter avec *Canadian Current Law* : *Documentation juridique au Canada*.

– On peut également utiliser *Index to Canadian Legal Periodical Literature* qui comprend également, depuis 1961, une section distincte pour les commentaires d'arrêts.

Note : Rappelons l'existence de périodiques et de publications de synthèse de l'activité jurisprudentielle d'un ressort ou d'un domaine (ex. *Supreme Court Law Review = Revue de droit de la Cour suprême* ; *Annuaire canadien des droits de la personne = Canadian Yearbook on Human Rights*). Ces publications offrent annuellement de substantiels articles sur les principales décisions de l'année et permettent de mesurer l'évolution jurisprudentielle. On ne peut, toutefois, parler dans ce cas de commentaires d'arrêt au sens strict. C'est pourquoi on repérera plutôt ces textes comme de véritables articles de doctrine et selon la méthode thématique.

11.4.3 Recensions bibliographiques

On peut repérer les recensions bibliographiques :

– En consultant l'*Index à la documentation juridique au Canada* à la section bibliographique. On peut repérer selon le titre de l'ouvrage, le nom de l'auteur de l'ouvrage ou le nom de l'auteur de la chronique.

– Compléter avec *Canadian Current Law : Documentation juridique au Canada*.

– On peut également utiliser l'*Index to Canadian Legal Periodical Literature* qui comprend une section pour les recensions bibliographiques.

11.5 <u>PÉRIODIQUES JURIDIQUES CANADIENS</u>

Nous donnons ici un tableau des principaux périodiques juridiques canadiens courants classifiés par grandes catégories. Nous suivrons un plan analogue à celui utilisé en jurisprudence (cf. *supra* par. 10.6). Nous ne donnons pas les commentaires doctrinaux publiés dans des ouvrages à feuilles mobiles ou les commentaires d'arrêts publiés dans les recueils de jurisprudence ; nous incluons par contre les recueils de jurisprudence comprenant à l'occasion des commentaires ou des articles doctrinaux entiers (ex. *Canadian Patent Reporter, Canadian Criminal Cases*).

La plupart de ces revues sont couvertes dans les diverses publications de répertoriage. Nous ne donnons que les titres actifs et ne mentionnons pas les titres antérieurs lorsqu'il y a eu modification.

Nous donnons pour chacun l'affiliation (académique ou professionnelle), la date du début de la publication, la mention de la disponibilité électronique et l'abréviation[55].

---

55. Notons qu'on retrouvera en partie ces informations en ordre d'abréviations, cette fois, dans notre Annexe C : *Abréviations juridiques canadiennes.*

11.5.1 Périodiques généraux (tous sujets)

Caractéristiques	Titres	Abréviations	Disponibilités Électroniques
Universitaires	• Alberta Law Review (Université de l'Alberta)	Alta.L.Rev.	Quicklaw 1995-Lexis/Nexis/1997
	• Les Cahiers de droit (Université Laval)	C. de D.	Lexis/Nexis/1997
	• Dalhousie Law Journal (Université Dalhousie)	Dalhousie L.J.	Quicklaw 1998
	• Manitoba Law Journal	Man.L.J.	Quicklaw 1998-Lexis/Nexis/1997
	• McGill Law Law jounal	McGill L.J.	Quicklaw 1992-Lexis/Nexis/1997 Westlaw 1993
	• Osgoode Hall Law Journal	Osgoode Hall L.J.	Lexis/Nexis/1997
	• Ottawa Law Review	Ottawa L. Review.	Quicklaw 1991-Lexis/Nexis 1997-
	• Queen's Law Journal	Queen's L.J.	Quicklaw 1995-Lexis/Nexis 1996-Westlaw 1996
	• Revue de droit (Université de Sherbrooke)	R.D.U.S.	Quicklaw 1989-Lexis/Nexis 1996
	• Revue d'études juridiques (Université de Montréal) (Revue étudiante)	R.E,J,	
	• Revue générale de droit (Université d'Ottawa)	R.G.D.	
	• La Revue juridique des étudiants et étudiantes de l'Université Laval	R.J.E.U.L.	Quicklaw 1997-
	• La Revue juridique Thémis (Université de Montréal)	R.J.T.	Internet 1994-
	• Saskatchewan Law Review	Sask.L.Rev.	Quicklaw 1991-Lexis/Nexis 1998-Westlaw 1993-
	• University of British Columbia Law Review (Université de la Colombie-Britanique)	U.B.C.L. Rev.	Quicklaw 1997-

11.5.1 Périodiques généraux (tous sujets) (*suite*)

Caractéristiques	Titres	Abréviations	Disponibilités Électroniques
Professionels	• University of New-Brunswick Law Jounal (Université du Nouveau-Brunswick)	U.N.-B.L.J.	Westlaw 1993
	• University of Toronto Faculty of Law Review	U.T. Fac. L.. Rev.	Quicklaw 1997 Lexis/Nexis 1996- Internet 1993-
	• University of Toronto Law Journal (Université de Toronto)	U.T.L.J.	Lexis/Nexis 1997- Westlaw 1996- Quiklaw 1997-
	• Revue du Barreau (Barreau du Québec)	R. du B.	
	• Revue du Barreau canadien	R. du B. Can.	
	• Revue du Notoriat.	R. du N.	Notarius 1998-

11.5.2 Périodiques spécialisés (par sujets)

Caractéristiques	Titres	Abréviations	Disponibilités Électroniques
Administration	• Canadian journal of Administrative law and pratice = Revue canadienne de droit administratif et de pratique	C.J.A.L.P = R.C.D.A.P.	
	• Law Office Management Journal = Revue de gestion des cabinets d'avocats	L.O.M.J. = R. gestion cab. D'Av.	
Aérien et Spatial	• Annals of Air Space Law = Annales de droit aérien et spatial	Ann. Air. & Space L. = Ann. D. Aérien & spatial	
Affaires	• Canadian Business Law Journal = Revue canadienne du droit de commerce	Can. Bus.L.J. = Rev. Can. D. comm.	
	• Canada - United States Law Journal		Lexis/Nexis 1994- Westlaw 1993
	• Review International Business Law	R.I.B.L. voir C.U.B.L.R.	
Assurance	• Canadian Insurance Law Review	C.I.L.R.	
Automobiles	• Journal of Motor Vehicle Law = Revue de droit des véhicules automobiles	J.M.V.L. = R.D.V.A.	
Autochtones	• Canadian Native Law Reporter	C.N.L.R.	
	• Note: recueil de jurisprudence comprenant des articles de doctrine		
Banques	• Banking and Finance Law Review	B.F.L.R.	
	• National Banking Law Review	Nat. Banking L. Review	Lexis/Nexis 1994
	• Revue de droit bancaire et de finance = Banking and Finance Law Review	R.D.B.F.	
Criminologie	• Canadian Journal of criminology = Revue canadienne de criminologie	Can.J.Crim. = Rev. Can. Crim.	
Droit Administratif	• Canadian journal of administrative Law and Pratice = Revue canadienne de droit administratif et de pratique	C.J.A.L.P. = R.C.D.A.P.	
Droit criminel	• Criminal Law Quarterly	Crim.L.Q.	
Droit constitutionnel	• Constitutionnal Forum = Forum constitutionnel	Consti. Forum	

11.5.2 Périodiques spécialisés (par sujets) (*suite*)

Caractéristiques	Titres	Abréviations	Disponibilités Électroniques
	• National Journal of Constitutionnal Law = Revue nationale de droit constitutionnel	N.J.C.L. = R.n.droit const.	
	• Review of Constitutionnal Studies = Revue d'études constitutionnelles	Rev. Const. Studie	
	• Revue nationale de droit constitutionnel = National Journal of Constitutionnal Law	R.N. Droit const.	
Droit international	• Annuaire canadien de droit international = Canadian Yearbook of International Law	A.C.D.L. = Can. Y.B. int L.	
	• Revue québécoise de droit international	R.Q.D.I	Quicklaw 2000
Droit de la personne	• Canadian Human Rights = Annuaire canadien des droits de la personne	Can.Hum.Rts. Y.B. = A.C.D.P	
Droit social	• Journal of Law and Social Policy = Revue des lois et de politiques sociales	J.L. & Social Polcy	
	• Windsor Yearbook of Access to Justice		Lexis/Nexis 1998- Westlaw 1993-
Éducation	• Education & Law Journal = Revue de droit de l'éducation	E.L.J = Éduc. & L.J.	
Environnement	• Journal of environnemental Law and Pratice	J.E.L.P.	
Faillite	• Commercial Insolvency Reporter		Lexis/Nexis 1994-
	• National Insolvency Review	Nat. Insolvndy Rev.	Lexis/Nexis 1994-
	• National Creditor Debtor Review		Lexis/Nexis 1994-
Famille	• Canadian Journal of Family Law = Revue canadienne de droit familial	Can. J. Family L. R.C.D.F.	Quicklaw 1998-
	• Canadian Family Law Quarterly	Can. Fam. Law Q.	
Femmes-droit	• Canadian Journal of Women and the Law = Revue juridique Femme et droit	Can.J. Women & L. = Rev. j.Femme & D.	
Fiducie	• Estates and Trust Journal	Est. & Tr. J.	
	• Estates and Trust Quartely	Est. & Tr. Q	

11.5.2 Périodiques spécialisés (par sujets) (*suite*)

Caractéristiques	Titres	Abréviations	Disponibilités Électroniques
Fiscalité	• Canadian Current Tax	C.C.T.	Lexis/Nexis 1994-
Magistrature	• Journal des juges provinciaux = Provincial Judges' Journal	J.Judges prov. = Prov.Judges J.	
Médias	• Media and Communication Law Review = Revue de droit media et communication	M.C.L.R. = R.D.media et com.	
Philanthropie	• The Philanthropist = Le Philanthrope	Philanthrop.	
Planification fiscale	• Revue de planification fiscale et successorale		
Propriété intellectuelle	• Les cahiers de propriété intellectuelle	Cahier prop. Intel.	
	• Canadian Intellectual Property Review = Revue canadienne de propriété intellectuelle	C.I.P.Rev. = Rev.C.P.I	
	• Intellectual Property Journal = Revue de propriété intellectuelle	L.P.J. = R.P.I	
	• Revue canadienne du droit d'auteur	Rev. Can. Droit. d'auteur	
Santé	• Health Law in Canada	Health L. Can.	Lexis/Nexis 1994-
	• Health Law Journal		Lexis/Nexis 1993-
	• Legal Medical Quartely	Legal Med. Q.	
Sociologie	• Canadian Journal of Law and Society = Revue canadienne de droit et société	Can.J.L. & Society = Rev. Can. D. & Société	Westlaw 1993-
	• Windsor Review of Legal and Social Issue = Revue des affaires juridiques et sociales - Windsor	Windsor Rev. Legal & Social Issues = Rev. Affaires juridiques & sociales Windsor	
Successions et héritages	• Revue de planification fiscale et successorale		
Théorie du droit	• Canadian Journal of Law and Jurisprudence	Can.J.L. & Juris	Quicklaw 1998- Lexis/Nexis 1997- Westlaw 1995-
	• Canadian journal of Law and Society = Revue canadienne de droit et société	Can.J.L. & Society = Rev. Can. D. & société	Westlaw 1993-
Travail	• Employment and Labour Law Reporter	E.L.L.R.	Lexis/Nexis 1994-

11.6 <u>POUR ALLER PLUS LOIN</u>

11.6.1 Publications indicatives de nouveautés

Si l'on veut dépasser les bibliographies déjà mentionnées ou le catalogue local d'une bibliothèque, on peut consulter des publications portant spécifiquement sur les nouvelles publications disponibles. Cette méthode permet de suivre l'évolution d'un domaine. On peut utiliser l'une ou l'autre des ressources suivantes :

En droit canadien, outre la consultation des catalogues d'éditeurs, on peut utiliser l'*Index à la documentation juridique au Canada* (mise à jour par *Canadian Current Law*). Cette publication répertorie les nouvelles monographies publiées et signale les comptes rendus bibliographiques publiés dans les revues. On peut donc s'y référer pour connaître les nouvelles publications canadiennes.

On peut aussi consulter la Bibliographie du Québec, liste mensuelle des publications québécoises ou relatives au Québec établie par la Bibliothèque nationale du Québec. Le sommaire du début indique à quelle page on trouve le droit. On examine les cotes H (sciences sociales) et J (sciences politiques) en plus du K (droit), de manière à ne rien laisser échapper. La publication couvre les notes de cours de droit des différentes facultés du Québec.

Le catalogue de la Bibliothèque nationale du Québec est disponible sur Internet [http ://www.biblinat.gouv.qc.ca : 6611]. Bien entendu, le délai est parfois considérable entre la parution d'un document et son signalement. Pour les publications canadiennes, on consulte les derniers numéros de *Canadiana*. Publié par la Bibliothèque nationale du Canada, *Canadiana* « signale les publications canadiennes ou les publications se rapportant au Canada ». Le droit y est catalogué comme une sous-rubrique des sciences sociales et on aura tout intérêt à examiner les rubriques « sciences politiques » (320) et « administration publique » (350), en plus du droit (340). Il s'agit de la classification décimale de Dewey. *Canadiana* intéresse par sa couverture pancanadienne et par la mention des thèses (sur lesquelles on reviendra plus loin).

Le catalogue de la Bibliothèque nationale du Canada est disponible sur Internet [http ://www.amicus.nlc-bnc.ca/wapp/resanet/ introf.htm].

11.6.2 Répertoires non juridiques pertinents

- *PAIS International*. Très vaste bibliographie en six langues (anglais, français, allemand, italien, portugais, espagnol) de tout ce qui intéresse de près ou de loin les politiques des états (= public policy) dans toutes les disciplines et tous les pays. Également disponible sur disque optique numérique (cédérom). Le disque remonte à 1972.

- *FRANCIS*. Base bibliographique multidisciplinaire correspondant aux nombreuses sections du Bulletin signalétique du CNRS; la couverture remonte à 1984. Aucune section du Bulletin ne traite exclusivement de droit. Le CNRS a abandonné, en 1995, la production du Bulletin signalétique sur papier.

Note : Nous abordons le droit international dans un chapitre distinct (voir chapitre 13).

11.6.3 Fichiers d'autres bibliothèques

Grâce à la magie de l'Internet, il devient très facile de consulter à distance le fichier de la plupart des bibliothèques universitaires et de recherche du monde entier d'autant plus que la plupart utilisent maintenant l'interface Web.

Cela ne donne pas le document, mais permet d'en connaître l'existence pour éventuellement le consulter, sur place ou par emprunt entre bibliothèques ou même de se le procurer en librairie.

Comme dans toute bibliothèque, la consultation du fichier passe par deux approches possibles :

- on connaît l'auteur ou le titre : consulter le catalogue «auteurs-titres», sans autres formalités;

- on ne connaît ni auteur ni titre : consulter le catalogue «matières». Il faut alors savoir sous quelle vedette le sujet est classé pour éviter les erreurs[56]. Pour trouver une bibliographie sur

---

56. La Bibliothèque de l'Université Laval publie un *Répertoire des vedettes-matière*, qui donne les descripteurs utilisés, ceux qu'on a rejetés, ainsi que des renvois. Sa consultation permet de savoir s'il y a ou non une entrée au catalogue sous le mot qu'on cherche. Le Répertoire est fondé sur les vedettes-matière de la Bibliothèque du Congrès américain (LCSH = Library of Congress Subject Headings).

un sujet donné, consultez dans le fichier des sujets, la rubrique appropriée suivie de la subdivision «Bibliographie».

11.6.4 Thèses universitaires

A) Importance et utilité

Les thèses constituent un bon moyen, en droit, de faire le point sur une question difficile et précise pour laquelle on n'a pu repérer de doctrine valable. Souvent plus considérable qu'un article de périodique, elles méritent d'être consultées, car elles sont parfois la seule source de documentation sur un sujet donné. C'est la difficulté de repérage et la disponibilité inégale qui découragent le chercheur; la présente section vise à lever une partie du voile sur cette documentation.

Précisons que la thèse de droit, si elle intéresse l'étudiant soucieux d'éviter un dédoublement à l'orée de ses études graduées, intéresse également le chercheur et le praticien et c'est en tant que partie de la doctrine qu'elle est considérée ici.

Il existe une foule d'instruments de repérage des thèses dont l'utilité varie selon les besoins. Mentionnons les répertoires par pays, par sujets, par université. Nous nous intéresserons d'abord aux thèses de droit canadiennes puis aux autres thèses de droit et enfin, aux thèses dans les autres disciplines.

B) Thèses de droit canadiennes

Repérage des thèses de droit canadiennes

À titre rétrospectif, on peut encore consulter :

– Le *Répertoire des thèses de doctorat et de maîtrise soutenues dans les facultés de droit des universités du Québec et de l'Université d'Ottawa* publié par la *Revue générale de droit*. Voir (1986) 17 *R.G.D.* 947. Ce répertoire couvre tous les sujets, mais s'avère insuffisant, surtout en droit public, en ce qu'il ne comprend pas les thèses des autres universités canadiennes.

– À partir de 1986, la *Revue du Barreau* signale les thèses universitaires québécoises déposées dans l'année.

- La plupart des revues universitaires, comme *Les Cahiers de droit*, fournissent annuellement la liste des thèses soutenues par les étudiants de la faculté.

- Pour les autres thèses, consulter *Canadiana*, au sujet pertinent. Les thèses sont intégrées à la partie I (publications canadiennes) de la bibliographie selon les divisions de la classification décimale de Dewey. Les lettres CT devant le numéro de contrôle, identifient une thèse (= *Canadian Thesis*).

- Pour les thèses d'intérêt canadien publiées à l'étranger, il faut consulter la partie 2 de la bibliographie dans *Canadiana* (ouvrages étrangers pouvant intéresser le Canada).

- Ce travail est facilité par la disponibilité sur Internet, du fichier de la Bibliothèque nationale [http ://www.amicus.nlc-bnc.ca/ wapp/resanet/introf.htm].

Note : La couverture des thèses dans *Canadiana* a débuté en 1966. Entre 1967 et 1980, les thèses étaient énumérées dans une section spéciale de *Canadiana*. Depuis 1981, *Canadiana* ne regroupe plus les thèses séparément. Toutefois l'index A permet de trouver une thèse par l'auteur, le titre, ou la collection.

C) Obtention des thèses

La plupart des thèses soutenues sont déposées à la bibliothèque de l'université concernée. Le prêt en est restreint sinon totalement interdit. Si on désire une photocopie, il faut s'adresser à l'université directement. On peut obtenir des renseignements au sujet du prêt entre bibliothèques auprès de la Division de la localisation de la Bibliothèque nationale du Canada[57].

Ce qui est encore plus facile, plus intéressant et plus économique, c'est d'utiliser le Service des thèses canadiennes sur microfiches. Ce service, établi en 1965, reçoit des exemplaires des thèses de maîtrise et de doctorat des universités participantes, les fait microfilmer et les met à la disposition des intéressés. L'index D de *Canadiana* en donne la liste à partir de 1982. On estime que près de 70 % des thèses sont ainsi reproduites. La Bibliothèque nationale tient une liste des

---

57. Division de la localisation/Direction des services au public Bibliothèque nationale du Canada 395 rue Wellington Ottawa, Ontario K1A 0N4. Tél. : (613) 996-3566.

universités participantes et des périodes couvertes qui varient selon les institutions.

On peut commander une thèse canadienne publiée par le Service des thèses :

Services des thèses canadiennes sur microfiches
Direction du développement des collections
Bibliothèque nationale du Canada
395, rue Wellington Ottawa, Ontario K1A 0N4
Courriel : theses@nlc-bnc.ca

Les universités québécoises suivantes sont couvertes :

INSTITUTIONS	CATÉGORIES	DEPUIS
– Université Laval	Doctorat Maîtrise	1970 1971
– Université McGill	Doctorat Maîtrise	1965 1965
– Université d'Ottawa	Doctorat Maîtrise	1959 1960
– Université du Québec	Doctorat Maîtrise	2006 1970
– Université de Sherbrooke	Doctorat Maîtrise	2002 1970

D) Thèses de droit autres que canadiennes

Il n'existe pas de répertoire international exclusif des thèses juridiques. Il faut consulter la section juridique des répertoires généraux de thèses.

Sur papier, c'est *DISSERTATION ABSTRACTS INTERNATIONAL* qu'il faut consulter, série A : sciences humaines et C : thèses européennes. Cette publication donne un résumé des thèses disponibles. On peut en obtenir des copies de : University Microfilms International 300 North Road, Ann Arbor Michigan, USA 481076.

On peut également consulter *Dissertation Abstracts Online* sur ordinateur et sur disque optique numérique.

11.6.5 Bulletins juridiques des cabinets d'avocats et d'autres professionnels

À la fois pour fins de relations publiques et pour rendre service à leurs clients en les tenant à la fine pointe, des cabinets juridiques publient des bulletins d'information juridique.

Il était pratiquement impossible d'en obtenir systématiquement des copies ou d'en prendre une connaissance d'ensemble avant que SOQUIJ ait eu l'excellente idée de les regrouper sur son site Web et d'en donner l'accès [http ://www.soquij.qc.ca/prod/infojuri/bulletin. htm].

On peut également consulter directement le site Web de certains cabinets juridiques.

Les documents sont de la nature de la doctrine, de l'information et de la vulgarisation juridique : des capsules d'information, des chroniques juridiques, des bulletins publiés par des cabinets, des articles de doctrine, des textes de conférence, des mémoires présentés devant différentes instances. Chaque document est en texte intégral, donc complet en soi. Les sites dépouillés pour l'établissement du répertoire sont : les cabinets d'avocats et de notaires ayant une présence physique au Québec, les centres de recherche et associations ayant des activités juridiques au Québec, les sites, établis au Québec, où on trouve des articles ou des chroniques juridiques.

Une véritable mine d'or pour les recherches portant sur des sujets nouveaux, pointus et complexes pour lesquels la doctrine est encore rare.

11.6.6 Multidisciplinaire

A) **Pro Quest** [http ://proquest.com] dont l'une des missions est l'éducation universelle, est probablement l'une des plus imposantes bases multidisciplinaires de données électroniques. Il donne accès à plus de 5,5 milliards de pages d'information provenant de périodiques, de journaux, de livres, de dissertations et d'encyclopédies. Il recouvre une très grande quantité d'informations provenant de tous les secteurs, dont le droit. Sa période de couverture s'étend de 1971 à aujourd'hui.

Plus précisément, il contient près de 1 800 titres de périodiques, dont environ une centaine de titres juridiques (dans le «Law module») la plupart en texte intégral. Ce qui est intéressant, c'est que plusieurs de ces titres apportent au droit une perspective complémentaire/pluridisciplinaire. Ex. *Federal Probation, Issues in Law & Medicine, Journal of Arts Management, Law and Society, Journal of Money Laundering Control, Journal of Products and Toxics Liability, Real Property, Probate and Trust Journal*, etc. Pour voir la liste, sélectionnez «Law Module» de l'onglet «Collections» puis «Visualiser les titres». La plupart de ces titres ne se retrouvent pas nécessairement dans les outils de repérages juridiques (ex. LegalTrac).

B) Jstor [http ://www.jstor.org] offre un accès continu et universel à des périodiques scientifiques publiés dans de nombreuses disciplines. Cependant, constituant un entrepôt d'archives de périodiques, il existe un écart temporel de 1 à 5 ans entre la date de la dernière parution dans le périodique et la date de la plus récente parution sur le site.

12
DROITS COMPLÉMENTAIRES
(DROITS FRANÇAIS, ANGLAIS, AMÉRICAIN, EUROPÉEN)

12.1 <u>GÉNÉRALITÉS</u>

12.1.1 Problématique

Le droit québécois provient historiquement de deux systèmes juridiques différents : le droit français et le droit anglais. Les influences externes sont, bien entendu, plus complexes que cela et les «emprunts» plus diversifiés qu'aux seuls droits français et anglais. Pourtant, l'esprit de ces deux systèmes continue d'habiter le droit québécois et chacun d'eux demeure une source irremplaçable de droit tantôt supplétif ou persuasif, tantôt comparatif.

La difficulté principale consiste à déterminer à quel titre on utilise le droit français ou anglais : persuasif ou comparatif, tout en tenant compte du phénomène d'acculturation des «emprunts» à ces systèmes juridiques[58].

12.1.2 Détermination du statut des droits français ou anglais[59]

– Précautions méthodologiques

De façon négative, il faut d'abord éviter de tenir pour acquis que l'on réfère au droit français pour interpréter le Code civil et au

58. Voir à cet égard *Droit québécois et droit français : communauté, autonomie, concordance*, H.P. GLEN (dir.), Cowansville, Les Éditions Yvon Blais inc., 1993.
59. Sur cette question, on lira avec intérêt G. TREMBLAY, *Une grille d'analyse pour le droit du Québec*, 3e éd., Montréal, Wilson & Lafleur ltée, 1993.

droit anglais pour interpréter les lois statutaires. Dans les deux cas et pour des raisons différentes, cette solution ne satisfait pas, car il ne faut pas confondre les couples de notions qui ne se recoupent pas en tous points. Par exemple :

- Common law et droit anglais
- Common law et droit commun québécois
- Common law et droit privé anglais
- Common law et droit public
- Common law et droit statutaire
- Droit fédéral et common law
- Droit fédéral et droit public
- Droit québécois et droit privé
- Droit québécois et droit statutaire

Il faut ensuite éviter de traiter une question selon une approche de droit public ou de droit privé uniquement. Il peut y avoir facilement interpénétration des deux domaines, ce qui oblige à un examen global. Par exemple, la question du congédiement d'un instituteur d'école pose à la fois un problème de droit civil (le contrat de travail) et de droit public (par la présence d'une corporation de droit public).

– Critère de partage entre les droits français et anglais

Il est d'usage de faire remonter la solution au *Quebec Act, 1774*, 14 Geo. III, c. 83 (R.-U.), L.R.C. 1985 Appendices, qui, en réinstaurant le recours aux lois civiles françaises dans le domaine de la propriété et du droit civil, maintenait le recours au droit anglais pour tout le reste. On introduisait donc, non pas seulement le droit anglais tel qu'il existait à cette époque [voir à ce sujet l'arrêt *Langelier* c. *Giroux*, (1932) 52 B.R. 113, 116 (le juge Dorion)], mais aussi un *type* de droit applicable : la common law.

Aujourd'hui, le droit français et le droit anglais remplissent pour le droit canadien et québécois un double rôle : celui de droit comparé et, à certains égards, de droit supplétif.

Procédant positivement maintenant, on peut dire qu'on examine l'applicabilité du droit anglais dans les matières de droit public où, traditionnellement, la common law est le système applicable supplétivement et le droit français dans les matières de droit privé où, traditionnellement, le droit civil est le système applicable suplétivement. On peut représenter schématiquement cette situation complexe.

Schéma-synthèse du droit complémentaire québécois

TYPE DE PROBLÈME DROIT PUBLIC OU PRIVÉ	COMPLÉMENTAIRE DIRECT	COMPLÉMENTAIRE INDIRECT
Le problème en est un de DROIT PRIVÉ pour lequel il n'existe pas de solution en droit interne québécois	On cherchera alors une solution applicable en DROIT FRANÇAIS	À défaut de solution applicable, on cherchera une solution compatible avec le système *romano-germanique*.
Le problème en est un de DROIT PUBLIC pour lequel il n'existe pas de solution en droit interne québécois	On cherchera alors une solution en DROIT ANGLAIS	À défaut de solution applicable, on cherchera une solution compatible avec le système de common law

Ce tableau permet de décider : a) par où commencer, b) quand utiliser le droit français ou anglais, et c) comment les droits français et anglais peuvent être successivement utilisés à titre supplétif et comparatif.

La suite du chapitre présente brièvement les premières pistes documentaires d'une recherche en droit français ou en droit anglais.

Note : En principe, la plupart des ouvrages mentionnés ci-dessous sont disponibles dans les grandes bibliothèques de droit du Québec.

12.1.3 Informatique documentaire

La plupart des bases de données étrangères (notamment les bases françaises et anglaises) sont disponibles au Canada via LexisNexis

Il existe, bien entendu, d'autres bases juridiques en France et en Angleterre, mais elles ne sont pas facilement accessibles aux juristes canadiens. Aussi, nous nous limiterons aux sources disponibles.

WESTLAW, base de données américaine, est disponible au Canada par l'entremise du serveur Carswell depuis le 1er août 1999.

Il est possible d'accéder directement aux sites des «producteurs» de droit (Parlements, tribunaux) ainsi qu'aux multiples sources de documentation juridique (facultés de droit, organismes gouvernementaux, associations professionnelles, etc.). Les sites se multiplient et s'enrichissent quotidiennement. Il n'est donc pas question pour nous d'en donner le détail. Nous nous limiterons à fournir (de façon arbitraire) l'adresse de certains sites majeurs, laissant au chercheur le soin de «naviguer» lui-même à son gré.

Nous retrouverons plusieurs sites majeurs en droit comparé dont les suivants :

- Systèmes juridiques du monde entier [http ://www.uottawa.ca/world-legal-systems/]. Ce site permet au comparatiste de situer les pays dans les systèmes juridiques. Il comprend une description des principaux systèmes. On peut cliquer sur la carte géographique ou sur la lettre initiale du pays dont on veut connaître le système (ex. Vietnam=civiliste). Encore plus intéressant, on peut obtenir une liste des pays qui forment un groupe (ex. les pays de droit coutumier). C'est révélateur, instructif et parfois surprenant.

- Droit international privé [http : //www.asil.org/]. Ce site de l'American Society of International Law (ASIL), propose une série de documents et de liens en DIP, complément nécessaire du droit comparé.

- Droit public comparé via l'Institut Max-Planck [http : //www.virtual-institute.de/en/link/eeinf.cfm]. Ce célèbre institut offre une liste de sites pertinents en droit public comparé. Par continent et ensuite par pays, vous trouverez des liens aux textes et à des données relatives aux constitutions, aux institutions, aux gouvernements, aux élections, à la situation des droits de la personne, etc. La quantité des liens varie d'un pays à l'autre.

- Comme portes d'entrée vers les droits étrangers, nous proposons les moyens suivants :

a) Les «passerelles» : certains mégasites jouent un rôle important dans le repérage. Rappelons principalement :

   • *Hieros Gamos* : HG est un consortium de quelque 160 cabinets juridiques à travers le monde qui offrent, sous la bannière

Lex Mundi, un grand nombre d'informations, de nouvelles et de ressources dont des «World reports» sur divers sujets. On peut chercher par sujet ou par pays [http ://www.hg. org/].

- *Findlaw* [http ://www.findlaw.com]. Findlaw est un répertoire structuré qui présente les ressources selon les grandes catégories familières aux juristes ; on peut y trouver facilement ce qu'on y cherche.

b) Les moteurs de recherche gagnent à être utilisés en combinant le nom du pays et les termes «LÉGISLATION», «DROIT», etc.

c) Les facultés de droit du monde entier fournissent sur leur site de l'information sur la documentation juridique disponible sur le Web.

12.2 **DROIT FRANÇAIS**

La présente section aborde sommairement les principales démarches de repérage documentaire en droit français à partir des outils de base qui sont généralement disponibles dans les bibliothèques de droit du Québec. Pour une approche détaillée et complète de la recherche en droit français, on consultera avec profit les ouvrages suivants :

– S. COTTIN et S. MAYRET, *Petit guide d'accès l'information juridique française, pratique de la recherche documentaire juridique*, Paris, ADBS, 2000.

– A. DUNES, *Documentation juridique*, Coll. «Méthodes du droit», Paris, Dalloz, 1977.

– C. SZLADITS et C.M. GERMAIN, *Guide to Foreign Legal Materials French*, 2e éd. Dobbs Ferry, N.Y., Oceana Publications Inc., 1985.

– Y. TANGUY, *La recherche documentaire en droit*, Paris, P.U.F., 1991.

Il est intéressant de vérifier les sites Web des différents éditeurs juridiques qui parfois y publient des mises à jour de certaines de leurs collections.

12.2.1 Quelques caractéristiques de la documentation juridique

Les outils de recherche français, marqués par la tradition ency-clopédique, sont souvent multisources. Ils proviennent, pour la plu-part, d'éditeurs privés dont les plus importants sont Juris-classeur et Dalloz. Ces deux maisons offrent des outils comparables qui sont de vastes encyclopédies permettant aussi bien le repérage des textes législatifs que la recherche jurisprudentielle et doctrinale.

Généralement, les sources sont classées en ordre chronologique. La date est donc une importante clé de repérage des lois et des décisions des tribunaux (on parlera, par exemple, de la «Loi du 30 septembre 1993» sans mentionner nécessairement le titre de la loi ou de «Cassation, 13 novembre 1993», sans mention des parties en cause).

Il n'y a pas de refonte législative officielle ; cependant, pour les fins de repérage documentaire, les compilations privées des lois et des décrets suppléent en partie à cette absence de refonte.

Le caractère laconique des jugements et des arrêts (construits sur la méthode des «attendu» et des «considérant») entraîne la multi-plication des «observations sous...» ou des «notes sous...» que l'on retrouve à la suite des décisions les plus importantes et qui constituent des analyses et des commentaires de ces décisions. Le repérage de la jurisprudence permet donc souvent de trouver des textes doctrinaux et de suppléer ainsi à l'absence de motivation détaillée des jugements.

La documentation juridique française offre de plus en plus (Europe oblige) des outils d'accès, en français, au droit européen et au droit international.

12.2.2 Législation et réglementation

La recherche des textes législatifs et réglementaires (actes régle-mentaires, décrets, arrêtés) se fait simultanément.

En effet, en vertu de la Constitution française, le législateur n'intervient que dans les matières limitativement énumérées par la Constitution. Dans tous les autres domaines, le décret est l'acte législatif de droit commun. La masse documentaire générée par l'activité réglementaire croissante, est beaucoup plus vaste que celle du corpus des lois au sens strict. Lois et décrets sont publiés dans les mêmes outils, officiels ou privés.

Il faut savoir également que de nombreux secteurs du droit français sont couverts par des «codes». Certains de ceux-ci sont de «vrais» codes, en ce sens qu'ils ont été institués en vertu d'un décret de codification. Les domaines ainsi couverts sont variés, en contenu et en importance, puisqu'on trouve aussi bien le Code civil ou le *Code de procédure pénale* que, par exemple, le Code des débits de boissons. La plupart de ces codes (il y en a une trentaine) représentent en réalité des assemblages de textes législatifs et réglementaires relatifs à une matière. À côté de ces codes officiels, on trouve les «codes sauvages»[60] qui constituent également des compilations, par des éditeurs privés, de textes législatifs et réglementaires relatifs à une matière particulière, mais qui n'ont pas fait l'objet d'un décret de codification. On peut les comparer aux codifications administratives québécoises.

A) Publications officielles : les lois et les textes réglementaires sont publiés au *Journal officiel. Lois et décrets* (le «J.O.»), qui paraît presque quotidiennement. Des tables mensuelles et annuelles en facilitent quelque peu la consultation, mais le *Journal officiel* n'est certainement pas un outil très efficace de repérage des textes. On lui préférera de loin les outils proposés par les éditeurs privés, plus faciles à consulter et généralement plus disponibles dans nos bibliothèques de droit.

Le «J.O.» demeure cependant la source indiquée pour retracer les versions originales non modifiées des lois et des décrets.

B) Publications privées : l'outil le plus efficace pour le repérage des textes à jour, est sans nul doute la collection Codes et lois du Juris-Classeur, sur feuilles mobiles. Cette collection comprend, à partir de l'année 1566, les parties les plus importantes des lois, des décrets et des arrêtés qui sont actuellement en vigueur. On n'y retrouve pas les lois abrogées. Les codes y sont classés par matière, alors que les lois, décrets et arrêtés le sont chronologiquement. Il n'y a pas de commentaires ni d'annotations autres que la référence d'origine. Pour trouver les textes pertinents, il

---

60. L'expression est de A. Dunes, *Documentation juridique*, Coll. «Méthodes du droit», Paris, Dalloz, 1977.

faut en premier lieu consulter le fichier législatif et réglementaire (l'index).

L'opération de mise à jour est aisée, car les modifications sont signalées sur des feuillets intercalés de couleurs différentes, avec indication de la date de la mise à jour. Lorsque l'ampleur ou le nombre de modifications le justifie, la page originale est remplacée pour intégrer ces changements. Les Juris-classeurs offrent également une collection de codes annotés.

Pour parfaire la mise à jour, on consultera les différentes tables, chronologiques et alphabétiques, des publications suivantes : La *Gazette du Palais* (trihebdomadaire), le *Recueil Dalloz-Sirey* (hebdomadaire) et la *Semaine juridique* (hebdomadaire ; le mode de citation «J.C.P.» s'explique par le fait que cette publication est également désignée sous le titre de Juris-classeur périodique). Il s'agit de publications multisources qui servent en même temps d'outil de mise à jour et de recueil d'archives pour les textes législatifs et réglementaires, les décisions des tribunaux, les articles de doctrine et les commentaires d'arrêts (notes de jurisprudence). Les fascicules sont reliés en volumes annuels dans lesquels on retrouve les différentes «tables» (index). Pour l'année en cours, on utilise les tables provisoires (lorsqu'il y en a) et on consulte ensuite les fascicules subséquents, numéro par numéro.

On peut consulter également les «petits codes». Petits par leur format, ces outils sont cependant fort précieux pour la recherche, car ils ont l'avantage de présenter des annotations doctrinales et jurisprudentielles de plus en plus substantielles. Ces petits codes prolifèrent. Mentionnons la collection Dalloz et la collection Litec.

12.2.3 Jurisprudence

A) Les **encyclopédies** : les encyclopédies, qui offrent de vastes études doctrinales sur la plupart de départ pour repérer les plus importantes décisions jurisprudentielles. Les deux grandes encyclopédies sont l'*Encyclopédie Dalloz* (constituée de *Répertoires spécialisés*[61] sur feuilles

---

61. *L'encyclopédie* est construite autour de huit thèmes : droit civil, droit commercial, droit social, droit du travail, droit pénal et procédure pénale, procédure civile, contentieux administratif, responsabilité administrative.

mobiles avec mise à jour trois fois par année ; la *Table alphabétique générale d'orientation* constitue la clé d'accès aux *Répertoires*) et la collection des Juris-classeurs (constituée de différentes sous-collections sur feuilles mobiles représentant les grands domaines du droit : civil, pénal, procédure, etc.). À partir de la date de la dernière mise à jour de la rubrique concernée, on peut consulter l'un ou l'autre des *Recueil Dalloz-Sirey*, la *Semaine juridique* ou la *Gazette du Palais*.

B) Les **répertoires** : *Jurisprudence française* est un vaste répertoire de décisions pour la période 1807 à 1967 qui se compare un peu au *Canadian Abridgment* en ce qu'il donne de brefs résumés et des références aux recueils. Pour les années subséquentes on peut utiliser les revues d'information juridique générale (*Gazette du Palais, Semaine juridique, Recueil Dalloz-Sirey*) qui contiennent chacune des résumés de jurisprudence sous des rubriques portant le nom de «panorama», «sommaires et chroniques» (dans la *Gazette du Palais)*, «sommaires commentés» (dans le *Recueil Dalloz-Sirey*), «informations rapides» ou «tableaux de jurisprudence» (dans la *Semaine juridique – Juris-classeur périodique*).

C) Les **recueils de jurisprudence** : outre le fait que de nombreuses décisions de toutes les instances sont publiées *in extenso* dans les revues d'information juridique générale, il faut mentionner qu'il existe des recueils d'arrêts de la Cour de cassation et du Conseil d'État : le *Bulletin de la Cour de cassation*, qui comprend le *Bulletin civil* et le *Bulletin criminel* (publiés dix fois par année), et le *Recueil du Conseil d'État* (publié six fois par année)[62].

Une remarque s'impose à propos de ces recueils : ils ne fournissent pas toutes les décisions, mais plutôt une sélection d'arrêts et de décisions, selon un filtrage opéré par les présidents de Chambre (pour la Cour de Cassation) et par un comité de rédaction composé de maîtres des requêtes (pour le Conseil d'État). Ainsi, seulement deux tiers environ des arrêts rendus par la Cour de cassation sont retenus pour publication dans le *Bulletin*[63], ce qui peut paraître surprenant pour

---

62. Ce recueil comprend également certaines décisions du Tribunal des conflits, des Cours administratives d'Appel, des Tribunaux administratifs, de la Commission spéciale de cassation des pensions et de la Cour de discipline budgétaire et financière.
63. Y. TANGUY, *op. cit.*, p. 74.

le juriste nord-américain habitué à avoir accès à la totalité des décisions des tribunaux au sommet de la hiérarchie québécoise.

12.2.4 Doctrine

Les encyclopédies (Dalloz et Juris-classeur) constituent un bon point de départ. En plus de fournir d'excellentes synthèses doctrinales, ces collections abondent de références aux revues juridiques et aux monographies. Les revues d'information juridique générale (*Gazette du Palais, Recueil Dalloz-Sirey, Semaine juridique*), en plus de fournir des articles de fond et des notes de jurisprudence, contiennent également des tables analytiques de doctrine. On peut consulter aussi les bibliographies publiées de temps à autre par les grandes revues juridiques, comme par exemple la *Revue trimestrielle de droit civil.*

L'absence d'index exhaustif de la doctrine française peut être partiellement compensée par l'utilisation des *Index to Foreign Legal Periodicals* (dont on peut aussi consulter l'index géographique à « France ») qui recense les principaux périodiques français. Si on cherche de la documentation juridique pour des pays de droit écrit (i.-e. autres que de common law), il faut alors consulter l'*Index to Foreign Legal Periodicals*, également très utile en droit comparé. On n'y mentionne pas les articles de moins de 4 pages. On y retrouve des articles sur le droit canadien. On peut remonter à 1960. Aussi disponible sous forme de base de données (RLIN = Research Libraries Information Network). Les ouvrages français d'une année donnée sont également repérables par *Bibliographic Guide to Law*[64].

12.2.5 Informatique documentaire

La doctrine française est repérable au moyen de la version informatisée de l'*Index to Foreign Legal Periodicals* (RLIN).

En ce qui concerne la France, voir *Le Doctrinal*, une bibliographie d'articles juridiques parus dans 170 revues juridiques francophones. *Le Doctrinal* est disponible en cédérom et en version Web. Il existe aussi la *Gazette du Palais* qui offre un panorama doctrinal d'une année.

---

64. Depuis 1986, Dalloz publie une Bibliographie juridique générale qui dépouille le contenu des ouvrages et revues. Pour le passé, on peut consulter la table doctrinale du dernier volume de *Jurisprudence française.*

Pour accéder à l'information juridique disponible sur le Web, on peut utiliser les portes d'entrées mentionnées au paragraphe 12.1.3 et, de façon plus spécifique, on peut accéder aux textes de la Constitution, du Journal Officiel (J.O.) et des Codes en version intégrale sur le site de Légifrance [http ://www.legifrance.gouv.fr].

Ce site permet également l'accès à certains grands arrêts de la Cour de cassation, du Conseil d'État ainsi que du Conseil constitutionnel.

Les projets de loi peuvent être consultés sur le site de l'Assemblée nationale [http ://www.assemblee-nationale.fr].

12.2.5.1 *Jurisclasseur électronique* (JCE)

Jurisclasseur électronique (JCE) appartient à LexisNexis. Bien connus et appréciés des civilistes, les JC couvrent le droit français et de plus en plus, le droit européen et comparé en français. La collection comporte une soixantaine de séries.

Le JCE est un ensemble de 60 encyclopédies présenté sous formes de fascicules. On y trouve : textes, jurisprudence, commentaires, formulaires, etc. Chaque fascicule est autonome et présente les caractéristiques d'un ouvrage : table des matières, bibliographie, index, etc. Un index général permet le repérage du fascicule idoine. Comme dans tout ouvrage, les références à la législation et à la doctrine sont fournies (dans le corps du texte).

Comment accéder au JCE ? Vous devez aller sur le site du Jurisclasseur [http ://www.juris-classeur.com/]. L'abonnement de base comprend l'ensemble des collections et trois éditions de *La Semaine juridique* (*La Semaine Juridique Générale*, *La Semaine Juridique Entreprise et Affaires* et *La Semaine Juridique Notariale et Immobilière*) ainsi que leurs archives depuis 1995. *La Semaine Juridique* est aussi appelée «Juris-classeur» Périodique ou «JCP». Il ne comprend pas pour l'instant, le sous-ensemble Code et Lois.

Le JCE présente divers avantages. La mise à jour est hebdomadaire plutôt que trimestrielle comme pour le papier, sans compter les aléas que cette dernière nous causait. Le JCE offre la possibilité de recherches transversales sur l'intégralité des collections, le fait de rechercher dans plusieurs titres en même temps garantissant sécurité et exhaustivité.

12.2.5.2 *Quelques pistes de recherche dans JCE*

A) **Par titre du JCE**. Sélectionner l'onglet RECHERCHE, choisir le titre qui vous intéresse et compléter la fenêtre de recherche.

Exemple : Dans le JCE «Rural», retrouver le mot «ruisseau» dans les Commentaires. N'oubliez pas de cliquer sur «Résultats» en haut de la fenêtre pour les visualiser, sinon vous mourrez d'ennui. Les résultats obtenus sont de deux types, texte ou index. Dans le premier cas, le mot recherché (ruisseau) s'écrit en gras et le plan du fascicule où il se trouve paraît en marge ; dans le cas de l'index, on obtient les numéros de paragraphes où se trouve le mot recherché. **Attention double** : il y a autant d'entrées index qu'il y a de fascicules pertinents et vous perdez ici l'avantage du caractère gras pour repérer le mot (on peut pallier en utilisant la fonction «rechercher dans le cadre» du navigateur).

B) **Par l'index ou la tables des matières** d'un JCE. Sélectionner l'onglet INDEX ET PLAN, choisir le titre qui vous intéresse et compléter la fenêtre de recherche. On a le choix entre l'index alphabétique ou le plan général du JCE sélectionné. La table des matières qui s'affiche dans la partie gauche de l'écran permet, quant à elle, de bouquiner dans la liste des fascicules du JCE sélectionné.

Exemple : chercher le mot «radio» dans le JCE «Communication», partie index. Soit on entre le mot, soit on consulte l'index à la lettre R pour savoir si le mot s'y trouve (une approche souvent heuristique : en l'occurrence, on obtient «radiotélévision» et «radiodiffusion»). Il en va de même pour l'approche «plan général», on a le choix entre valider une entrée faite par nous ou consulter le plan.

Dans toutes les rubriques, il y a possibilité d'actualisation, indiquée par une icône.

12.2.5.3 *Quand faut-il utiliser la recherche générale i.-e. dans l'ensemble des JC ?*

Il suffit de cliquer «Toutes les collections» dans le menu déroulant de gauche. Envisageons deux cas de figure :

A) Rareté de la documentation. Si l'on a de bonnes raisons de croire trouver peu de choses (nouveauté du problème, absence de législation, vide juridique, etc.) alors vaut mieux augmenter ses chances et lancer la requête sur l'ensemble du corpus.

B) Ignorance ou pluralité de rattachements possibles. On peut ignorer dans quel JC se trouve traitée la notion et pour éviter de perdre de l'information, décider de ratisser plus large. De façon complémentaire, une même question relèvera de plusieurs domaines et on peut vouloir en parcourir le faisceau, une approche qui intéressera les auteurs/étudiants, en quête d'idées pour une monographie ou un examen de synthèse.

Exemple : l'animal relèvera successivement des droits rural (ferme), pénal (cruauté), civil (responsabilité, bail), environnemental (pollution olfactive), agricole (alimentation), commercial (vente de cheptel), biotechnologique (clonage), etc.

C) L'accès aux textes. L'abonnement à JCE ne comprend pas l'accès universel aux bases textuelles des éditions du Juris-Classeur. Toutefois, comme de nombreux textes législatifs, réglementaires ou jurisprudentiels sont publiés dans *La Semaine juridique*, on pourra facilement y repérer les décisions depuis 1995 en sélectionnant l'onglet REVUES dans la barre de menu en haut et en remplissant le formulaire de recherche. On sait que *La Semaine juridique* porte également le titre de *Juris-classeur périodique* car elle est, depuis sa création en 1927, l'outil d'actualisation permanent des Juris-classeurs. Une référence jurisprudentielle prend la forme suivante :

Civ. 1re, 2 mai 2001, JCP, 2001, II-10553 ou un arrêt du 9 février 1999 (JCP G 1999, IV, 1601). Quant aux textes législatifs (codes et lois), on les retrouve gratuitement sur le site de Légifrance [http ://www.legifrance.gouv.fr].

D) Conclusion. Avec le JCE, le chercheur dispose d'une publication encyclopédique, multisource et à jour de la quasi-totalité du droit français. Il suffit de quelques minutes pour faire le point sur n'importe quelle question juridique. Certains domaines demeurent mieux couverts chez les concurrents, mais le résultat d'ensemble est remarquable.

Le jour où il existera un prix Nobel de la documentation juridique, ce produit l'obtiendra au premier tour.

12.2.6 Regroupement de Légifrance et de Jurifrance

Le secrétariat général du gouvernement (SGG) a annoncé un «service public d'accès au droit» pour le 15 septembre 2002. Regroupant les services de deux sites déjà existants, l'un grand public et gratuit (Légifrance) mis en place en 1998, l'autre destiné aux professionnels et payant (Jurifrance), le site donne gratuitement aux citoyens l'accès à l'ensemble des textes juridiques essentiels. Ce nouveau site Internet diffuse les textes et la jurisprudence du droit français, mais aussi l'ensemble des ressources juridiques officielles (traités internationaux, documentation fiscale...) et une sélection des sites français et étrangers. Le site est accessible à partir de l'adresse [http ://www.legifrance.gouv.fr].

12.3 DROIT ANGLAIS

La présente section aborde sommairement les principales démarches de repérage documentaire en droit anglais, à partir des outils de base qui sont généralement disponibles dans les bibliothèques de droit au Québec.

Pour une approche détaillée et complète de la recherche en droit anglais, on consultera avec profit les ouvrages suivants :

– J. Dane et P.A. Thomas, *How to use a Law Library*, 4ᵉ éd., London, Sweet & Maxwell, 2001.

– A. Bradney et V. Fisher et al., *How to Study Law*, London, Sweet & Maxwell, 1986.

On peut noter également que la plupart des ouvrages de méthodologie de la recherche juridique des provinces canadiennes de common law, ainsi que les outils américains, contiennent un chapitre sur la recherche documentaire en droit anglais.

12.3.1 Quelques caractéristiques de la documentation juridique

La tradition juridique de common law explique la place prédominante des outils de recherche jurisprudentielle (Law Reports, Digests, etc.) dans le corpus documentaire anglais, et ce, malgré l'importance croissante de la législation dans la plupart des domaines[65].

Les outils majeurs se concentrent sur le droit anglais (*England and Wales*) mais permettent également un accès, du moins ponctuel, au droit de la Grande-Bretagne (incluant l'Écosse) voire du Royaume-Uni (incluant l'Irlande du Nord). Pour l'Écosse et pour l'Irlande du Nord, il existe un important corpus documentaire particulier dont nous ne traiterons pas, toutefois, dans cette présentation[66].

La documentation juridique anglaise offre de plus en plus d'outils d'accès au droit européen et au droit international (avec l'accent sur les pays du Commonwealth, dont le Canada et l'Australie).

Il n'y a pas de refonte législative officielle; cependant, pour les fins de repérage, les compilations commerciales de type encyclopédique suppléent à cette absence de refonte réelle. Il ne faut donc pas s'étonner de retrouver des lois anciennes remontant même au 13e siècle et encore en vigueur aujourd'hui.

12.3.2 Législation

A) **Publications officielles** : les lois sanctionnées sont publiées individuellement par l'Imprimeur de la Reine et recensées dans le *Daily List of Government Publications*. Les lois de l'année sont reliées dans un volume annuel officiel, le *Public General Acts and Measures of [année]*. La collection officielle des lois en vigueur, sur feuilles mobiles, *Statutes in Force*, pourrait être un outil efficace de repérage s'il ne souffrait pas d'un important retard dans la

---

65. Révélateur de cette tradition est le fait que les ouvrages de méthodologie de recherche traitent du repérage de la jurisprudence avant la recherche de la législation.
66. Pour la recherche documentaire en droit écossais, on peut consulter D.D. MacKey, *How to Use a Scottish Law Library*, Edimburgh, Sweet & Maxwell, 1992. Pour l'Irlande du Nord, on peut consulter le chapitre «Northern Ireland Law», dans J. Dane et P.A. Thomas, *op. cit.*

mise à jour, ce qui lui enlève sa réelle efficacité. Ces publications officielles sont rarement disponibles dans nos bibliothèques et leur utilisation est ardue. On leur préférera de loin les outils des éditeurs privés.

B) **Publications commerciales** : l'outil le plus efficace est le *Halsbury's Statutes of England and Wales*. Cette vaste collection d'une cinquantaine de volumes donne toutes les lois en vigueur. On ne peut donc y trouver des dispositions abrogées.

Le *Current Law Statutes Annotated* peut être comparé aux *Lois du Québec*. Chaque volume donne, en ordre de chapitre, les lois adoptées pour une année donnée. Le *Current Service* sur feuilles mobiles donne en ordre chronologique, les textes des lois adoptées pendant l'année courante, ainsi que des renvois à des lois, des définitions et des références aux débats parlementaires.

La meilleure façon d'entrer dans la collection est de commencer par le volume *Table of Statutes and General Index*. Il s'agit d'un index cumulatif réédité chaque année et qui renvoie au numéro du volume pertinent. Le texte des lois est accompagné de commentaires et de références multiples, faisant de cette collection une vaste encyclopédie. Étant donné que les lois sont regroupées autour de thèmes particuliers, il se peut que certaines lois soient découpées en plusieurs sujets et qu'elles se trouvent donc «éclatées» en différents endroits de la collection. Les nouvelles lois qui ne sont pas encore intégrées dans les volumes peuvent être trouvées dans les volumes *Current Statutes Service* sur feuilles mobiles. La mise à jour de la recherche se fait facilement grâce au *Cumulative Supplement* qui suit l'ordre de présentation de l'ensemble des volumes et au *Noter-up Service* sur feuilles mobiles. La collection comprend également deux tables générales de l'ensemble des lois (l'une chronologique, l'autre alphabétique) ainsi qu'un ouvrage intitulé *Is it in force?* réédité chaque année, qui permet de vérifier l'entrée en vigueur des lois depuis le 1er janvier 1960.

C) **Sur Internet**, les lois du Royaume-Uni sont disponibles depuis 1988 via le site du «British and Irish Legal Information Institute» [http ://www.bailii.org]. Les lois des divers sous-ensembles du Royaume-Uni s'y trouvent également avec des dates variées de départ.

LexisNexis offre une base de données couvrant les lois et les règlements anglais d'intérêt général : base «ENGLAW». Le contenu de cette base de données correspond à celui du *Halsbury's Statutes* et du *Halsbury's Statutory Instruments*.

Pour accéder à l'information juridique disponible sur le Web, on peut utiliser les portes d'entrées mentionnées au paragraphe 12.1.3 et, de façon plus spécifique, on peut accéder aux textes des lois publiques depuis 1988, ainsi qu'aux règlements depuis 1987 [http ://www.hmso.gov.uk/stat.htm].

Les travaux du Parlement peuvent être consultés sur le site [http ://www.parliament.uk]. Le même site offre également l'accès aux travaux de la Chambre des Lords incluant le texte intégral des jugements de la Chambre ; la totalité des arrêts sont disponibles le jour même en texte intégral.

12.3.3 Réglementation

Les publications officielles des textes réglementaires (SI = *Statutory Instruments*) sont rarement disponibles dans nos bibliothèques juridiques. L'outil commercial le plus usuel et le plus pratique est le *Halsbury's Statutory Instruments* ; le pendant réglementaire du *Halsbury's Statutes of England and Wales*. Il s'agit d'une compilation sélective et privée des principaux règlements, regroupés en grandes catégories et accompagnés d'un index alphabétique (*Annual Consolidated Index*) ainsi que de tables chronologiques (dans le *Main Service Binder*). Les volumes de cette collection sont fréquemment remplacés. La mise à jour se fait au moyen des volumes *Annual Cumulative Supplement*, ainsi que du volume sur feuilles mobiles dans lequel sont intégrés les règlements les plus récents.

12.3.4 Jurisprudence

A) Les **recueils** : les recueils de jurisprudence sont légion en Angleterre et il n'entre pas dans l'objet du présent ouvrage d'en donner la liste. Mentionnons parmi les plus importants, le *All England Law Reports* dont l'utilisation est facilitée par les index cumulatifs, les tables de législation et de jurisprudence citée ainsi que les tables (*Consolidated Tables and Index*) des définitions judiciaires *Words and Phrases*.

Note : Avant 1865, la jurisprudence anglaise était publiée par des compilateurs privés agissant sous leur nom, d'où l'appellation de «nominate reports» donnée à ces recueils. Il se peut que des références y soient faites directement. Or ces collections, sont pour la plupart, introuvables aujourd'hui. La plupart des arrêts importants de cette période ont été reproduits dans les *English Reports*. Si on connaît le nom des parties, on peut trouver un jugement avec la Table des noms ; si on ignore le nom des parties, on peut consulter la Table de concordance entre les «nominate reports» et les *English Reports (Table of English Reports)*[67].

Pour retrouver les anciennes décisions des tribunaux, on peut également consulter deux autres séries de réimpressions, les *Revised Reports* et les *All England Law Reports Reprint*.

B) Les **répertoires** :

– *Current Law*. Cette publication mensuelle est un répertoire avec les index et les tables de repérage usuels. Il constitue un bon outil de mise à jour et de repérage des derniers développements jurisprudentiels. Chaque livraison contient un index cumulatif pour l'année en cours.

– *The Digest : Annotated British, Commonwealth and European Cases* (autrefois *English and Empire Digest*), répertorie de la jurisprudence comprenant des résumés de l'ensemble du Commonwealth, ce qui correspond à peu près à l'étendue de la common law dans le monde (sauf les États-Unis). On y trouve ainsi, côte à côte, les Bahamas, l'Écosse, la Nouvelle-Zélande, le Canada.

La recherche se fait de façon thématique à partir des volumes *Consolidated Index* ou selon les autres méthodes de recherche, à partir des *Consolidated Tables of Cases*. Les volumes de base sont complétés par des *Consolidation Volumes* et la mise à jour s'opère par le *Cumulative Supplement*.

---

67. On peut également trouver une copie de ces tables dans P.G. Osborn, Concise *Law Dictionary*, 7e éd.

C) Jurisprudence électronique

– Serveurs

  – LexisNexis : English General Library (ENGGEN) filière CASE.
  La quasi-totalité de la jurisprudence anglaise depuis 1945 est disponible sur LexisNexis. Il existe également depuis 1980 une base de jugements non rapportés de la plupart des tribunaux généraux et spécialisés.

  – Westlaw : United Kingdom Reports All; les Law Reports depuis 1865.

  – Quicklaw (NKJ) : sélection de jurisprudence depuis 1986.

– Sur Internet

Le site centripète est « British and Irish Legal Information Institute ». On y trouve les décisions depuis 1996 de la plupart des tribunaux de l'ensemble du Royaume-Uni.

D) Les encyclopédies

Nous mentionnons ici la collection la plus importante, *Halsbury's Laws of England*. Vaste encyclopédie de la common law britannique comprenant une synthèse doctrinale du droit, divisée en grands thèmes, et d'abondantes références législatives et jurisprudentielles ; cette collection constitue sans aucun doute la meilleure « porte d'entrée » au droit anglais, toutes sources confondues.

La 4ᵉ édition comprend aussi de la jurisprudence canadienne, ce qui permet d'examiner comparativement et de façon complémentaire les décisions canadiennes et anglaises.

La méthode d'utilisation de cette encyclopédie est identique à celle du *Halbury's Statutes of England* et la mise à jour se fait de la même façon (cf. *supra*).

12.3.5 Doctrine

Les périodiques anglais sont indexés, en bonne part, dans les *Legal Journals Index* qui remontent à 1986. Plusieurs périodiques

anglais sont également disponibles par les index qui répertorient les
périodiques américains, *Current Law Index* et *Index to Legal Periodicals*.
On peut également consulter *Index to Foreign Legal Periodicals* (cf.
index géographique) pour d'autres articles sur le droit anglais.
Comme outil anglais, on peut consulter, pour l'année courante, les
livraisons mensuelles du *Current Law* et, pour les années antérieures,
l'index cumulatif du *Current Law Yearbook* qui consacre une section
particulière à l'information doctrinale d'une année complète. En ce
qui concerne les monographies, celles-ci sont répertoriées dans le
Bibliographic Guide to Law. Pour savoir par où commencer, consulter
Lawyer's Law Book : a Practical Index to Legal Literature.

12.4 DROIT AMÉRICAIN

La présente section aborde sommairement les principales démarches
de repérage documentaire en droit américain, à partir des outils de
base qui sont généralement disponibles dans les bibliothèques de
droit au Québec. Pour une approche détaillée et complète de la
recherche en droit américain, on consultera avec profit l'un ou l'autre
des très nombreux ouvrages de méthodologie dont voici quelques-
uns :

- M.L. COHEN et R.C. BERRING, 4ᵉ éd., *How to Find the Law*,
St.Paul, Minn., West Publishing, 1989.

- J.M. JACOBSTEIN et R.M. MERSKY, *Fundamentals of Legal
Research*, Mineola, N.Y., The Foundation Press Inc. [mise à
jour].

- K.C. OLSEN et R.C. BERRING, *Practical Approaches to Legal
Research*, N.Y., The Howorth Press, 1988.

Voir aussi les sites Web des facultés de droit ou des bibliothèques
de droit qui offrent souvent de l'information méthodologique.

Pour le juriste canadien et le juriste québécois, le droit américain
constitue une source d'inspiration intéressante dans certains domaines
traditionnels (ex. droits des assurances, du travail, des valeurs
mobilières).

Depuis la *Loi constitutionnelle de 1982* et l'instauration d'une
charte des droits, il est devenu courant de chercher du côté américain
une amorce de solution.

Dans tous les domaines, enfin, les États-Unis demeurent un laboratoire social et juridique intéressant car il ne semble y avoir, dans ce pays, rien qui ne puisse faire l'objet d'une loi ou d'un procès.

12.4.1 Quelques caractéristiques de la documentation juridique

Pays fédéral, les États-Unis comportent donc deux paliers de législation : l'un fédéral, l'autre étatique, divisé entre les 50 États. Le corpus documentaire reflète cette diversité. Son gigantisme est cependant partiellement atténué par l'uniformité des sources et des outils de recherche.

La documentation suit l'ordre des sources : loi, règlement, jurisprudence, doctrine. Sauf dans les domaines spécialisés, il y a peu d'outils multisources. La documentation est très abondante et très détaillée. Le juriste peut travailler efficacement à partir de l'une ou l'autre des collections d'éditeurs privés disponibles; ces derniers règnent en maître ici. La plupart des bibliothèques juridiques québécoises possèdent la collection WEST. C'est donc à partir de celle-ci que nous procéderons, non sans rappeler que le modèle suivi se ressemble d'un éditeur à l'autre.

Plus que dans tout autre pays, l'informatique est particulièrement développée aux États-Unis, ce qui contribue également à atténuer les difficultés qu'engendre le foisonnement impressionnant de la documentation juridique et qui permet, au Québec, de pallier en partie la relative pauvreté de ses bibliothèques en ce qui concerne le droit américain.

12.4.2 Législation

A) Législation fédérale

La loi fédérale américaine est d'abord le produit d'un Congrès bicaméral. La loi porte donc un numéro pour chacune des chambres : le Sénat et la Chambre des représentants. La plupart des lois importantes sont par la suite intégrées dans le *United States Code (U.S.C.)*, vaste compilation permanente des lois fédérales réparties en 50 grands domaines («Titles»). L'édition WEST, s'intitule *United States Code Annotated* (*U.S.C.A.*). On repère les dispositions pertinentes au moyen de l'index alphabétique. Les renvois se font au domaine et au paragraphe (ex. U.S.C. 18 par. 4352 (a) 1 = United States Code Title 18 au paragraphe 4352, alinéa (a) paragraphe a). On trouve également une table des lois, classées selon leur titre populaire ou abrégé.

Sous chaque article, on trouvera des notes historiques, des renvois, des résumés jurisprudentiels et des références.

Chaque volume est mis à jour au moyen d'une pochette cumulative dans la jaquette du volume.

La législation courante (très récente) et une sélection des rapports fournis aux Chambres pour étudier les projets sont publiés dans l'U.S. *Code Congressional and Administrative News* (depuis 1941).

De façon spécifique, on trouve les lois fédérales américaines sur le site du Congrès (et dans de nombreux autres sites, principalement universitaires) tant en version consolidée (United States Code) qu'en version annuelle (depuis le 93ᵉ Congrès 1973-1974) [http ://uscode.houve.gov/].

Les lois annuelles depuis le 93ᵉ Congrès [http ://thomas.loc. gov/].

B) Lois des États

Dans les collections WEST, la présentation et le repérage des lois étatiques sont identiques à ceux des lois fédérales. La mise à jour se fait également au moyen de pochettes cumulatives qui accompagnent chacun des volumes de base.

Les bibliothèques juridiques universitaires ne conservent habituellement la législation que d'un ou de quelques États choisis.

À défaut de texte et dans l'optique d'un simple renseignement d'orientation, on pourra consulter avec profit le volume «Law Digests» de l'annuaire d'avocats *Martindale-Hubbel Law Directory*. On y trouve un sommaire du droit des 50 États.

On trouve la législation des États sur Quicklaw, Westlaw et sur LexisNexis. De plus, on peut trouver l'État qui nous intéresse grâce à Findlaw [http ://www.findlaw.com]. Plusieurs États offrent maintenant leurs lois sur internet.

C) Lois uniformes

Une commission d'uniformisation du droit privé, créée à la fin du XIXe siècle, a élaboré un bon nombre de lois dites uniformes et que les États sont libres d'adopter. La consultation de la collection *Uniform Laws Annotated* permet de connaître le texte et les variantes locales d'une loi donnée et de savoir quels États l'ont adoptée. Cette collection est aussi disponible sur Westlaw (base ULA) et sur le Web [http ://www.law.upenn.edu/bll/ulc/ulc.htm] ; dans ce dernier cas sans les annotations toutefois. Cette méthode ouvre donc l'accès à la législation d'un État pour un assez grand nombre de sphères législatives importantes (qu'il nous suffise de citer à titre d'exemple l'*Uniform Commercial Code* ou l'*Uniform Rules of Criminal Procedure*).

Il s'agit donc bien de lois étatiques, mais adoptées uniformément par plusieurs États.

Les principales lois uniformes sont aussi reproduites dans *Martindale-Hubbell Law Directory* (section Law Digests).

12.4.3 Réglementation fédérale

Les règlements de l'administration fédérale font l'objet de compilations régulières sous le titre *Code of Federal Regulations* [http :// www.gpoaccess.gov/cfr/index.html]. L'ordre suit celui du *United States Code*. Les règlements font d'abord l'objet d'une publication dans le journal officiel américain intitulé le *Federal Register*.

On trouve la réglementation fédérale et celle des États sur Quicklaw, Westlaw et sur LexisNexis. De plus, plusieurs États offrent maintenant leurs règlements sur Internet. La situation évolue constamment. On peut trouver l'État qui nous intéresse grâce à Findlaw [http// :www.findlaw.com].

12.4.4 Jurisprudence

Le corpus jurisprudentiel américain est publié exhaustivement. La collection WEST regroupe toutes les décisions judiciaires américaines motivées, quel que soit le tribunal qui les a rendues. Le système WEST pratique un découpage régional du territoire (ex. le *Southern Reporter* comprend les États suivants : Floride, Alabama, Mississipi, Louisiane) de sorte que chaque collection régionale regroupe les décisions de plusieurs États. On peut rechercher de plusieurs façons complémentaires selon le type d'outil documentaire :

A) Approche encyclopédique

Consulter le *Corpus Juris Secundum*, vaste encyclopédie jurisprudentielle tenue à jour au moyen de pochettes cumulatives dans chaque volume. On peut consulter directement une rubrique ou utiliser l'index général (en plusieurs volumes). Chaque rubrique comporte une synthèse de la jurisprudence appuyée d'une foule de notes en bas de page renvoyant aux diverses décisions. L'encyclopédie (près de 150 volumes) couvre, de façon thématique, aussi bien le droit fédéral que celui des États.

B) Approche par répertoire (Digest)

La collection des Digests comporte des compilations sur 10 ans de toute la jurisprudence depuis 1896. Il est donc possible de limiter la recherche à une époque donnée. À partir de 1976, le Digest est publié en deux tranches quinquennales (1976-1981 et 1981-1986). Des Digests intérimaires (*General Digest*) sont publiés entre les compilations et permettent de continuer la recherche. Ici encore on peut utiliser le répertoire de deux façons : soit repérer directement une rubrique, soit utiliser l'index (*Descriptive Word Index*). La caractéristique d'indexation de ce système réside dans l'utilisation de mots-clés numérotés (d'où l'appellation de *Key Number System*) et utilisés constamment dans le même sens : la connaissance d'un numéro de descripteur ouvre donc la voie à la recherche de toute la jurisprudence sur le même sujet.

Un conseil : commencer par les Digests les plus récents.

Si on veut limiter la recherche aux tribunaux fédéraux, on peut utiliser le *Federal Practice Digest* ou le *Supreme Court Digest* pour la Cour suprême. Si on veut limiter la recherche à une région donnée, on peut utiliser les *Digests* régionaux (ex. *Atlantic Digest* ou *Southern Digest*). Les répertoires renvoient, bien entendu, aux recueils judiciaires (*Law Reports*) où l'on trouve les textes intégraux des décisions. Il serait fastidieux de donner la liste des multiples recueils existants. Ceux-ci peuvent couvrir la jurisprudence d'un tribunal en particulier (ex. *Supreme Court Reporter* pour la Cour suprême et *Federal Reporter* pour la Cour d'appel fédérale), d'un État ou d'un groupe d'États (ex. le *National Reporter System* qui fournit la jurisprudence des 50 États, regroupés par région) ou, encore, la jurisprudence dans un secteur déterminé du droit (ex. *Bankruptcy Reporter*).

C) Approche par définitions judiciaires

Comme recueil de définitions judiciaires, consulter l'imposante collection (50 volumes) de *Words and Phrases*. On y trouve les définitions judiciaires les plus pertinentes depuis 1658. Chacun des volumes est régulièrement mis à jour au moyen d'une pochette cumulative insérée à la fin du volume.

D) Décisions de la Cour suprême

Les décisions de la Cour suprême des États-Unis sont repérables via plusieurs sites dont celui de Findlaw (section « Cases and Codes ») [http ://www.findlaw.com/casecode/].

Pour les lois et la jurisprudence des 50 États, nous conseillons d'utiliser l'excellent site de Findlaw qui repère les sites pertinents [http ://www.findlaw.com].

12.4.5 Doctrine

Plusieurs outils permettent de retrouver la doctrine américaine. Notons que ces outils ne sont pas exclusivement consacrés au droit américain. Évitons d'assigner l'index à sa résidence.

A) Current Law Index (CLI)

Cet index est le plus complet pour le droit anglo-américain (plus de 800 périodiques dépouillés). Quelques observations suffiront à en baliser les limites. Il dépouille certains périodiques des pays du Commonwealth depuis 1980. Plusieurs périodiques canadiens sont couverts, mais trop peu pour valoir la recherche canadienne. Il est disponible en base de données du serveur DIALOG et sur disque optique numérique. La couverture européenne ou plus généralement non anglophone est également insuffisante : il vaudra mieux consulter l'*Index to Foreign Legal Periodicals*. *Current Law Index*, qui remonte à 1980, est disponible sur trois supports : papier, en disque optique numérique (cédérom : sous le nom de LegalTrac) et en version Web. On peut rechercher par auteur, par sujets, par décision de jurisprudence.

B) LegalTrac

La grande facilité d'utilisation jointe à la quantité effarante de périodiques couverts (plus de 800) peut constituer un double piège : d'abord qualitatif en ce que des textes d'importance secondaire côtoient de grands articles et au plan quantitatif car le nombre de titres couverts excède de beaucoup les collections généralement disponibles au Québec, d'où une perte de temps qui en découle.

C) Index to Legal Periodicals

Il est le pendant américain de l'index canadien. Il remonte jusqu'à 1907 et des publications canadiennes y sont signalées. On ne mentionne pas les articles de moins de 5 pages. Refontes annuelles et triennales. On retrouve dans cet index des articles de périodiques juridiques des pays de common law (surtout les États-Unis), soit environ 500 périodiques. Cet index est aussi disponible sous forme informatisée (Wilson).

D) Banques textuelles

Les grands serveurs LexisNexis et Westlaw offrent chacun une bibliothèque impressionnante de revues juridiques en texte intégral. Cette nouvelle situation dépanne très souvent pour obtenir un titre dont on a la référence mais auquel la bibliothèque n'est pas abonnée. Il suffit alors de chercher la référence, exemple : « Find 32 Harv. L.R. 368 ». La tentation d'utiliser ce segment des serveurs comme outil de repérage est irrésistible parfois, mais elle comporte un inconvénient : comme la recherche porte sur le texte (et non seulement sur les titres), on obtient rapidement un nombre faramineux d'entrées, parfois inutiles ou redondantes.

On conseille donc de réserver cette voie de recherche pour deux situations particulières :

(i) la recherche d'une référence très précise. Ex. Dussault, cité dans les notes infrapaginales ; ou

(ii) la recherche d'un concept nouveau, en émergence et pour lequel la doctrine est encore rare. Exemple : responsabilité civile délictuelle du clergé.

E) Catalog of Current Law Titles

Cette publication fournit des notices bibliographiques des acquisitions des plus grandes bibliothèques juridiques américaines à l'exclusion des droits étrangers et du droit international n'impliquant pas les États-Unis.

F) Lawyers Monthly Catalog

Complète le *Catalog of Current Law Titles* en constituant un guide des publications officielles américaines et étatiques. Ici encore, il s'agit des acquisitions des grandes bibliothèques américaines et ici encore on exclut les droits étrangers et le droit international n'impliquant pas les États-Unis[68].

G) Pour aller plus loin : Bibliothèque du Congrès des États-Unis

Cette gigantesque bibliothèque constitue l'équivalent d'un dépôt légal mondial car elle acquiert pratiquement tout ce qui se publie dans le monde entier. Le catalogue de la Bibliothèque du Congrès fournit donc un cadre de référence pour connaître l'ampleur d'un domaine et la disponibilité de la documentation sur un sujet donné.

La base de données correspond au fichier LOCIS = Library of Congress Information System et est accessible sur Internet [http ://www.loc.gov/index.html]. On peut faire une recherche par auteur, titre, sujet, limitée à certaines dates, certains pays ou certains types de documents.

---

68. Noter que ces trois publications débutent en 1989. Auparavant le titre était *National Legal Bibliography, Part I* et *Part II*, qui, à partir de 1985 avait repris la tradition, abandonnée en 1980, du *Harvard Law School Library Annual Legal Bibliography*.

Sur papier, on peut consulter le *Bibliographic Guide to Law* qui signale les ouvrages de droit catalogués par la Bibliothèque du Congrès pendant une année.

12.5 DROIT DE L'UNION EUROPÉENNE

12.5.1 Introduction

Le droit de l'Union européenne (=UE) n'occupe pas tout le champ législatif des pays membres. Il s'agit surtout d'une entente économique et commerciale et tout ce qui en découle (auparavant Marché commun). Amorcé en 1958 par le *Traité de Rome* et par des ententes sur l'énergie, il évolue vers la réalisation d'un seul espace juridique. Il y a intersection, mais non confusion, entre Europe, l'UE, le Conseil de l'Europe (Droits de l'Homme) et l'EEE (Espace économique européen). Avec l'entrée en vigueur, le 1er novembre 1993, du traité dit de Maastricht, un nouveau pas est franchi : on parle d'Union européenne. Toutefois la Communauté européenne ne disparaît pas, elle demeure pilier de l'Union européenne et seule dotée de la capacité juridique. L'Union européenne s'étend aux questions de politique extérieure, de sécurité, de politique intérieure et de justice.

L'intérêt du droit européen pour les juristes québécois prend diverses formes : droit comparé, espace juridique nouveau créé par traité, démarche d'uniformisation et d'harmonisation du droit et des droits, multilinguisme.

A) Typologie des sources de droit

La typologie des sources de droit en législation, jurisprudence et doctrine, comporte quelques particularités terminologiques. Il faut savoir en effet que le terme loi ou législation n'est employé que comme terme générique. L'acte créateur de droit est appelé «Règlement». Quant aux «Directives», il s'agit de règlements dont les modalités d'application sont laissées à chaque État membre, par harmonisation de sa législation interne avec celle de l'Union européenne.

Les «Décisions», provenant également de l'autorité législative, concernent des points très particuliers ou temporaires comme, par exemple, la décision de suspendre temporairement l'application d'une disposition. Le Parlement européen est délibératif. Il comporte un organe législatif, le Conseil de l'Union européenne, et un organe exécutif, la Commission européenne. La jurisprudence émane de la Cour de justice des Communautés européennes (C.J.C.E. = E.C.R.).

B) Traités comparatifs de l'ordre juridique communautaire

Par comparaison avec le droit canadien on peut noter les points suivants :

- *fédéralisme* : l'UE évolue vers un système fédéral, une pratique où il y a cohabitation de deux ordres juridiques dans chaque pays;

- *droits de la personne* : ce volet est assuré par le Conseil de l'Europe dont les 15 sont tous membres. La convergence se vérifie de plus en plus;

- *domaine matériel d'intervention* : le champ d'intervention de l'initiative communautaire s'accroît sans cesse.

12.5.2 Outils documentaires (Guides, glossaires, etc.)

Il n'existe pas de guide documentaire spécifiquement consacré au droit de l'UE. Toutefois, quelques guides documentaires notamment en droit anglais y consacrent un chapitre, on pourra s'y référer.

A) Terminologie

Pour maîtriser le vocabulaire européen, on peut consulter un glossaire ou un dictionnaire de droit, de sciences politiques ou de relations internationales : Thésaurus EUROVOC (multilingue, thématique et alphabétique) dans *Journal officiel des Communautés européennes*, 1987. L'UE publie régulièrement des titres analogues.

B) Internet

Le site Europa est «le portail de l'Union européenne» [http://europa.eu/index_fr.htm]. Il comprend 4 onglets : activités, institutions, documents, services.

- L'onglet «activités» présente les activités de l'Union européenne par thèmes.

- L'onglet «institutions» constitue un guide des institutions européennes à l'usage des citoyens.

- L'onglet «services» présente diverses ressources telles des sondages, l'*Annuaire de l'Union européenne* et l'accès aux documents internes.

- L'onglet «documents» est le plus pertinent en ce qui a trait à la recherche juridique. En effet, on y retrouve l'accès au site EUR-LEX qui est le «portail d'accès au droit de l'Union européenne».

12.5.3 Sources législatives

A) Traités de base et complémentaires

- *Traités instituant les Communautés européennes*. Édition abrégée.

- *Traités instituant les Communautés européennes. Traités portant sur la révision de ces Actes relatifs aux adhésions aux Communautés européennes* et autres publications similaires publiées régulièrement par l'Union européenne.

- C. Philip, *Textes institutifs des Communautés européennes* (Que sais-je? #2182).

- *Grands textes de droit communautaire.*

- Les *Traités* de l'UE se trouvent en outre sur le site EUR-LEX [http ://europa.eu.int/abc/obj/treaties/fr/frtoc.htm]. On y trouve également les *traités en voie de ratification.* Avantage intéressant, ce sous-ensemble offre des versions consolidées des textes fondamentaux dans lesquels ont été intégrées les modifications apportées par le *Traité d'Amsterdam* entré en vigueur le 1er mai 1999 [http ://europa.eu.int/eur-lex/fr/treaties/index.html].

B) Législation

– Le Recueil principal : *Le Journal officiel des communautés
européennes*. À première vue, l'ouvrage peut paraître complexe
car il comporte 3 principales séries :

L – Législation ;
C – Communications et informations ;
Annexes – pour les débats ainsi que des Tables annuelles
(index alphabétique par sujets, par numéros, par organismes).

Depuis avril 1998, la version intégrale du Journal officiel L et
C est disponible gratuitement sur Internet dans l'ensemble
des onze langues pendant une durée de vingt jours [http ://
europa.eu.int/eur-lex/fr/treaties/index.html]. Le JOCE, série L est
également disponible en français et en anglais sur LEXIS/
NEXIS à partir de 1952 (Base JOCE).

– L'outil de repérage : *Le Répertoire*

Répertoire de la législation communautaire en vigueur et
d'autres actes des institutions communautaires

Vol. I Répertoire analytique
Vol. I Index chronologique
Index alphabétique

Le site EUR-LEX offre une version consolidée des textes de la
Législation en vigueur [http ://europa.eu.int/eur-lex/ fr/index.
htm]. Les documents sont présentés dans l'ordre des rubriques
utilisées pour le *Répertoire de la législation communautaire en
vigueur et d'autres actes des institutions communautaires*.

Les 20 rubriques sont les suivantes :

01 Questions générales, financières et institutionnelles
02 Union douanière et libre circulation des marchandises
03 Agriculture
04 Pêche
05 Libre circulation des travailleurs et politique sociale
06 Droit d'établissement et libre prestation des services
07 Politique des transports
08 Politique de la concurrence
09 Fiscalité

10 Politique économique et monétaire et libre circulation des capitaux
11 Relations extérieures
12 Énergie
13 Politique industrielle et marché intérieur
14 Politique régionale et coordination des instruments structurels
15 Environnement, consommateurs et protection de la santé
16 Science, information, éducation, culture
17 Droit des entreprises
18 Politique étrangère et de sécurité commune
19 Coopération judiciaire et affaires intérieures
20 Europe des citoyens

- Autres recueils législatifs *Codes et lois : traités de l'Europe occidentale* (du Juris-Classeur). Fournit les textes en vigueur, en ordre chronologique.

- De façon sélective, on retrouve les textes en vigueur par sujets dans : Joly. *Dictionnaire du Marché commun* ou Juris-Classeur «Europe». (Titre complet : *Traité de droit européen.*)

- En anglais, on peut consulter : *Halsbury's Statutes of England and Wales*. Un volume entier donne les textes communautaires en vigueur.

C) Outils sectoriels

Pour repérer une compilation des textes applicables à un domaine donné, on peut dans le fichier sujet d'une Bibliothèque, demander le sujet auquel on ajoute les subdivisions voulues. Exemple : Assurances – Droit – Pays de la communauté européenne – Législation.

Note : Avec troncature Ass* droit com* europ* legis*.

De plus en plus de publications regroupent les textes législatifs par sujet.

D) Accords et traités de coopération conclus avec d'autres pays

Recueil de textes (coopération). Ici encore le *Dictionnaire du Marché commun* (Joly) comporte une section : échanges extérieurs et autres pays associés.

E) La Commission européenne

L'organe exécutif principal, la Commission européenne, fonctionne analogiquement à un gouvernement : les ministères sont appelés ici des «directions générales» (DG I à DG XXIV). Si la question qui nous intéresse relève de l'une de ces DG, il est parfois plus rapide et plus simple de s'y diriger directement en ajoutant le suffixe DG.

Exemple DG XIV = Pêche. On va à [http ://europa.eu.int/comm/dg14/dg14.html].

Vous en trouverez une liste commode sur le site de la Commission [http ://europa.eu.int/comm/dgs_fr.htm].

Encore plus simple, vous n'avez qu'à taper «DG» suivi du chiffre de la dg en chiffres romains dans une boîte d'un moteur de recherche et vous y êtes.

Voici les domaines d'intervention de ces 24 directions générales :

DG I	Politique commerciale, relations avec l'Amérique du Nord, l'Extrême-Orient, l'Australie et la Nouvelle-Zélande
DG IA	Europe et nouveaux États indépendants, politique étrangère et de sécurité commune, service extérieur
DG IB	Méditerranée du Sud, Moyen et Proche-Orient, Amérique latine, Asie du Sud et du Sud-Est et coopération Nord-Sud
DG II	Affaires économiques et financières
DG III	Industrie
DG IV	Concurrence
DG V	Emploi, relations industrielles et affaires sociales
DG VI	Agriculture
DG VII	Transports
DG VIII	Développement (relations extérieures et de coopération au développement avec l'Afrique, les Caraïbes et le Pacifique, convention de Lomé)
DG IX	Personnel et administration
DG X	Information, communication, culture, audiovisuel
DG XI	Environnement, sécurité nucléaire et protection civile
DG XII	Science, recherche et développement Centre commun de recherches

DG XIII   Télécommunications, marché de l'information et
           valorisation de la recherche
DG XIV   Pêche
DG XV   Marché intérieur et services financiers
DG XVI   Politique régionale et cohésion
DG XVII   Énergie
DG XIX   Budgets
DG XXI   Douane et fiscalité indirecte
DG XXII   Éducation, formation et jeunesse
DG XXIII   Politique d'entreprise, commerce, tourisme et économie
           sociale
DG XXIV   Politique des consommateurs et protection de leur
           santé
           Office humanitaire de la Communauté européenne
           Agence d'approvisionnement de l'Euratom
           Office des publications officielles des Communautés
           européennes

12.5.4 Jurisprudence

Le Site principal de la Cour offre une présentation, l'accès aux décisions, le calendrier des affaires et des informations générales [http ://curia.eu.int/fr/index.htm].

A) Anthologies de grands arrêts, souvent accompagnées de commentaires

– *Grands arrêts de la Cour de justice des Communautés européennes.*

– *Leading cases on the law of the European Communities*

– *Leading cases and materials and the external relations law of the E.C.* : Ce type d'ouvrage est publié régulièrement soit sous l'autorité du tribunal, soit plus fréquemment chez un éditeur privé. Nous conseillons de consulter le fichier d'une bibliothèque pour repérer l'édition la plus récente.

B) Répertoires de jurisprudence

– *Répertoire de jurisprudence de droit communautaire.* Série A. Cette publication, commencée en 1977, fournit une organisation par sujets, des extraits des décisions, leur référence officielle. C'est la première source à consulter et la plus utile.

- *The Digest : annotated British, Commonwealth and European cases*, vol. 21 : *European Communities*. Comprend un résumé en anglais des décisions de la C.J.C.E. depuis le début. Pour l'année en cours : *European current law (yearbook)*.

C) Recueils de jurisprudence

- *Recueil de la jurisprudence de la Cour*. Abréviation française C.J.C.E. Abréviation anglaise E.C.R. Décisions de la Cour et du Tribunal de première instance.

- *Common market law reports*. Abréviation C.M.L.R.

- Cour de justice des Communautés européennes (1997-06) [http ://europa.eu.int/cj/fr/index.htm]. Possibilités de recherche (date, domaine, parties, mots du texte). Correspond à la collection «Recueil de la jurisprudence de la Cour et du Tribunal de première instance».

- Sur le serveur LEXIS/NEXIS, on trouve le texte des décisions en anglais tel que rapportées dans le *Recueil officiel de la Cour*, depuis 1954. Base : ECJ de la Bibliothèque EURCOM.

D) Aperçus de la jurisprudence en cours de publication

- *Journal officiel des Communautés européennes* Série C – Travaux de la Cour et sommaire des arrêts. Donne un aperçu des requêtes et des décisions, mais non les textes.

- *Aperçu des travaux de la Cour de justice des Communautés européennes*. Rapport annuel des travaux de l'année écoulée.

- On peut consulter le Calendrier hebdomadaire des affaires dont la Cour est saisie [http ://europa.eu.int/jurisp/ html/fr/ calend.htm].

12.5.5 Doctrine

A) Traités et encyclopédies

- *Le droit de la Communauté économique européenne*. Important ouvrage de synthèse, en 15 volumes. Le meilleur traité général de doctrine. Fait présentement l'objet d'une réédition. (Bruxelles : Éditions de l'Université de Bruxelles, 1994-). «Commentaire Megret : le droit de la CEE».

– *Law of the European Communities*, 2 vol. Également publié dans *Halsbury's laws of England*.

– Joly. *Dictionnaire du Marché commun*. Utilisé ici pour les parties «commentaires».

– Juris-Classeur «Europe». Titre complet : *Traité de droit européen*.

– Encyclopédie Dalloz. *Répertoire de droit communautaire*.

B) Périodiques et publications en série

– Revue du Marché commun et de l'Union européenne.

– *Bulletin de l'Union européenne.*

– *Bulletin Union Européenne (fr) : Accueil.* Disponible également sur Internet. Ce Bulletin constitue un excellent point de départ pour connaître les plus récents développements des travaux des divers organes de l'Union européenne.
[http ://europa.eu.int/abc/doc/off/bull/fr/welcome.htm].

– Pour l'Europe en général voir l'*European Legal Journals Index* (depuis 1993). Également disponible en cédérom sous le titre *Current Law Index.*

– *Bulletin du Comité économique et social des Communautés européennes.*

– *The European* (Journal hebdomadaire).

– Jean Monnet Chair – Working Papers [http ://www.jeanmonnetprogram.org]. Périodique interdisciplinaire disponible seulement en version électronique. Depuis 1995, travaux et documents de la Chaire Jean Monnet de l'Université Harvard.

– European Integration online Papers (EIoP). «The first interdisciplinary, peer reviewed publication on the world wide Web in the field of European integration.» [http ://www.eiop.or.at/eiop/].

C) Bibliographies générales

L'excellente base de données bibliographiques **SCAD** n'est plus mise à jour depuis le 1er mars 2001. Elle demeure toutefois accessible [http ://europa.eu.int/scad/index.htm].

La mission de SCAD a été répartie entre les sites suivants pour les documents récents :

– Secteur A (législation) : renvoi à EUR-Lex [http ://euro-pa.eu.int/eur-lex/fr/index.html].

– Secteur B (publications officielles) : renvoi à l'EUR-OP, l'éditeur officiel des institutions et autres organes de l'Union européenne [http ://eur-op.eu.int/general/fr/ index.htm].

– Secteur C (articles de périodiques) : renvoi à ECLAS (European Commission Libraries Catalogue), le catalogue de la Bibliothèque centrale de la Commission européenne [http ://europa.eu.int/eclas/]. Cette base fournit les références bibliographiques des publications. Le formulaire de recherche se trouve à [http ://europa.eu.int/eclas/]. Ce qui nous intéresse ici, c'est la partie «Articles de périodiques» (auparavant dans SCAD) accessible à partir du site «Bibliothèques» [http ://europa.eu.int/ comm/libraries/bibliotheques_fr.htm].

Une véritable mine d'or. Il est possible de sauvegarder une recherche et surtout de profiter du service d'alerte rapide personnalisé par courrier électronique en se connectant à ECLAS Pro. L'accès est gratuit mais il faut s'enregistrer ; déconnexion automatique pour défaut d'usage pendant un mois [http ://europa.eu.int/eclas/cgi/ eclaspro.pl?action=start&lang=fr].

– Rappelons que la bibliographie de droit international *Public International Law,* vaste et polyglotte, comprend des domaines sectoriels dont une bonne partie couvre l'UE. Sur le Web, on peut consulter le segment «Droit européen» [http ://www.jura.uni-duesseldorf.de/rave/f/franhome.htm].

– Bibliographie : Droit européen. RAVE : 2 [http ://www.jura.uniduesseldorf.de/rave/Ravehome. htm].

Note : Ne pas oublier d'utiliser les index bibliographiques juridiques généraux pour compléter l'information.

12.5.6 Se tenir à jour

Pour connaître instantanément les nouveautés ajoutées sur les serveurs de l'UE et le déroulement des activités dans l'ensemble de l'UE, nous conseillons en premier lieu une consultation régulière du dépisteur des nouveautés. La liste principale est en anglais, plusieurs textes sont disponibles dans d'autres langues [http ://europa.eu.int/ geninfo/whatsnew.htm].

13
DROIT INTERNATIONAL (DI)

13.0 <u>INTRODUCTION : IMPORTANCE DU DI</u>

Le droit international, objet de ce chapitre, intéresse les juristes de tous horizons et innerve tous les domaines.

Naguère limité aux aspects traditionnels, la guerre et la paix, la souveraineté et les territoires, le DI moderne constitue le prolongement des domaines du droit interne (commerce, transport, environnement, etc.).

Allons plus loin. Pour nous, le DI, tant par sa méthode que son contenu, est le véritable droit de l'avenir. Au XXIe siècle, même en évitant le cliché de la mondialisation, «voir plus loin que son nez», implique de regarder hors frontière. Le civiliste le plus retranché en province, pourrait avoir besoin d'une convention internationale pour régler une succession ou envisager une poursuite sur contrat.

Avant de passer la frontière, le DI est présent au cœur même du droit commun québécois par le biais du livre X du Code civil. Dès qu'il y a un élément d'extranéité, on «sort» du système national québécois pour entrer en contact avec un autre système juridique : c'est du droit international privé : il faut localiser, donc situer dans l'espace, les personnes, les biens, les obligations pour savoir quel droit appliquer, quel tribunal est compétent. Or, un bon nombre de ces questions trouvent leur réponse dans des conventions internationales.

Le DI fait donc partie de notre univers juridique, virtuellement dans tous les domaines du droit. Le réflexe à garder à l'esprit : celui du prolongement en DI des branches du droit interne. Exemple, en télécommunications, on aura les lois nationales (fédérales ou provinciales) auxquelles s'ajouteront les conventions et traités internationaux applicables.

13.1 SOURCES DU DI

Dans ce chapitre, nous ne pourrons qu'effleurer la masse documentaire énorme du DI en présumant connues, les règles de base du droit substantif. En suivant l'analogie avec la pyramide des sources du droit interne, on arrive au tableau comparatif suivant :

Tableau comparatif des sources du DI

BRANCHE DE L'ÉTAT EN DROIT INTERNE ET ORGANES	SOURCES DU DROIT INTERNE	SOURCES DU DI	ORGANES DU DI
Législative (Parlement)	Lois	Traités[69]	Les États Nations Unies ONG
Exécutive (Gouvernement)	Règlements	Pratique	Le secrétaire-général de l'ONU Organes de surveillance des traités[70]
Judiciaire (Tribunaux)	Décisions	Décisions	Cour internationale de justice Tribunaux *ad hoc*

13.2 TRAITÉS

La source principale se trouve donc dans les traités entre les acteurs du DI (États, organismes internationaux) qu'il s'agisse d'ententes bilatérales ou multilatérales.

13.2.1 Sources électroniques

La plupart des traités internationaux sont facilement repérables de façon électronique et gratuite.

---

69. Traités : synonymes abondants : accord, protocole, mémorandum, etc.
70. Les États se représentent eux-mêmes (SP= State Parties) ou élisent des représentants (GC = Governing Council).

On commencera par le *Recueil des traités des Nations Unies* (RTNU = UNTS, United National Treaty Series). Disponible sur le Web [http ://www.untreaty.org].

Toutefois, une recherche préliminaire dans la version électronique de la publication permettra de repérer les traités selon un plan systématique : *Traités multilatéraux déposés auprès du secrétaire général. État au 31 décembre [année].* Ce recueil présente une notice historique, les clauses de réserve des différents États et fait référence au recueil des traités pour le texte du traité. Noter que seule la version anglaise sous le titre *Multilateral Treaties deposited with the Secretary-General* est disponible électroniquement.

On notera un retard important entre le RTNU et l'actualité internationale ; ce retard peut s'étendre jusqu'à une dizaine d'années. Cela s'explique parfois par les retards dans la ratification d'une convention, parfois par la bureaucratie. Comme exemple du 1er cas, rappelons que la *Convention sur le droit de la mer* adoptée le 10 décembre 1982 n'est entrée en vigueur que le 16 novembre 1994.

Pour combler cet écart, il faut consulter la section des traités et conventions récents sur le site de l'ONU [http ://untreaty.un.org/ French/notpubl/notpubl.asp].

L'inconvénient, c'est qu'on ne dispose pas d'une référence au RTNU. À quand une référence neutre pour les traités internationaux ?

On peut également utiliser la version électronique d'*International Legal Materials* [http ://www.asil.org/resources/ilm.html].

13.2.1.1 *Traités par domaines*

Un moyen facile et rapide de repérer les traités par domaines, consiste à consulter les sites Web des organisations internationales compétentes (ex. OACI). On en donnera une sélection dans la section Sources sectorielles (13.6).

Une autre excellente source pour repérer les traités multilatéraux par sujet [http ://www.fletcher.tufts.edu/multilaterals.html]. On couvre les domaines suivants : Atmosphere and Space/Flora and Fauna – Biodiversity/Cultural /Protection/Diplomatic Relations/Environmental/Gulf Area Borders/Human Rights/Marine and Coastal/Trade and Commercial Relations Rules of Warfare Arms Control.

13.2.1.2   *Traités Canada – États-Unis*

L'Université de Montréal offre une base de données unique de tous les traités entre le Canada et les États-Unis de 1783 à 1997 disponible à l'adresse [http ://www.lexum.umontreal.ca/]. On peut y repérer les textes par numéro (du recueil des traités), champ, référence ou recherche plein texte.

Avantage collatéral, on obtient ainsi la version française de la plupart des textes même anciens !

13.2.2 Sources papier

Les traités internationaux sont publiés dans le *Recueil des traités des Nations Unies* (RTNU = UNTS United Nations Treaty Series). Voici une référence typique : 843 U.N.T.S. 654. En plus du texte en plusieurs langues, on y trouve l'indication du sujet du traité, la date de son entrée en vigueur, la langue, la date d'enregistrement et les parties à la convention.

Lorsqu'on dispose de la référence, il suffit de se rendre au volume pertinent.

L'outil clé pour repérer tous les traités multilatéraux, même les plus anciens, demeure *World Treaty Index*, 5 volumes. 2ᵉ édition : compilation de tous les traités en vigueur depuis la fondation des Nations Unies en 1945 y compris les traités déposés à la Société des nations entre 1919 et 1945 et les traités antérieurs dont la Société des nations était dépositaire. Index des parties, des sujets. Cet index donne la référence au *Recueil des traités des Nations Unies*.

On peut également utiliser la version électronique d'*International Legal Materials* [http ://www.asil.org/resources/ilm.html].

13.2.2.1 *Collections rétrospectives de traités*

– *The Consolidated Treaty Series*. Recueil qui comprend tous les traités existants jusqu'à la création de la SDN en 1919. Index des parties, index sujets. On peut y retrouver sous chaque pays tous les traités auxquels celui-ci a été partie.

– *Major Peace Treaties of Modern History*, 1648-1967, 3 volumes.

– *International Legislation* : *a Collection of the Texts of Multiparties International Instruments.* Compilation systématique des traits par grandes catégories chronologiques. Index alphabétique.

13.2.2.2 *Traités du Canada*

Le Canada dispose de son propre recueil : le *Recueil des traités du Canada* (RTC) = *Canada Treaty Series* (CTS) qui remonte à 1928, date où il a signé, seul (sans l'Angleterre) ses premiers traités. Pour s'y retrouver, consulter :

– C.L. WIKTOR, *Répertoire des traités du Canada / Canadian Treaty Calendar*, 2 volumes, 1928-1978. Compléter par :

– CL. WIKTOR, *Index to Canadian Treaties; 1979-2003 = Index des traités du Canada, 1979-2003.*

Bien entendu les *Traités multilatéraux* auxquels le Canada a adhéré se retrouvent en plus dans le *Recueil des Traités des Nations Unies* et la base de données ouébienne qui y correspond.

L'information de dernière minute peut être obtenue du Greffier des traités au ministère des Affaires étrangères et du Commerce international [tél. : (613) 995-2886 ou en utilisant le numéro sans frais (en français) du ministère au 1-800-267-6788, demander le Greffier des traités].

13.3 <u>LES NATIONS UNIES ET LE DI</u>

Les Nations Unies sont le principal agent créateur de normes internationales et mènent une activité de codification d'envergure. On peut représenter l'interrelation ONU/DI par le diagramme de Venn suivant :

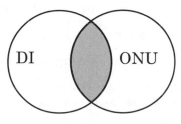

Il s'ensuit qu'une grande partie de la documentation des Nations Unies est de nature juridique. En corollaire, on n'oubliera pas qu'il existe du DI en dehors de l'ONU et que la documentation onusienne comprend d'autres domaines : statistiques, rapports, etc.

13.3.1 Site principal de l'ONU

La page d'accueil générale de l'ONU en français offre un hyperlien – Droit international qui regroupe les principales sources internes à l'ONU, productives de normes internationales [http ://www.un.org/french/law].

La Commission du droit international (CDI=ILC, International Law Commission) est l'organe principal et le foyer majeur d'élaboration des grands textes de l'ONU en DI. Son indicatif de série est A/CN.4/. Son site Web [http ://www.un.org/law/ilc/] offre en anglais, le texte des rapports les plus récents sur les travaux de la CDI (depuis 1996), un sommaire des activités récentes, des traités, conventions et d'autres documents, le programme d'activité de la CDI, etc. À compter de la 50e session (1998), les documents pointus étudiés lors de la session courante s'y trouvent en français également (ex. A/CN.4/491 – *Troisième rapport sur les réserves aux traités*, par M. Alain Pellet, Rapporteur spécial). D'utilité particulière, le site offre un moteur de recherche qui permet de faire le point des travaux effectués sur une question précise. On trouve en marge la référence précise aux documents pertinents ainsi qu'aux débats de la CDI s'y rapportant.

On peut ainsi reconstituer tout le travail de la CDI, depuis le tout début des travaux, grâce aux références aux documents disponibles.

13.3.2 Sources papier

Sur papier, on peut utiliser les publications de la CDI et notamment *Annuaire de la Commission du droit International* :

- Volume 1 – Compte rendu de la [session]
- Volume 2 – (Première partie) Documents de la [session]
- Volume 2 – (Deuxième partie) Rapports de la Commission à l'Assemblée générale sur les travaux de sa [session]. Cette

seconde partie est plus rapidement disponible sous forme de rapport à l'Assemblée générale, à titre de supplément numéro 10 des Documents officiels de l'Assemblée pour une session donnée. (Exemple : A/45/10 = 45ᵉ session = i.e. 1945 (création de l'ONU), = 45 ans).

Pour se tenir à la fine pointe des travaux, il suffit de savoir que tout ce que la CDI fait aboutit à l'Assemblée générale de l'ONU pour être déféré à la Sixième Commission, dite Commission juridique (Indicatif A/C.6/[session]/). On accède aux sites de la Commission facilement à partir de la page d'accueil de la session en cours de l'AG.

13.4 LA JURISPRUDENCE

Comme en droit interne, la jurisprudence joue un rôle important dans l'élaboration du DI.

A) La *Cour internationale de justice* (CIJ ; en anglais : ICJ) : est l'organe judiciaire principal de l'ONU. Site officiel de la Cour internationale de justice [http ://www.icj-cij.org/]. Le site offre, en français et en anglais.

– Une liste des affaires portées devant la Cour depuis 1946 et le renvoi soit au texte intégral, soit à un résumé [http ://www.icj-cij.org/cijwww/cdecisions.htm].

– Le rôle des *Affaires pendantes devant la Cour* [http ://www.icj-cij.org/cijwww/caffairespendantes.htm].

– Dans *Documents de base : Actes constitutifs et base de compé-tence* (Statut de la Cour, articles pertinents de la Charte de l'ONU, Règlement de la Cour) [http ://www.icj-cij.org/cijwww/cdocumentbase.htm].

– Une série de liens sur *Ce qui se passe actuellement à la CIJ* (Communiqués de presse et sur les affaires, déclarations du président, etc.) [http ://www.icj-cij.org/cijwww/ csepasse.htm].

– Un moteur de recherche pour faire une recherche dans le site de la CIJ [http ://www.icj-cij.org/cijwww/csearch/default.asp].

– Depuis mars 1999, la Cour offre un service de notification par courrier électronique de ses communiqués de presse. Les abonnés recevront un courrier électronique [mentionnant le titre, la date et l'adresse Internet du communiqué de presse] chaque fois qu'un nouveau communiqué de presse sera publié par la Cour. Pour s'abonner il suffit de consulter le site Internet de la Cour [http ://www.icj-cij.org], de choisir «Actualités» et de cliquer ensuite sur «Abonnez-vous au service de notification par courrier électronique des communiqués de presse».

– *Les décisions de la Cour* sont publiées en plusieurs endroits outre le site officiel de la Cour.

– Recueil officiel des affaires.

  • *Recueil des arrêts, avis consultatifs et ordonnances [année] / Reports of judgments, advisory opinions and orders [année].*

  • *Série distincte. Mémoires, plaidoiries et documents.*

– Dans *International law reports.*

– Dans *International Legal Materials* (également disponible sur le serveur LEXIS/NEXIS, base ILM).

– Décisions antérieures à 1946.

– Liste des résumés ou textes sur le site de la Cour [http ://www.icj-cij.org/cijwww/cdecisions.htm].

– Cour permanente de justice internationale. La Cour permanente de justice (de la S.D.N.) a précédé la Cour internationale de justice. *Décisions de la Cour permanente de justice internationale.* Série A – *Jugements*; Série B – *Opinions*. Elles sont parfois publiées dans le même volume série A/B, arrêts, ordonnances et avis consultatifs. Série C. *Mémoires, plaidoiries.* Il existe de bons répertoires qui ont systématisé la jurisprudence de la Cour.

– Répertoires de décisions (publications d'éditeurs commerciaux (privés) présentant la jurisprudence par thème) :

– Répertoire des décisions et des documents de la procédure écrite et orale de la Cour permanente de justice internationale de justice. Publié sous la direction de Paul Guggenheim.

- *A Digest of the Decisions of the International Court/* Précis de la jurisprudence de la Cour internationale. Résumé des principales affaires.

- *The world Court Reference Guides : Judgments, Advisory Opinions and Orders of the Permanent Court of International Justice and the International court of Justice (1922-2000) /* compiled and edited by Bimal N. Patel; with year introduction by Shabtai Rosenne. The Hague; Boston : Kluwer Law International, 2002. 928 pages.

B) Rapports sur les activités de la Cour dans une année

On peut consulter : *Rapport de la Cour internationale de justice.* Rapport soumis par la Cour à l'Assemblée générale et disponible à titre de Supplément nº 4 des Documents officiels (ex. A/[session]/4). Couvre du 1er août au 31 juillet de l'année suivante. Curieusement, ces rapports ne sont pas encore disponibles sur le Web présentement. C'est à partir de la 23e session de l'ONU (donc 1968) que la Cour a déposé un rapport annuel à l'Assemblée générale. Depuis 1976, Supplément nº 4, de 1974 à 1977, Supplément nº 5, auparavant numéros variables.

C) Doctrine et commentaires sur les décisions de la Cour

- *Bibliographie de Cour internationale de justice/Bibliography of the International court of justice.* Publiée depuis 1946, elle fournit une liste complète des affaires dont la Cour est saisie et une bibliographie des ouvrages et articles de périodiques écrits concernant une affaire en particulier.

- Les autres approches demeurent possibles pour repérer des commentaires sur les affaires de la CIJ. Il faut utiliser des outils plus généraux et chercher par sujet ou en fonction du nom de l'affaire (dans les bases de données) car tous les index de périodiques n'ont pas de section «commentaire d'arrêt» : voir Doctrine : Bibliographies d'articles de périodiques.

D) Arbitrage international

La Cour Permanente d'Arbitrage (CPA) est une organisation internationale offrant des services pour le règlement de litiges entre États, entre États et entités privées et de litiges auxquels les organisations intergouvernementales font partie. Toute affaire est portée devant la CPA par accord entre les parties. Le site propose également les Conventions de la CPA, les Règlements de Procédure de la CPA et les Clauses Modèles de la CPA [http ://www.pca-cpa. org/ddbmain.htm]. On y trouve également le texte de certaines sentences arbitrales rendues depuis 1998.

- Site Web de la Cour Permanente d'Arbitrage de La Haye [http ://www.pca-cpa.org/].

- Sur papier : *Reports of International Arbitral Awards / Recueil des sentences arbitrales.*

E) Jurisprudence nationale en droit international

- *International law reports.* Cette collection unique offre une sélection des décisions jurisprudentielles des différents pays qui touchent au DI.

13.5 LA DOCTRINE

La doctrine joue en DI un rôle important en raison du caractère évanescent d'une bonne partie de ce droit : il faut trouver des solutions en l'absence de toute convention ou autre norme. Cela dit, le repérage de la doctrine, ne présente aucune difficulté particulière ; on peut appliquer la méthode générale décrite au chapitre 11 – La doctrine.

Plus précisément :

- Les ouvrages de base son repérables dans les fichiers de bibliothèque et les bibliographies.

- Les index et répertoires de périodiques (ex. *LegalTrac*) couvrent les périodiques de droit international.

A) Les encyclopédies

Rappelons l'existence de grandes encyclopédies spécialisées en DI ; en particulier :

- *Juris-Classeur de droit international* : 11 volumes à jour régulièrement. Voici un aperçu du contenu :

- Sources du droit international

- Théorie générale des organisations internationales

- Organisation à compétence territoriale universelle : Organisation des nations Unies

- Organisations administratives

- Organisations à compétence territoriale : Organisations européennes

- Organisation judiciaire internationale. Droit fiscal international français

- Conventions internationales conclues par la France (droit fiscal)

- Droit pénal international – Droit international privé français – Droit commercial international – Droit international judiciaire et conventions internationales.

Note : pour des raisons inexplicables, le JC de DI n'est pas encore offert dans la version électronique des *Juris-Classeurs* (via LexisNexis).

- *Encyclopedia of Public International Law.*

B) Bibliographies remarquables d'articles de périodiques

- *Public International Law / Droit International public.* On peut consulter une version gratuite depuis 1975 sur le Web [http ://www.uni-duesseldorf.de/HHU/fakultaeten/jura/rave/fr]. Il s'agit d'une vaste bibliographie polyglotte dépouillant beaucoup de périodiques non couverts par d'autres répertoires. Elle comprend les domaines généraux et spécialisés du DI : culture, économie, environnement, etc.

- Le *Recueil des cours* de l'Académie de droit international est indexé dans *Public International Law* depuis 1995 mais est cherchable par sujets depuis le tout début en 1922 via le catalogue de la Bibliothèque de la Cour internationale de justice à La Haye [http ://www.sqdi.org/sqdi_org/main.php?s=2&l=fr].

L'ouvrage suivant rassemble les nombreux essais publiés sous forme de mélange dans des publications en série ou autres publications collectives :

– *Public International Law : concordance of the Festschriften = Droit international public : concordance des mélanges = Völkerrecht : festschriftenkonkordanz* / Peter Mascalister-Smith, Joachim Schweitzke. – Berlin : Berliner Wissenschafts Verlag, c2006.

– *UNBIS PLUS* comporte une bibliographie d'ouvrages et d'articles de périodiques reçus à la Bibliothèque de l'ONU à New York (la DHL) ou à Genève et analysés par sujet (1980-). Ce segment correspond à la publication *Current Bibliographical Information* qui n'est plus publiée et à la Bibliographie mensuelle (publiée par la Bibliothèque de l'ONU à Genève). Les deux Bibliothèques de l'ONU sont couvertes. Il s'agit, rappelons-le, de documentation non onusienne mais d'intérêt pour les domaines de l'organisation et polyglotte. Voici un aperçu des principaux domaines couverts (on en mesurera l'intérêt du point de vue de la pluridisciplinarité et des relations internationales) :

– Questions politiques et juridiques (notamment : désarmement, droit, droit de la mer, Nations Unies).

– Questions économiques (notamment : assistance ou développement, investissements, multinationales).

– Ressources naturelles (énergie, environnement, agriculture, sylviculture, pêches).

– Industrie, transports, communications, commerce, population, santé, éducation, emploi, assistance humanitaire.

– Questions sociales (notamment : droits de l'Homme, Femmes).

– Questions culturelles (notamment : information, communication).

– Science et technique.

– Les publications étrangères et de droit international peuvent être repérées grâce au *Catalog of Current Foreign and International Law Titles* qu'ici encore regroupe les acquisitions des «majors» américaines.

13.6 <u>SOURCES PAR DOMAINES</u>

Comme on l'a dit au début de ce chapitre, le nouveau DI s'étend maintenant à la quasi-totalité des domaines traditionnels du droit interne dont il est la source ou le prolongement, selon le point de vue.

Il s'ensuit que les spécialistes d'un domaine particulier préféreront «accéder» au DI par le biais de leur spécialité.

Il nous semble intéressant de proposer tout d'abord une méthode générale applicable dans tous les domaines, avant d'aborder certains d'entre eux plus en détail.

Cette méthode comporte les étapes suivantes :

a) Identifier le domaine (ex. droit aérien, droit commercial, etc.) ;

b) Repérer l'organisme principal (s'il en est) à partir de la page d'accueil de l'ONU [http ://www.un-org], son nom complet, son acronyme en français et en anglais, ainsi que l'indicatif de série des documents dans le système des Nations Unies. Le truc pour y arriver consiste à établir la complémentarité entre ces trois éléments :

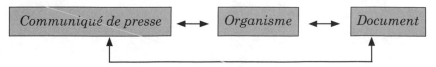

Dès que l'on a un des trois éléments, il s'agit d'obtenir les deux autres. Ceci s'avère d'une extrême utilité pour la suite de la recherche.

c) On examine, le cas échéant, le dernier rapport annuel des travaux remis à l'Assemblée générale; pour un bon nombre d'organismes, le même numéro séquentiel revient d'une année à l'autre.

Aperçu des principales branches du DI

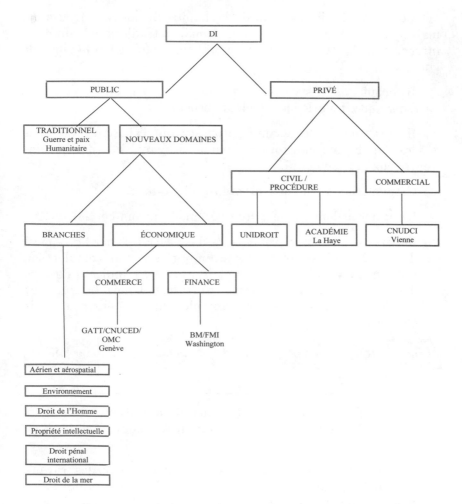

Nous appliquons la méthode proposée dans dix domaines présentés en ordre alphabétique. Nous suivons un plan uniforme pour chacun.

A) Aérien et aérospatial

Domaine : droits du transport aérien et de l'espace extra atmosphérique, deux sous-domaines distincts.

	AÉRIEN	ESPACE
Organe principal	Organisation de l'aviation civile internationale = International Civil Aviation Organization	Comité sur l'utilisation pacifique de l'espace extra atmosphérique = Committee on the Peaceful Uses of Outer Space
Sigle	OACI = ICAO	COPUOS
Indicatif de série	Variable pour les Assemblées générales : A suivi de no de la session (exemple : A/36)	A/AC.105/
Communiqués de presse	Variable	L/
Ressources remarquables	Documents de la Commission juridique (LE)	Documents du Legal Subcommittee (LSC)
Astuce de recherche	Le rapport annuel soumis à l'AG de l'ONU porte le no 20. Exemple pour la 60ᵉ session : A/60/20	

B) Commercial I (privé)

Domaine : Droit commercial international = International Trade Law

Organe principal	Commission des Nations Unies pour le droit commercial international = United Nations Commission on International Trade Law
Sigle	CNUDCI = UNCITRAL
Indicatif de série	A/CN.9/
Communiqués de presse	L/
Ressource remarquable	CLOUT : Case Law on Uncitral Texts. Recueil de jurisprudence judiciaire et arbitrale de tous pays en relation avec les domaines d'intervention de la CNUDCI (vente, arbitrage, etc.).
Astuces de recherche	– Le rapport annuel soumis à l'AG de l'ONU porte le n° 17. Exemple pour la 61ᵉ session : A/61/17 – Les résumés de jurisprudence sont repérables sous la cote A/CN.9/Ser. C/ – Les textes de la CNUDCI soumis à l'Assemblée générale de l'ONU sont étudiés par la Sixième Commission A/C.6/

C) Commercial II (public)

Domaine : Droit du commerce international = International Trade Law.

Organe principal	Organisation mondiale du commerce = World Trade Organization
Sigle	OMC/WTO

Indicatifs de série	Plusieurs sont utilisés
	– Grandes collections :
	   WT/ G/ S/ IP/
	– Séries de la collection WT :
	   /GC/ /BOP/ /DS/ /CTE/
	– Séries de la collection S :
	   /C/ /FIN/ /NGNP/
	– Types de document (applicables à tous les documents)
	
	| M
		NT	R	W

---	---	---	---
(Minutes)	(Notification)	(Rapport)	(Documents de travail)	 – Les modifications quantitatives ou qualitatives sont notées Add., Corr., Rev., Suppl. – Symboles des documents – Comme pour l'ONU, les documents portent un indicatif formé de lettres, chiffres et symboles dans un ordre cohérent et constant. Outre les abréviations mentionnées, on en trouve pour les différents pays. Exemples: G/TBT/W/5 G/AG/N/COL/1 WT/DS72/R WT/DS170/AB/
Communiqués de presse	ECO/
Ressources remarquables	– La série sur le règlement des différends DS/ – Les portails thématiques (exemples : ADPIC, médicaments, etc.)
Astuce de recherche	Utiliser le portail thématique pertinent comme point de départ.

D) Environnement

Domaine : droit de l'environnement

Organe principal	Programme des Nations Unies pour l'environnement = United Nations Programm on the Environment
Sigle	PNUE = UNEP
Indicatif de série	UNEP/
Communiqués de presse	UNEP/
Ressources remarquables	Traités sur l'environnement
Astuce de recherche	Rapport à l'AG., le rapport annuel porte le numéro 25 (ex. A/62/25)

Note : Dans la foulée des conférences de RIO (1992) et de ses suites, de nombreux domaines ont atteint un niveau relatif d'autonomie : biodiversité, désertification, espèces menacées, etc. Chacune entraîne dans son sillon toute une ribambelle de sites, de sigles et de documents.

E) Humanitaire

Domaine : Droit international humanitaire.

Organe principal	Comité international de la Croix-Rouge = International Read Cross Committee
Sigle	CICR = IRCC
Ressource remarquable	Une banque de législation et de jurisprudence nationale dans les domaines d'intervention du DIH.

F) Mer

Domaine : droit océanique ou droit de la mer.

Organe principal	– La Convention de 1982 sur le droit de la mer a créé trois institutions spécialisées : – L'Autorité internationale des fonds marins = International Seabed Authority – Le Tribunal international du droit de la mer = International Tribunal for the Law of the Sea – La Commission des limites du plateau continental = Commission on the Limits of the Continental Shelf
Sigles et Indicatifs de série	ISBA ITLOS CLCS
Communiqués de presse	SEA/
Astuces de recherche	– Le portail centripète du bureau des Affaires océaniques et du droit de la mer permet de retrouver l'ensemble des sites et documents pertinents [http ://www.un.org/Depts/los/index.htm]. – Le secrétaire général de l'ONU fait à l'Assemblée générale à chaque année un rapport substantiel de plusieurs centaines de pages sur la Convention. Le plus récent rapport constitue toujours un excellent point de départ pour une recherche ou une mise à jour : A/session/no variable repérable facilement via SUDOC.

G) Pénal

Domaine : Droit pénal international

Organe principal	La Cour criminelle internationale = International Criminal Court
Sigle	CCI = ICC
Indicatif de série	ICC/
Communiqués de presse	ICC – CPI
Ressources remarquables	Les décisions rendues par la Cour sont toutes facilement disponibles
Astuce de recherche	Ne pas oublier qu'il existe également de nombreuses décisions pénales émanant de tribunaux nationaux. Elles sont repérables via *International Law Reports*. Voir aussi les tribunaux pénaux *ad hoc* (ex. pour le Rwanda, etc.).

H) Privé

Domaine : Droit international privé

Organe principal	L'Académie de droit international privé de La Haye = The Hague Private International Law Academy
Sigle et Indicatif de série	Aucun en particulier
Communiqués de presse	Aucun en particulier
Ressource remarquable	L'Académie est à l'origine de la plupart des grandes conventions de droit privé. Le site offre le texte, les projets et les dates de ratification par les différents pays [http://www.hagueacademy.nl/index.php?section=point&point=137]

I) Propriété intellectuelle

Ce domaine couvre, comme en droit interne, le droit d'auteur, les brevets et les marques ainsi qu'un nouvel aspect, les noms de domaines.

Organe principal	Organisation mondiale de la propriété intellectuelle = World Intellectual Property Organization
Sigle	OMPI = WIPO
Indicatif de série	OMPI/
Communiqués de presse	PR/
Ressources remarquables	Non seulement les traités internationaux mais également les lois nationales des pays membres, parfois dans plusieurs langues, sont accessibles dans de vastes bases de données gratuites.
Astuce de recherche	Utiliser les segments «Documents».

J) Travail et sécurité sociale

Organe principal	Organisation mondiale du travail = International Labour Organization
Sigles	OIT = ILO On utilise parfois le sigle du Bureau, le secrétaire de l'OIT : le BIT.
Indicatif de série	Variable selon les organes (GB etc.)
Communiqués de presse	ILO/
Ressources remarquables	– ILOLEX est une base de données des lois nationales du domaine – LABORDOC est la plus vaste bibliographie au monde, de documents portant sur le travail et la sécurité sociale.

13.7 SE TENIR À JOUR EN DROIT INTERNATIONAL

Nous donnons quelques suggestions en fonction de différents besoins.

A) Traités récents

Plusieurs traités tardent à entrer en vigueur faute de ratification et ne sont donc pas encore intégrés au *Recueil des traités des Nations Unies*. On peut cependant les retrouver sur les sites Web onusiens spécialisés ou encore via le site même des traités [http ://www.un.org/].

B) Jurisprudence internationale

Un analogue de CanLII pour l'international fournit des décisions d'envergure internationale sur le Web : WORLDLII [http ://www.worldlii.org/].

C) Travaux en cours à la Sixième Commission

En suivant les travaux de la Sixième Commission (la Commission Juridique), A/C.6/ on peut obtenir le texte des documents récents et des communiqués de presse pertinente.

D) Actualité de droit international en français

Voir le site Actualité et Droit international : Revue d'analyse [http ://www.rdi.org/] qui offre de l'information sur l'actualité, des revues de sites, de courts articles et de nombreux liens.

E) Site de l'American Society for International Law (ASIL)

Excellent pour obtenir de nombreuses informations sur le DI [http ://www.asil.org/]. Voir aussi EISL = Electronic Information System for International Law [http ://www.eisil.org/].

F) Communiqués de presse récents de l'ONU

Sur le Web [http ://www.un.org/News/fr-press/].

CONCLUSION

Nous avons présenté les principales étapes de la recherche documentaire juridique en écartant volontairement des détails qui auraient alourdi le texte.

Dans cette conclusion, nous aborderons brièvement des questions qui complètent une démarche de recherche et rendent le travail de recherche plus cohérent.

Se tenir à jour

Devant la multiplicité des sources à consulter et le peu de temps disponible, se tenir à jour devient un véritable défi; et c'est pourtant une nécessité, en plus d'être une obligation professionnelle. Avant tout, le juriste devrait établir un choix de lectures. En effet, s'il est illusoire et inutile de tout lire, il convient, toutefois, de dépasser la seule lecture périodique de quelques jugements importants.

Il faut voir le programme de lecture non comme une perte de temps, mais comme un investissement permanent en vue de gagner du temps lors de recherches et opinions éventuelles. Les lectures «préventives» finissent toujours par servir plus vite qu'on ne le pense.

Se constituer une bibliothèque

Se constituer une bibliothèque est une opération coûteuse mais rentable. Un juriste qui valorise la recherche aura une bonne bibliothèque. La perspective changerait si la bibliothèque était perçue comme un investissement qui rapporte à long terme et dont les coûts de constitution et de maintien sont amortis sur un grand nombre de recherches et récompensés par la satisfaction d'une compétence accrue.

Il est dangereux de faire des économies en renonçant à l'acquisition d'ouvrages de base ou à l'abonnement aux périodiques usuels ou banques de données et en se disant qu'on passera à la bibliothèque la plus proche pour se tenir régulièrement au courant. Ce sont des résolutions qu'on oublie vite. De plus, il est important de garder sous la main les ouvrages de référence. L'abonnement aux banques de données informatiques et le branchement à Internet peuvent évidemment remplacer une partie de la bibliothèque. Encore faut-il être conscient que les banques de données et les sites Web seront utilisés de façon ponctuelle et «curative» et ne constituent généralement pas un bon outil pour les nécessaires lectures «préventives».

Se doter d'une méthode de travail

La recherche documentaire telle que nous l'avons décrite s'insère dans un cadre général de méthodologie du travail intellectuel[71]. Ce cadre englobe habituellement plusieurs aspects complémentaires non couverts ici ; mentionnons :

- les règles de références et d'abréviations ;

- les méthodes de travail du juriste ;

- la prise de notes substantives et documentaires ;

- l'établissement d'index de contenu, de listes de personnes, de témoins, de services ;

- la préparation de «notes et autorités» en vue d'appuyer une argumentation ;

- la rédaction d'un rapport de recherche, d'une opinion écrite, d'une sentence arbitrale ;

- etc.

Tous ces aspects sont complémentaires ; ils devraient être normalisés et faire l'objet d'une stratégie de travail.

---

71. Nous consacrons un ouvrage distinct à cette question. Voir *Méthodologie du travail juridique*, D. LE MAY, Montréal, Wilson & Lafleur ltée, 1990, 131p.

La méthodologie du travail intellectuel fait partie intégrante de l'organisation des activités de recherche documentaire et, à ce titre, elle doit être prise en compte dans toute recherche d'efficacité par le juriste. Une bonne organisation de la recherche est aussi une bonne gestion des ressources. À cet égard, nous présentons une grille générale de recherche.

Recherche en droit – Grille générale

1. La première étape consiste à bien qualifier le problème sur la base des faits pertinents.

2. Après avoir défini les questions juridiques impliquées, le rattacher au domaine du droit visé.

3. Si on n'est pas familier avec le domaine, parcourir un ouvrage général sur le sujet. La consultation de la table des matières ou de l'index devrait permettre de trouver rapidement l'endroit où le problème est abordé.

4. Décider de l'optique documentaire à adopter, i.-e. l'accent doit-il être placé sur le législatif ou sur le jurisprudentiel?

5. Repérer les lois québécoises refondues ou annuelles pertinentes et les lois fédérales refondues ou sessionnelles pertinentes.

6. Vérifier si les lois repérées sont en vigueur et si elles ont été modifiées.

7. Repérer les règlements québécois refondus ou annuels et les règlements fédéraux refondus ou annuels.

8. Vérifier si les règlements repérés sont en vigueur et s'ils ont été modifiés.

9. Repérer la jurisprudence québécoise/canadienne pertinente.

10. Vérifier si la décision a été portée en appel ou a été citée.

11. Compléter si nécessaire par la consultation de traités, thèses, ou articles de périodiques.

POSTACE :
Aux étudiantes et aux étudiants en droit

De la recherche à la réalité...

La recherche documentaire est souvent perçue par les étudiant(e)s en droit comme quelque chose de technique, pénible et, disons-le, rébarbatif, même si le côté ludique des nouvelles techniques de l'information a quelque peu adouci cette perception.

L'habileté à la recherche juridique constitue un volet indispensable de la formation. Un(e) diplômé(e) en droit ne peut plus se permettre aujourd'hui d'ignorer cet important aspect du travail juridique. Et puis (et c'est le plus important), la recherche autonome permet à l'étudiant(e) d'aiguiser son esprit juridique critique et de découvrir par lui-même un univers dont les cours à la Faculté ne lui dévoileront qu'une partie.

Une fois franchies les principales étapes de la recherche documentaire juridique, on a parfois l'impression d'avoir fait le tour du processus de la recherche et de l'opinion juridiques. La réalité est à la fois simple et plus complexe que l'exposé pédagogique ne le laisse croire.

Dans la réalité de la vie juridique, en effet, certains éléments sont de nature à rendre le processus plus complexe qu'en théorie : le fait que celui qui pose la question (le client) ne dit pas dans quel domaine se trouve son problème, ni si la question est de juridiction fédérale ou provinciale et encore moins si la réponse se trouve dans une loi ou un règlement... comme à la Faculté ! Sans compter la pénurie d'instruments de repérage de qualité. Sans ajouter que la solution d'un problème ne tient pas toujours à la documentation (ex. l'absence de preuve) et qu'elle peut aussi dépasser les limites du droit.

Les futurs praticiens juristes, avocats ou notaires, pourraient d'ailleurs tirer profit de la possibilité, peu explorée jusqu'à maintenant, de réaliser au sein des cabinets plusieurs suggestions faites ici. Il existe en effet, une relation indéniable entre la recherche documentaire, l'organisation générale du cabinet et la gestion interne des documents.

En revanche, dans la réalité de la recherche et de l'opinion juridiques, le praticien peut prendre appui et réconfort sur des auxiliaires qui font souvent défaut à l'étudiant. Mentionnons : l'expérience, le temps pour réfléchir (sauf urgence ou mauvaise organisation), la possibilité de consulter un confrère ou de référer un dossier, la familiarité croissante avec un domaine de spécialisation, l'aide se stagiaires, d'employés ou de fonctionnaires.

Nous ne faisons donc que rappeler la place relative de la documentation dans le processus de la recherche et de l'opinion juridiques : indispensable et complémentaire à d'autres activités. C'était le but du présent ouvrage de montrer que la recherche est possible malgré ses difficultés.

ANNEXES

ANNEXE A
LA RÉFÉRENCE NEUTRE (RN)
EN JURISPRUDENCE CANADIENNE

L'avènement de la RN à compter de l'année 2000 et son implantation rapide dans l'ensemble du Canada et dans le monde entier, apportent à la documentation juridique une solution permanente et irréversible. La RN n'est pas une mode passagère, elle est là pour rester. Autant s'y habituer dès le départ.

La RN est une référence unique, permanente et indépendante de toute publication. Comme pour la Bible ou Shakespeare, la référence suffit et on n'a pas à attendre une publication pour l'utiliser.

La RN présente deux caractéristiques :

a) **Le dépouillement** : La RN respecte la structure fondamentale de la référence jurisprudentielle (date – abréviation – page), mais laisse tomber la ponctuation, les crochets ou les parenthèses pour la date, le point dans l'abréviation et renvoie à un numéro de document et, éventuellement, de paragraphe dans le document. (Exemple : 2000 CSC 38).

b) **La cohérence** : Outre le respect de la structure connue, on ajoute une méthode de création des abréviations basée sur la géographie et le nom du tribunal. Les indicatifs géographiques proviennent de la norme ISO 3166 *Codes pour la représentation des noms de pays et de leurs subdivisions*.

Comme la RN s'ajoute et ne remplace pas les autres références, il devient important de la repérer dans une séquence, compte tenu de la pratique de fournir les références parallèles. Accessoirement, la maîtrise de cette astuce permettra de deviner une abréviation dans l'avenir, lorsqu'elle apparaîtra pour la première fois. Soit par exemple, la référence suivante : NBCA. On reconnaîtra facilement la référence neutre aux critères susmentionnés : absence de points et préfixe géographique. NB = Nouveau-Brunswick, CA = Cour d'appel.

Pour repérer les RN en usage au Canada, consulter le site Web du Comité canadien de la référence [http ://www.lexum.umontreal.ca/citation/fr/index.html]. On peut s'y référer pour connaître les projets de développement au Canada ou les autres initiatives à travers le monde

ANNEXE B
NOUVELLES TENDANCES
DANS LES CITATIONS

Question : Comment en est-on arrivé à faire des références jurisprudentielles multiples et complexes du type : 2001 CSC 40, [2001]
2 R.C.S. 629, [2001] A.C.S. no 42 (QL), inf. [1998] R.J.Q. 629, [1998]
J.E.L. no 2546 (QL), J.E. 98-1855 ?

1. Introduction

Depuis pratiquement l'invention de l'imprimerie, pour ne point
parler de celle de l'écriture, il y avait univocité entre une publication et une abréviation. Par exemple, R.L. renvoyait au recueil
de jurisprudence *Revue légale*. C'était pour ainsi dire l'âge d'or
de la sécurité juridico-documentaire. La référence suffisait pour
se retrouver, du moins si l'on restait dans son territoire d'origine,
car les comparatistes et les internationalistes avaient déjà décou-
vert, quant à eux, que les mêmes lettres pouvaient être lues dif-
féremment selon les ressorts : Q.L.R. pouvant signifier *Quebec
Law Reports* ou *Queensland Law Review*, voire quelqu'autre
collection.

De l'Eden apparut le multiple ...

2. Au premier stade de la mutation, on assiste à la prolifération des
références jurisprudentielles parallèles à une même décision. Ceci
découle directement de l'augmentation du nombre d'éditeur

juridiques et de la libre compétition entre eux, entraînant dans son sillon redondance et recoupements. L'ancien Conseil canadien de la documentation juridique (1976-1992) en avait fait sans succès une question à débattre. cf. *Case law reporting study* -- No. 1- Ottawa : Canadian Law Information Council. On connaît deux principaux cas de figure de cette pratique.

- **Horizontalement** : la référence donne toutes les occurrences de publication à une décision d'un même niveau. Ainsi, pour une décision de la Cour suprême, on aura le Recueil officiel [R.C.S.], suivi des recueils privés, ces derniers se subdivisant en recueils généraux [N.R., D.L.R.], régionaux [W.W.R.] ou spécialisés [ex. C.P.R., en matière de brevets].

- **Verticalement** : la référence d'une décision d'un palier supérieur rappellera les décisions des paliers inférieurs, fournissant ainsi la trame historique de la décision. C'est le chassé-croisé des confirmations/infirmations conduisant à l'accueil ou au rejet de l'appel. Ex. [1996] 1 R.C.S. 6, conf. [1994] 3 C.F. 707.

On aura bien sûr compris que l'habitude s'est rapidement prise de combiner ces deux façons de faire, comme en témoigne l'exemple de notre *incipit*.

Puis vint l'électron ...

3. Cette pratique bien établie doit maintenant tenir compte de la disponibilité électronique des textes. Ici encore, on peut commodément regrouper en deux espèces les principales variantes.

- **Premier cas** : les banques de données. Les éditeurs et serveurs de produits électroniques ont regroupé leurs décisions dans des sous-ensembles cohérents, dotés de titres et d'abréviations spécifiques. Ces banques ne correspondent pas nécessairement à une collection publiée sur papier. Prenons le cas d'une banque offerte sur le serveur *Quicklaw*. Dans la mesure où cette banque contient un jugement non rapporté ailleurs, elle devient la seule référence à un jugement qu'on puisse citer. Ex. [1998] J.Q. no 4173 (QL), elle est devenue incontournable.

- **Deuxième cas** : la référence neutre. Avec la référence neutre, un pas de plus est franchi : la référence ne dépend plus du tout de quelque forme de publication que ce soit. «La référence neutre a pour objet de permettre l'identification permanente d'une décision judiciaire quel que soit son mode de publication, sur papier ou par voie électronique.» *Une norme de référence neutre pour la jurisprudence* / Comité canadien de la référence. Montréal : Le Comité, 2000, par. 12 [http ://www.lexum.umontreal.ca/ccc-ccr/neutr/index_fr.html]. Introduite d'abord par la Cour suprême début 2000, la référence neutre s'impose et se répand rapidement : puisqu'elle nous permet de disposer dès la première apparition du jugement d'une référence exacte, complète, permanente et officielle, avant même que le texte ne soit publié ou recensé où que ce soit [http ://www.lexum.umontreal.ca/ccc-ccr/neutr/neutr.jur_fr.html].

Au troisième jour, le multiple rencontre l'électron !

4. S'il fallait déjà prévoir que l'utilisation de la référence neutre n'excluait nullement le rappel de références parallèles/complémentaires (cf. par. 1), il n'y avait guère à se surprendre qu'on en vînt à y ajouter également la référence à une banque de données (cf. par. 2) ; l'exemple initial le démontre amplement. C'est qu'il semble y avoir une règle de courtoisie autant que de méthode qui consiste à rechercher la plus grande exhaustivité et le traitement le plus équitable possible de toutes les formes de publication. Cette règle viserait à faciliter d'autant le travail du lecteur qui peut dès lors accéder aux textes dans la version de son choix.

5. Sur ce socle de plus en plus solide, on voit pousser deux plantes nouvelles dont la valeur oscille entre l'utilitaire et l'ornemental.

- **La référence préventive**. On appellera ainsi une référence sémantiquement correcte mais provisoirement incomplète au *Recueil* dans lequel figurera la décision. Exemple : *Côté* c. *Procureur général du Québec*, [2001] R.J.Q. XXX (C.S.). Il s'agit ici d'une décision rendue et connue, dont on sait qu'elle est retenue pour publication (une information obtenue de l'éditeur) mais qui, au moment où on la cite, n'a pas encore été publiée, d'où le triple XXX, destiné à marquer la page lorsqu'elle sera connue. C'est encore la Cour suprême qui a lancé cette pratique, dès la première apparition de la référence neutre (une information reprise depuis dans tous les arrêts de la Cour). Ceci laisse pantois devant le cas d'un arrêt non encore publié mais dont ignore si une publication est prévue.

• **La référence aux résumés d'une décision**. Dès l'apparition de l'hebdomadaire *Jurisprudence Express*, en 1978, les résumés, selon l'excellente pratique instaurée alors par SOQUIJ, se virent attribuer un millésime et un numéro séquentiel (J.E. 1988-203). Utile pour commander un texte intégral, ce numéro parut commode pour donner une référence dans l'intérim de la publication ; cependant, loin de s'en tenir à cet usage restreint et contrairement aux prévisions, ce numéro continua de coller à la référence même si le jugement était publié, car il facilitait le repérage dans les banques jurisprudentielles. Cette seconde fonction (de repérage) rendit permanente une fonction conçue comme éphémère (l'identification). L'arrêtiste-en-chef de l'époque, chez SOQUIJ, avait même supplié qu'on ne citât point directement le J.E.; le peuple n'a pas suivi.

> «Un journal de jurisprudence ne saurait remplacer un recueil ; il s'agit d'un instrument complémentaire qu'il serait malheureux de substituer à la source qu'il annonce. Ainsi nous soumettons qu'il serait abusif de citer le *Jurisprudence Express* comme source documentaire ; j'incite les utilisateurs de l'Express à citer le jugement lui-même et non le journal comme tel.» J. HÉRARD, «*Jurisprudence Express* : Le journal de jurisprudence de SOQUIJ», (1977) 37 *R. du B.* 689, à la p. 691.

Pour faire court, si l'on peut dire, notre référence devient *Côté c. Procureur général du Québec*, [2001] R.J.Q. 2294 (C.S.), J.E. 2001-1700.

L'application conjointe des concepts préventif/sommaire conduira à son tour à une nouvelle pratique ancillaire ; cette dernière consiste à ajouter le numéro de la notice du document dans la base de données du serveur utilisé. Pour rester chez SOQUIJ, l'arrivée du service intégré AZIMUT : Documentation juridique en ligne : [http ://www.azimut.soquij.qc.ca/] qui permet la consultation simultanée de multiples banques a obligé l'Éditeur à doter tous les documents d'un numéro unique de repérage. Ce numéro, comme ce fut le cas pour le J.E. d'alors, risque de coller aux références. Et nous obtiendrons : *Côté c. Procureur général du Québec*, [2001] R.J.Q. 2294 (C.S.), J.E. 2001-1700, AZ-50099421.

Ce double système ancillaire, s'il paraît redondant lorsqu'une décision est publiée devient une bouée de sauvetage en cas de non publication dans un recueil. L'austérité décourageante et la solitude bucolique d'une référence du type : C.S. Saint-François (Sherbrooke) 450-36-000373-010, le 5 septembre 2001 se voyant fortifiée des familiers J.E. 2001-1876 et AZ-50101111. En revanche, la généralisation de l'utilisation de la référence neutre, jointe à la mention de l'URL du jugement sur CanLII rendent les numéros J.E. et AZ caducs en dehors de SOQUIJ.

6. Conclusion

Que faire ? Faut-il toujours tout citer ? Entre la pléthore, encombrante, et la frugalité, frustrante, nous proposons le juste milieu suivant :

- Règle n° 1 : Ne citer que la plus haute instance à laquelle est parvenue la décision. L'historique complet de la décision peut être commodément donné en note en bas de page.

- Règle n° 2 : Toujours donner la référence neutre lorsqu'elle existe ; donner les références parallèles.

- Règle n° 3 : Ne donner les références aux résumés ou aux notices de bases de données que pour les arrêts inédits ou ultra récents.

Ainsi se voient conciliées la sécurité documentaire et la courtoisie en offrant au chercheur ce qu'il lui faut tout en lui permettant d'aller plus loin.

ANNEXE C
ABRÉVIATIONS JURIDIQUES CANADIENNES

ABRÉVIATIONS	TITRES	SERVEURS
ABCA	Cour d'appel de l'Alberta	
ABQB	Cour du Banc de la Reine de l'Alberta	
A.C.	Appeal cases ou Arrêté en conseil	
A.C.W.S.	All Canada Weekly Summaries	Quicklaw
ADMIN.L.R.	Administrative Law Reports	Quicklaw
Adv.	The Advocate	
Adv.Q.	Advocate's Quarterly	
A.J.D.Q.	Annuaire de jurisprudence et de doctrine du Québec	Azimut
A.I.E.	Accès à l'information Express	Azimut
ALTA.D.	Alberta Decisions	Quicklaw
ALTA.L.R.	Alberta Law Reports	Quicklaw
Alta. L.R.	Alberta Law Review	Quicklaw
Ann. Air & Space = Ann. D. aérien et spatial	Annals Air and Space = Annales de droit aérien et spatial	
A.P.R.	Atlantic Provinces Reports	Lexis/Nexis
A.L.R.	Alberta Law Reports	Quicklaw
A.R.	Alberta Reports	Quicklaw
A.S.S.S.	Arbitrage – Santé et services sociaux	Azimut
Assurances	Assurances	
B.C.A.C.	British Columbia Appeal Cases	Quicklaw
BCCA	Cour d'appel de la Colombie-Britannique	

ABRÉVIATIONS	TITRES	SERVEURS
B.C.D.	British Columbia Decisions	Quicklaw
B.C.L.R.	British Columbia Law Reports	Quicklaw
B.L.R.	Business Law Reports	Quicklaw
B.R.	Recueils de jurisprudence de la Cour du Banc de la Reine (du Roi) (1892-1969) ; depuis 1970, Cour d'Appel du Québec	
B.R.E.F.	Décisions du bureau de l'évaluation foncière	Azimut
B.R.P.	Décisions des bureaux de révision paritaire. (Cessé de paraître en 1998)	Azimut
BCSC	Cour suprême de la Colombie-Britannique	
Cahiers prop. Intel.	Les Cahiers de propriété intellectuelle	
Can. B. Rev.	Canadian Bar Review	
Can. Bus. L.J.	Canadian Business Law Journal	
Can. Community L.J.	Canadian Community Law Journal	
Can. Computer L.R.	Canadian Computer Law Reporter	
Can. Crim. Law Rev.	Canadian Criminal Law Review – Revue canadienne de droit pénal	
Can. Criminol. Forum	Canadian Criminology Forum	
Can. Fam. Law Q.	Canadian Family Law Quarterly	
Can. Hum. Rights Advocate	Canadian Human Rights Advocate	
Can. Ins. L. Rev.	Canadian Insurance Law Review (Cessé de paraître)	
Can. Intel. P.R.	Canadian Intellectual Property Review = Revue canadienne de propriété intellectuelle	
Can. J. Adm. Law Pract.	Canadian Journal of Administrative Law and Practice	
Can. J. Criminol.	Canadian Journal of Criminology	
Can. J. Fam. L.	Canadian Journal of Family Law	Quicklaw Westlaw
Can. J. Insur. Law	Canadian Journal of Insurance Law	Quicklaw Westlaw
Can. J.L. & Juris.	Canadian Journal of Law and Jurisprudence	Quicklaw Westlaw
Can. J.L. & Society	Canadian Journal of Law and Society	
Can. J. of Law	Canadian Journal of Law and Society = Revue canadienne de droit et société	
Can. J. Pol. Sc.	Canadian Journal of Political Science = Revue canadienne de science politique	
Can. J. Women & L.	Canadian Journal of Women and the Law = Revue juridique La femme et le droit	
Can. Lab. & Employ- ment J.	Canadian Labour and Employment Journal	

ABRÉVIATIONS	TITRES	SERVEURS
Can. Lawyer	Canadian Lawyer	
Can. Nativ. Law Rep.	Canadian Native Law Reporter	
Can. Pub. Adm.	Canadian Public Administration	
Can. Pub. Poli.	Canadian Public Policy = Analyse de politiques	
Can. Tax J.	Canadian Tax Journal	
Can. Tax News	Canadian Tax News = Fiscalité au Canada	
Can.-U.S. L.J.	Canada United States Law Journal	
Can. Watch	Canada Watch	
Can. Y.B.I.L.	Canadian Yearbook of International Law	
C.A.	Recueils de jurisprudence du Québec. Cour d'appel	Quicklaw Azimut
CACM	Cour d'appel de la cour martiale du Canada	
CAF	Cour d'appel fédérale	
C.A.I.	Décisions de la Commission à l'information	Quicklaw Azimut
C.A.L.P.	Décisions de la Commission d'appel en matière de lésions professionnelles	Quicklaw Azimut
C.A.S.	Décisions de la Commission des affaires sociales	Quicklaw Azimut
C.B.E.S.	Recueil de jurisprudence du Québec : Cour de bien-être social	
C.B.R.	Canadian Bankruptcy Reports	Quicklaw
C.C.	Code civil	
C.C.B.C.	Code civil du Bas Canada	
C.C.C.	Canadian Criminal Cases	Quicklaw
C.C.E.L.	Canadian Cases on Employment Law	Quicklaw
CCI	Cour canadienne de l'impôt	
C.C.L.	Canadian Current Law	
C.C.L.I.	Canadian Cases on the Law of Insurance	Quicklaw
C.C.L.S.	Canadian Cases on the Law of Securities. (Cessé de paraître en 1997)	Quicklaw
C.C.L.T.	Canadian Cases on the Law of Torts	Quicklaw
C.C.P.B.	Canadian Cases on Pensions and Benefits	Quicklaw
C.C.Q.	Code civil du Québec	
C.C.T.	Canadian Current Tax	
C.C.B.	Crown Cases Reserved	
C. de D.	Cahiers de droit	Azimut
C.E.	Commissaires enquêteurs	
C.E.D.	Canadian Encyclopedic Digest	

ABRÉVIATIONS	TITRES	SERVEURS
C.E.L.R.	Canadian Environmental Law Reports	Quicklaw
C.E.R.	Canadian Customs and Excise Reports	
CF	Cour fédérale	
C.F.	Recueil des arrêts de la Cour fédérale du Canada	Quicklaw
C.F.L.Q.	Canadian Family Law Quarterly	
C.F.R.	Code of Federal Regulations	
C.H.R.R.	Canadian Human Rights Reporter	
C.H.R.Y.	Canadian Human Rights Yearbook = Annuaire canadien des droits de la personne	
C.I.P. Rev.	Canadian Intellectual Property Review	
C.I.P.R.	Canadian Intellectual Property Reports	Quicklaw
C.J.A.L.P.	Canadian Journal of Administrative Law and Practice	
C.J.L.S.	Canadian Journal of Law Society = Revue canadienne de droit et société	
C.L.J.	Canada Law Journal (1865-1968)	
C.L.L.C.	Canadian Labour Law Cases	Quicklaw
C.L.R.	Construction Law Reports	Quicklaw
C.L.L.R.	Canadian Labour Law Reports	
C.L.R.B.R.	Canadian Labour Relations Board Reports	
C.M.	Code municipal	
C.M.Q.	Recueil de jurisprudence. Cour municipale du Québec	
CMQC	Conseil de magistrature du Québec	
C.N.L.R.	Canadian Native Law Reporter	Quicklaw
Conf. F.P.	Conflits dans la fonction publique	
Constitutional Forum	Constitutional Forum = Forum constitutionnel	
Cook Adm.	Cook Admiralty (1874-1884)	
Corp. Tax Strategy	Corporate Tax Strategy	
C.P.	Recueil de jurisprudence du Québec : Cour provinciale	
C.P.C.	Carswell's Practice Cases	Carswell
C.P.C.	Code de procédure civile du Québec	
C.P.D.	Common Pleas Division	
C.P. du N.	Cours de perfectionnement du notariat	Azimut
C.P.I.	Cahier de propriété intellectuelle	Azimut
C.P.R.	Canadian Patent Reporter	Quicklaw
C.R.	Criminal Reports	Quicklaw

ABRÉVIATIONS	TITRES	SERVEURS
C.R.C.	Codification des règlements du Canada	
C.R.D.	Charter of rights decisions	
C.R.N.S.	Criminal Report New Series	Quicklaw
C.R.R.	Canadian Rights Reporter	Quicklaw
Crim. L.Q.	Criminal Law Quarterly	Azimut
C S.	Cour supérieure (1892-1974)	
CSC	Cour suprême du Canada	Quicklaw Azimut
C.S.P.	Cour provinciale, Cour des Sessions de la paix	
C.T.C.	Canada Tax Cases	Quicklaw
C.T.C.	Canadian Transport Cases	
C.T.D. famille Can.	Cahier trimestriel de droit de la famille Canada	
C.U.B.L.R.	Canada – U. S. Business Law Review	
C.V.	Cités et villes	
C.T.F.P.	Décisions de la Commission des Relations de travail de la fonction publique du Canada	Quicklaw
D.	Décret	
Dalhous. J. Leg. Stud.	Dalhousie Journal of Legal Studies	
Dalhous. L.J.	Dalhousie Law Journal	Quicklaw
D.C.A.	Dorion, décisions de la Cour d'appel (1880-1886)	
D.C.L.	Décisions de la Commission des loyers	
D.C.D.R.T.	Décisions sur des conflits de droit dans les relations de travail (1964-1970)	
D.C.R.T.	Décisions du Conseil canadien des relations de travail	Quicklaw
D.D.C.P.	Décisions disciplinaires concernant les corporations professionnelles	Azimut
D.D.E.	Décisions disciplinaires Express ou Droit disciplinaire Express	Azimut
D.D.O.P.	Décisions disciplinaires concernant les ordres professionnels	Azimut
D.F.Q.E.	Droit fiscal québécois Express	
D.L.R.	Dominion Law Reports	Quicklaw
DME	Droit municipal Express	Azimut
DORS	Décrets, ordonnances et règlements statutaires	
D.R.L.	Décisions de la Régie du logement	
D.T.C.	Dominion Tax Cases	Quicklaw
D.T.E.	Droit du travail Express	Azimut
Education L.J.	Education Law Journal	

ABRÉVIATIONS	TITRES	SERVEURS
E.L.L.R.	Employment and Labour Law Reporter	
Est. & Tr. J.	Estates and Trusts Journal	
E.T.R.	Estates and Trusts Reports	Quicklaw
Ex. C.R.	Exchequer Court Reports	Quicklaw
Forum des droits de la personne	Forum des droits de la personne	
F.T.R.	Federal Trial Reports	Quicklaw
Gazette	Gazette (Law Society of Upper Canada)	
Gaz. Can.	Gazette du Canada	
G.O.	Gazette officielle du Québec	
Health L. J.	Health Law Journal	Quicklaw
I.L.R.	Canadian Insurance Law Reporter	
IMM.L.R.	Immigration Law Reporter	Quicklaw
I.P.J.	Intellectual Property Journal	
	Journal des juges provinciaux = Provincial Judges' Journal	
J.E.	Jurisprudence Express	Azimut
JEL	Jurisprudence en ligne	Quicklaw
J. juges prov.	Journal des juges provinciaux	
J.L.	Jurisprudence Logement	Azimut
J.Mot.Veh.Law	Journal of Motor Vehicle Law	
Jug. et Dél. N.F.	Jugements et délibérations du Conseil Souverain de la Nouvelle-France	
Jug. et Dél. Q.	Jugements et délibérations du Conseil Supérieur de Québec	
L.A.C.	Labour Arbitration Cases	Quicklaw
La Th.	La Thémis	
Law Repr.	The Law Reporter (1854)	
L.C.	Lois du Canada	
L.C.J. ou L.C.Jur.	Lower Canada Jurist (1845-1891)	
L.C.L.J.	Lower Canada Law Journal (1865-1868)	
L.C.R.	Land Compensation Reports	
L.C.R.	Lower Canada Reports	
Lectures LSUC	Special Lectures of the Law of Society of Upper Canada	
L.M.	Lois du Manitoba	
L.N.	Legal News	Quicklaw
L.O.M.J.	Law Office Management Journal	
Low. Can. L.J.	Lower Canada Law Journal	

ABRÉVIATIONS	TITRES	SERVEURS
LPJ	La Presse juridique	Quicklaw
L.Q.	Lois du Québec	
L.R.C. ou R.S.C.	Lois révisées du Canada	
L.R.N.B.	Lois révisées du Nouveau-Brunswick	
L.R.Q.	Lois refondues du Québec	
MAN.D.	Manitoba Decisions	Quicklaw
Man. L.J. = R.D. Man.	Manitoba Law Journal = Revue de droit manitobain	Quicklaw
MAN.R.	Manitoba Reports	Quicklaw
MBCA	Cour d'appel du Manitoba	
MBQB	Cour du Banc de la Reine du Manitoba	
McGill L.J.	McGill Law Journal	Azimut Quicklaw Westlaw
M.C.L.R.	Media and Communication Law Review	
Meredith Lect.	Meredith Lectures	
M.L.R. (Q.B.)	Montreal Law Reports (Queen's Bench)	
M.L.R. (S.C.)	Montreal Law Reports (Superior Court)	
M.P.L.R.	Municipal and Planning Law Reports	Quicklaw
M.V.R.	Motor Vehicle Reports	Quicklaw
Nat. B.L. Rev.	National Banking Law Review	
Nat. Creditor D. Rev.	National Creditor Review/Debtor Review	
Nat. Insolvency Rev.	National Insolvency Review	
Nat. J. Const. Law	National Journal of Constitutionnal Law = Revue nationale de droit constitutionnel	
Natl. Real Prop. Law Rev.	National Real Property Review	
National	National/The Canadian Bar Association	
NBCA	Cour d'appel du Nouveau-Brunswick	
NBQB	Cour du Banc de la Reine du Nouveau-Brunswick	
N.B.R.	New-Brunswick Reports	Quicklaw
N.fld & P.E.I.R.	Newfoundland and Prince Edward Island Reports	Quicklaw
N.R.	National Reporter	Quicklaw
NSCA	Cour d'appel de la Nouvelle-Écosse	
N.S.R.	Nova Scotia Reports	Quicklaw
NSSC	Cour suprême de la Nouvelle-Écosse	
NUCA	Cour d'appel du Nunavut	
NWTCA	Cour d'appel des Territoires du Nord-Ouest	

ABRÉVIATIONS	TITRES	SERVEURS
NWTSC	Cour suprême des Territoires du Nord-Ouest	
N.W.T.R.	Northwest Territories Reports	Quicklaw
O.A.C.	Ontario Appeal Cases	Quicklaw
O.L.R.B.	Ontario Labour Relations Board Reports	Quicklaw
O.M.B.R.	Ontario Municipal Board Reports	Quicklaw
ONCA	Cour d'appel de l'Ontario	
O.R.	Ontario Reports	Quicklaw
Osgoode Hall L.J.	Osgoode Hall Law Journal	Quicklaw
O.T.C.	Ontario Trial Cases	Quicklaw
Ottawa L. Rev.	Ottawa Law Review	Quicklaw
Per. C.S.	Perrault, Conseil Supérieur	
Per. P.	Perrault, Prévosté	
PESCAD	Cour suprême, division d'appel de l'Île-du-Prince-Édouard	
P.P.S.A.C.	Personal Property Security Acts Cases	Quicklaw
Prov. Judges J.	Provincial Judges' Journal	
Pyke	Pyke reports, King's Bench	
QCCA	Cour d'appel du Québec	
QCCP	Cour du Québec	
QCCS	Cour supérieure du Québec	
QCCRT	Commission des relations du travail	
QCTP	Tribunal des professions du Québec	
Q.L.R.	Queen's Law Review	
Queen's L.J.	Queen's Law Journal	Quicklaw Westlaw
Questions seigneuriales	Questions seigneuriales	
R.A.C.	Ramsay's Appeal Cases	
Ram. & Mor.	Ramsay & Morin	
R.C.D.A.P.	Revue canadienne de droit administratif et de pratique	
R.C.S.	Recueils de jurisprudence de la Cour suprême du Canada	Quicklaw
R.C. VIH/sida et droit	Revue canadienne VIH/Sida et droit	Quicklaw
R.D. comm. Can.-É.-U.	Revue de droit commercial Canada – États-Unis	
R.D.F.	Recueil de droit de la famille	Quicklaw
Azimut		
R.D.F.Q.	Recueil de droit fiscal québécois	Azimut

ABRÉVIATIONS	TITRES	SERVEURS
R.D.I.	Recueil de droit immobilier	Azimut
	Revue canadienne de droit d'auteur	
R.D.J.	Revue de droit judiciaire (Cessé de paraître en 1996)	Azimut
R. de J.	Revue de jurisprudence	
R. de L.	Revue de législation et de jurisprudence	
	Revue de planification fiscale et successorale	
R. du B.	Revue du Barreau	Azimut
R. du Bar. Can.	Revue du Barreau canadien	Azimut
R. du D.	Revue du droit	
R. du N.	Revue du Notariat	Azimut
R. d. Media et Com.	Revue de droit Media et Communication	
R.D.U.S.	Revue de droit (Université de Sherbrooke)	Quicklaw Azimut
R.E.J.	Revue d'études juridiques	Azimut
Rev. Can. D. & Société	Revue canadienne de droit et société	
Rev. Can. D. fam.	Revue canadienne de droit familial	Quicklaw Westlaw
Rev. Can. Droit d'auteur	Revue canadienne du droit d'auteur	
Rev. Const. Stud.	Review of Constitutional Studies = Revue d'études constitutionnelles	
Rev. C.P.I.	Revue canadienne de propriété intellectuelle	
	La Revue du JAG des forces canadiennes	
Rev. Femme & D.	Revue juridique Femme et Droit	
Rev. Jur. Thémis ou R.J.T.	Revue juridique Thémis	Quicklaw Azimut
R.F.L.	Reports of Family Law	
R. gén. Droit ou R.G.D.	Revue générale du droit	Azimut
R. gestion cab. d'av.	Revue de gestion des cabinets d'avocats	
R.J.D.T.	Recueil de jurisprudence en droit du travail	Azimut
R.J.E.U.L.	Revue juridique des étudiants et étudiantes de l'Université Laval	Azimut
R.J.P.Q.	Résumés de jurisprudence pénale du Québec	
R.J.Q.	Recueil de jurisprudence du Québec	Azimut
R.J.Q.	Rapports judiciaires de Québec	
R.J.R.Q.	Rapports judiciaires révisés de la province de Québec	
R.L.	Revue légale	Azimut
R.L.n.s.	Revue légale. Nouvelle série	Azimut

ABRÉVIATIONS	TITRES	SERVEURS
R.N.-B.	Recueil des arrêts du Nouveau-Brunswick	Quicklaw
R.P.	Rapports de pratique du Québec. Suivi de Revue de droit judiciaire	Quicklaw
R.P.F.S.	Revue de planification fiscale et successorale	Azimut
R.P.I.	Revue de propriété intellectuelle	
R.P.R.	Real Property Reports	Quicklaw
R.P.T.A.	Recueil en matière de protection du territoire agricole	Azimut
R.Q.D.I.	Revue québécoise de droit international (1984-)	Quicklaw
R.R.	Revised Reports	
R.P.A.	Recueil en responsabilité et assurance	Azimut
R.R.O.	Revised Regulations of Ontario	
R.R.Q.	Règlements refondus du Québec	
R.S.A.	Revised Statutes of Alberta	
R.S.B.C.	Revised Statutes of British Columbia	
R.S.M.	Revised Statutes of Manitoba	
R.S.N.B.	Revised Statutes of New-Brunswick	
R.S.Nfld.	Revised Statutes of Newfoundland	
R.S.N.S.	Revised Statutes of Nova Scotia	
R.S.O.	Revised Statutes of Ontario	
R.S.P.	Recueil des ordonnances de la Régie des services publics	
R.S.P.E.I.	Revised Statutes of Prince Edward Island	
R.S.S.	Revised Statutes of Saskatchewan	
Sask. L. Rev.	Saskatchewan Law Review	Quicklaw
S.A.	Statutes of Alberta	
S.A.E.	Sentence arbitrale de l'éducation	
S.A.G.	Sentences arbitrales, griefs	
S.B.C.	Statutes of British Columbia	
S.C.	Statuts du Canada	
S.C.C.D.	Supreme Court of Canada Decisions	Quicklaw
S.C.C.R.S.	Supreme Court of Canada Reports Service	
S.C.R.	Canada Supreme Court Reports	Quicklaw
SKCA	Cour d'appel de la Saskatchewan	
SKQB	Cour du Banc de la Reine de la Saskatchewan	
S.M.	Statutes of Manitoba	
S.N.B.	Statutes of New Brunswick	
S.Nffld.	Statutes of Newfoundland	

ABRÉVIATIONS	TITRES	SERVEURS
S.N.S.	Statutes of Nova Scotia	
S.O.	Statutes of Ontario	
S.P.E.I.	Statutes of Prince Edward Island	
S.Q.	Statuts du Québec	
S.R.	Saskatchewan Reports	Quicklaw
S.R.B.C.	Statuts refondus pour le Bas Canada	
S.R.C.	Statuts révisés du Canada	
S.R.Q.	Statuts refondus du Québec	
S.Q.	Statutes of Québec	
S.S.	Statutes of Saskatchewan	
Stu. K.B.	Stuart's reports	
Stuart	Stuart, vice-admiralty reports	
T.A.	Décisions du tribunal d'arbitrage. (Cessé de paraître en 1998)	Azimut
T.A.Q.E.	Tribunal administratif du Québec Express	Azimut
TCDP	Tribunal canadien des droits de la personne	
T.J.	Tribunal de la jeunesse	
T.L.R.	Times Law Reports	
Trib. Conc.	Tribunal de la concurrence du Canada	
T.T.	Tribunal du travail	Azimut
UBC L. Rev.	University of British Columbia Law Review	Quicklaw
UNB L.J.	University of New Brunswick Law Journal	
Unit. L. Conf.	Proceedings of the Annual Meeting of the Uniform Law Conference	
URL	Uniform Resource Locator (adresse d'un site Web)	
U.T. Fac. L. Rev.	University of Toronto Faculty of Law Review	Quicklaw
U. Toronto L.J.	University of Toronto Law Journal	Quicklaw
W.A.C.	Western Appeal Cases	MLB
W.C.B.	Weekly Criminal Bulletin	Quicklaw
	Windsor Review of Legal and Social Issues	
Windsor Yearb. Access	Windsor Yearbook of Access to Justice	Quicklaw Westlaw
W.L.R.	The Weekly Law Reports	
Women and the Law	Canadian Journal of Women and the Law	
W.R.L.S.I. ou Windsor Rev. Leg. Soc. Issues	Windsor Review of Legal and Social Issues	Quicklaw
W.W.R.	Western Weekly Reports	Quicklaw

ABRÉVIATIONS	TITRES	SERVEURS
YKCA	Cour d'appel du Territoire du Yukon	
YKSC	Cour suprême du Territoire du Yukon	
Y.R.	Yukon Reports	Quicklaw

ANNEXE D
RECUEILS DE JURISPRUDENCE
JUDICIAIRE CANADIENS

Nous donnons ici un tableau des recueils courants de jurisprudence judiciaire. On notera les limites de ce tableau : il ne comprend pas les décisions des tribunaux administratifs ni les publications spécialisées de répertoriage (ex. recueils commerciaux à feuilles mobiles). La plupart de ces recueils sont couverts dans les publications de répertoriage mentionnées dans le texte. Sauf exception, la plupart des recueils donnent le texte intégral de la décision rapportée. On a évité de répéter les mentions des recueils à tous les endroits pertinents (ex. un recueil général et couvrant l'ensemble des provinces est pertinent pour chacune d'elles sans qu'on l'ait repris à chaque fois). Enfin, ce tableau ne tient nullement lieu de bibliographie : il ne donne que les séries actives[72] et ne mentionne pas les titres antérieurs lorsqu'il y a eu modification. Certains recueils hybrides couvrent la jurisprudence judiciaire et la jurisprudence administrative ; nous les incluons.

---

72. En ce qui concerne les anciennes séries et les séries qui ne sont plus publiées, on peut utiliser notre Annexe C : Abréviations juridiques canadiennes.

CARACTÉRISTIQUES	TITRES (OBSERVATIONS)	ABRÉVIATIONS	SERVEUR	BASE ET COUVERTURE
1. Généraux (tous sujets)				
1.1 Universels (tout le territoire)	All Canada Weekly Summaries (matières civiles)	A.C.W.S.	Quicklaw	1977 –
	Dominion Law Reports[73]	D.L.R.	Quicklaw	1987 –
	Dominion Report Service	D.R.S.	Quicklaw	1574 –
1.2 Régionaux (quelques provinces ou territoires)	Atlantic Provinces Reports	A.P.R.	Quicklaw	1876 –
	Western Weekly Reports[74]	W.W.R.	Quicklaw	1961 –
1.3 Locaux (une province)	Alberta Law Reports	Alta. L.R.	Quicklaw	1987 –
Alberta	Alberta Reports	A.R.	Quicklaw	1976 –
Colombie-Britannique	British Columbia Law Review	B.C.L.R.	Quicklaw	1986 –
	BC and Yukon Judgments	BCYJ	Quicklaw	1867 –
Île-du-Prince-Edouard	Newfoundland and P.E.I.	Nfld and P.E.I.R. (N.F.L.)	Quicklaw	1970 –
Manitoba	Manitoba Reports	Man. R.	Quicklaw	1940 –
Nouveau-Brunswick	Recueil des arrêts du Nouveau-Brunswick = New Brunswick Reports	N.B.R.	Quicklaw	1955 –
Nouvelle-Écosse	Nova Scotia Reports	N.S.R.	Quicklaw	1969 –
Ontario	Ontario Reports	O.R.	Quicklaw +	1931 –
Québec	Causes du Québec en appel = Québec Appeal Cases	Q.A.C.	Quicklaw + Azimut	1975 –
	Jurisprudence	J.E.	Azimut	1977 –
	Express	R.D.J.	Azimut	1975 à 1997
	Revue de droit judiciaire	R.J.Q.	Azimut	1976 –
	Recueil de jurisprudence du Québec	R.L.	Azimut	1978 –
Saskatchewan	Revue légale	S.R. (SASK)	Quicklaw	
Terre-Neuve	Saskatchewan Reports			1979 –
	Newfoundland and P.E.I. Reports	Nfld & P.E.I.R. (NFL)	Quicklaw	1980 –
Territoires du Nord-Ouest		N'.W.T.R.	Quicklaw	1983 –
	Northwest Territories Reports	Terr. L.R.	Quicklaw	1906-1912
	Territories Law Reports			
1.4 Par tribunal	National Reporter	N.R. (NR)	Quicklaw	1973 –
Cour suprême du Canada	Rapports de la Cour suprême	B.C.S. (BCS)	Quicklaw	1876 –
Cour fédérale du Canada	Federal Trial Reports	F.T.R. (FTR)	Quicklaw	1986 –
	Rapports de la Cour fédérale	C.F. (RCF)	Azimut	1975 –
2 Spécialisés (par sujets)				
Administratif	Administrative Law Reports	A.L.R.	Quicklaw	1983 –
Autochtones	Canadian Native Law Reporter	C.N.L.R.	Quicklaw	1979 –

---

73. D.L.R. résumé depuis 1955. Texte complet depuis 1987.
74. W.W.R. résumé depuis 1968. Texte complet depuis 1991.

CARACTÉRISTIQUES	TITRES (OBSERVATIONS)	ABRÉVIATIONS	SERVEUR	BASE ET COUVERTURE
Assurances	Recueil en responsabilité et assurance	R.R.A.	Azimut	1986 –
	Canadian Insurance Law Reporter (feuilles mobiles)	I.L.T. (CILR)	Quicklaw	1985 –
Biens	Land Compensation Reports	L.C.R.		
	Personal Property Security Act Cases	P.P.S.A.C.		
Brevets	Canadian Intellectual Property Reports	C.I.P.R.	Quicklaw	1986 –
Commercial	Canadian Patent Reporter	C.P.R.	Quicklaw	1941 –
Compagnies	Business Law Reports	B.L.R.	Quicklaw	
Criminel	Canadian Criminal Cases	C.C.C.	Quicklaw	
	Criminal Reports	C.R.	Quicklaw	1898 –
	Weekly Criminal Bulletin	W.C.B.	Quicklaw	1976 –
Droits fondamentaux	Canadian Human Rights Reporter	C.H.R.R.		1980 –
	Canadian Rights Reporter	C.R.R.		1982 –
Dommages intérêts	Quatum (feuilles mobiles)			1970 –
Douanes et accise	Canadian Customs and Excise Reports	C.E.R.		
Environnement	Rapports canadiens du droit de l'environnement = Canadian Environment Law Reporter	C.E.L.R.	Quicklaw	1986 –
Famille	Recueil de droit de la famille	R.D.F.	Quicklaw	1986 –
			Azimut	1986 à 1987
	Family Law Cases	F.L.C.	Azimut	1980 –
Faillite	Canadian Bankruptcy Reports	C.B.R.	Quicklaw	1983 –
Fiducie	Estates and Trusts Reports	E.T.R.	Quicklaw	1986 –
Fiscal	Canada Tax Cases	C.T.C.		
	Dominion Tax Cases	D.T.C.	Quicklaw	1920 –
	Recueil de droit fiscal québécois	R.D.F.Q.	Azimut	1977 –
Immobilier	Recueil de droit immobilier	R.D.I.	Azimut	1986 à 1987
Municipal	Municipal and Planning Law Reports	M.P.L.R.	Quicklaw	1875 –
Procédure civile	Carswell's Practice Cases	C.P.C.	Quicklaw	1976 –
	Revue de droit judiciaire	R.D.J.	Quicklaw	1983 –
			Quicklaw	1984-1996
Propriété intellectuelle	Canadian Intellectual Property Reports	C.I.P.R.	Quicklaw	1986 –
	Canadian Patent Reporter	C.P.R.	Quicklaw	1941 –
Responsabilité délictuelle	Recueil en responsabilité et assurance	R.P.A.	Azimut	1986 –
	Canadian Cases on the Law of Torts	C.C.L.T.	Quicklaw	1983 –
Successions	Estates and Trusts Reports	E.T.R.	Quicklaw	1875 –
Transports	Canadian Labour Law	C.L.L.C.	Quicklaw	1944 –

CARACTÉRISTIQUES	TITRES (OBSERVATIONS)	ABRÉVIATIONS	SERVEUR	BASE ET COUVERTURE
Travail	Cases Canadian Labour Relations Board	C.L.R.B.R.	Quicklaw	1974 –
	Reports Labour Arbitration	L.A.C.		1948 –
Valeurs mobilières	Cases Business Law Reports	B.L.R.	Quicklaw	1977 –

BIBLIOGRAPHIE

Nous ne mentionnons que les titres pertinents à la recherche documentaire québécoise et canadienne.

BANKS, Margaret A. et Karen FOTI, *Banks on Using a Law Library : A Canadian Guide to Legal Research*, 6ᵉ éd., Scarborough, Carswell, 1994.

Cet ouvrage, classique au Canada anglais, offre une présentation systématique de la jurisprudence avant la loi et de la documentation anglaise avant la canadienne. La couverture du Québec est bien assurée toutefois et regorge d'informations historiques sur le développement de la documentation juridique. On trouve également de nombreuses reproductions de documents, ce qui facilite les démarches de repérage.

CASTEL, Jacqueline R. et Omeela K. LATCHMAN, *The Practical Guide to Canadian Legal Research*, Scarborough, Carswell, 1993.

Description des principales étapes et des outils. Aucune mention du Québec (malgré le titre de l'ouvrage!).

LAFOND, Pierre-Claude, *Techniques de repérage des sources documentaires du droit*, 2ᵉ éd., Cowansville, Les Éditions Yvon Blais inc., 2002.

MACELLVEN, Douglas *et al.*, *Legal Research Handbook*, 5ᵉ éd., Toronto, LexisNexis, Butterworths, 2003.

Ouvrage très complet. On y aborde également la recherche dans certains domaines spécialisés et dans d'autres ressorts (Australie, etc.). Le chapitre 12 couvre le Québec.

TJADEN, Ted, *Legal Research and Writing*, 2ᵉ éd., Toronto, Irwin Law, 2004.

Également disponible sur Quicklaw. Dernier-né des ouvrages du genre au Canada, cet ouvrage comprend également un volet sur la rédaction et un guide thématique par grands domaines.

YOGIS, John A. et Innis M. CHRISTIE, *Legal Writing and Research Manual*, 6ᵉ éd., Toronto, Butterworths, 1994. [6ᵉ éd., par Michael J. Iosipescu et Phillip W. Whitehead].

Présentation systématique des outils. Cet ouvrage dépasse le cadre du repérage documentaire pour aborder également les questions relatives à la rédaction d'opinions juridiques.

ZIVANIVIC, Aleksandra, *Guide to Electronic Legal Research*, Markham, Butterworths, 2001.

La recherche juridique sur Internet prend de plus en plus d'ampleur. D'où la grande utilité, au Québec et au Canada, d'un guide comme celui-ci. Divisé en 5 chapitres, ce guide présente et explique Internet et le Web :
C.1 : comment faire une recherche sur le Web ;
C.2 : adresses d'une vaste série de sites Web à caractère juridique ;
C.3 : comment faire la recherche dans Lexis-Nexis, *e*Carswell, law. pro et Quicklaw ; C.4 : analyse comparée, en ce qui concerne la recherche de la jurisprudence citée, entre Shepard's dans Lexis-Nexis, Canadian Case Citation dans *e*CARSWELL, et QUICKCITE dans Quicklaw.

Deux appendices :
1 – Sources canadiennes contenues dans Lexis-Nexis, *e*CARSWELL et Quicklaw ;
II – Acronymes et abréviations utilisés sur Internet.
Et un Glossaire.

Sur Internet, on trouve de plus en plus d'excellents sites consacrés exclusivement à la recherche documentaire. Nous en donnons trois exemples :

Doing Legal Research in Canada / by Ted Tjaden [http ://www.llrx. com/features/ca.html].

Best Guide to Canadian Legal Research [http ://legalresearch.org/].

Legal Literature and Librarianship (il s'agit en fait d'un cours complet) [http ://www.fis.utoronto.ca/courses/LIS/2133/index.htm]. Ce site offre deux niveaux d'initiation à la recherche, de base et avancée.

Pour aller plus loin, on peut consulter la section «Legal Research» du bloc «Courses» dans l'excellent site JURIST-CANADA (et sites affiliés pour les autres droits : USA, UK) [http ://jurist.law.utoronto.ca/cour_pgs.htm].

INDEX GÉNÉRAL

Les chiffres renvoient aux paragraphes. Q = Québec - F = Fédéral